Eva Golinger

Kreuzzug gegen Venezuela

Der Chávez Code

Entlarvung der US-Intervention gegen
Hugo Chávez und die bolívarische Revolution

Analyse und Dokumente

Aus dem Englischen von
Christiane Gerhardt

Zambon

Die Originalausgabe erschien im Mai 2005 unter dem Titel
The Chávez Code
Cracking U.S. Intervention in Venezuela
Editorial José Martí, Havanna
© Eva Golinger

1. Auflage 2006
© 2005 Eva Golinger
© 2006 Zambonverlag, Frankfurt am Main
Alle Rechte vorbehalten
Layout: Ronald Koch, Frankfurt
Umschlag: Fabio Biasio, Berlin

ISBN 3-88975-132-6

Dieses Buch ist Danilo Anderson gewidmet, der am 18. November 2004 in Caracas ermordet wurde[1]

---

[1] In den Morgenstunden des 18. Novembers 2004 wurde in Caracas der Staatsanwalt Danilo Anderson durch eine Autobombe ermordet. Anderson ermittelte die Hintergründe des Putsches gegen den Präsidenten Hugo Chávez im April 2002. Chávez erklärte, der Anschlag sei „terroristisch und faschistisch". Er richte sich gegen seine Regierung und die von ihr in Gang gesetzte Politik des Wechsels.
Den USA warf der Präsident vor, dass einige der mutmaßlichen Täter in „völliger Freiheit" das US-Territorium betreten und insbesondere in Miami diskutieren dürften.
Anderson hatte die Ermittlungen gegen etwa 400 Oppositionelle geleitet, die sich öffentlich hinter die Putschregierung des Unternehmerchefs Pedro Carmona gestellt hatten. Carmona war nur knapp 48 Stunden im Amt und wurde dann durch den Widerstand von Chávez-Anhängern und Widersprüche im Militärapparat wieder vom Präsidentensessel gejagt.

Inhalt

Vorwort des Verlages

	VORWORT	1
	DANKSAGUNG	19
	EINLEITUNG	21
1	**Nicaragua und Chile: Das Kochbuch für den Putsch**	**29**
1.1	Das Nicaragua Modell	31
1.2	Die nationale Stiftung für Demokratie	32
1.3	Die Nicaragua-Venezuela Verbindung	35
1.4	Das US-Amt für internationale Entwicklung	38
2	**Der Präsident, der kein Visum bekam**	**41**
2.1	Verweigerung eines Visums	45
3	**Von Vargas zu „Vor-Putsch"-Ahnungen**	**47**
3.1	Die FTAA Opposition und der Rauswurf des US-Militärs	51
3.2	Ein verhängnisvolles Aufbrausen	53

4	**Die Gründung von „Primero Justicia"**	**55**
4.1	Der Putsch-Patzer der IRI	56
4.2	„Primero Justicia" verübt einen Anschlag auf die kubanische Botschaft	63

5	**Die Dekodierung Venezuelas**	**67**
5.1	„Der richtige Mann, zur richtigen Zeit in Venezuela"	68
5.2	Die wachsende Koalition von ungleichen Freunden	71
5.3	Die ersten Zeichen	74

6	**Ein Putsch – und nichts anderes**	**77**
6.1	Reich betritt die Bühne	78
6.2	Gefälschte Geheimdienstberichte	80
6.3	Die CIA weiß alles	82
6.4	„Ein weiteres Teil fügt sich ein"	83
6.5	Immer mehr Teile fügen sich zusammen	86
6.6	Der Putsch	89
6.7	„Kein Öl mehr für Kuba"	95
6.8	Venevisións Beitrag	96
6.9	Die USA unterstützen den Putsch	97
6.10	Carmona, der Kurze	99
6.11	Verbindungen zur New Yorker Polizei	100

6.12	Eine überraschende Wende	101
6.13	Waren die USA in die Bemühungen verwickelt, den venezolanischen Präsidenten Chávez zu stürzen? -Natürlich nicht."	103
6.14	Blackout der Medien	104
6.15	Mehr Geld im Sack	106
7	**Ein Büro für eine Übergangsregierung**	**111**
7.1	„Development Alternatives INC."	115
7.2	War Venezuela ein „kriegsgeplagtes" oder „durch andere Gegebenheiten instabiles" Land?	116
8	**Streik im Erdölsektor: Sabotage durch die Ölindustrie**	**121**
8.1	Millionen von Dollars - Milliardenverlust	121
8.2	Der Medienkrieg gegen das Volk	122
8.3	„Demokratischer Koordinator"	130
8.4	Intesa: Ein schlechter Handel	132
8.5	„Vorgezogene Wahlen" – Verfassung, welche Verfassung?	134
9	**Wahlintervention: Die letzte Hoffnung der USA**	**137**
9.1	Die Entstehung von Súmate	137
9.2	Das Referendum	139
9.3	Die „Venezuela-Terror-Connection"	141

9.4	Guarimba	144
9.5	"Plan Consenso Pa'Bush" – "Plan Consensus für Bush"	145
9.6	Das Petare Experiment	148
9.7	Penn, Schoen & Berland – Stimmabgabe auf US-Art	151
9.8	César Gavirías lange Nacht	153
10	**Die „Wir haben noch etwas in Petto-Strategie" und Drohungen**	**157**
10.1	Der Fall Súmate: Die NED in der Offensive	157
10.2	Miami: Eine Drehscheibe des Terrorismus	163
10.3	Terroristenlager	165
10.4	Beziehungen für die Zukunft	169

Dokumentenanhang — 169

Schlussbemerkungen — 241
Der Chávez Code: Ein Modell für Ermittler
von Saul Landau

Epilog — 247

Glossar — 251

Eva Golinger — 271

Vorwort des Verlages

Eva Golingers hervorragende Recherche und Dokumentation der Ereignisse Anfang April 2002, die zu dem Putsch gegen den venezolanischen Präsidenten Hugo Chávez führten, muss man gelesen haben. In den vergangenen zwei Jahren förderte sie verborgene Dokumente der US-Regierung zu Tage. Mit diesen gelang es Golinger, Bahn brechende Beweise vorzulegen für das Ausmaß der rechtswidrigen Beteiligung der Bush Administration bei der Unterstützung der Opposition, der Einflussnahme auf das venezolanische Militär und für die direkte als auch indirekte Förderung des Putsches.

Vor Bush, so Golinger, hatten die USA eine relativ gleichgültige Einstellung gegenüber der Chávez Regierung. Erst der Extremismus und die gewaltvolle Antwort der Bush Administration auf die Anschläge des 11. Septembers, leiteten eine neue Richtung in der US-Außenpolitik ein. Chávez widersetzte sich einer Reihe von politischen Regeln der Bush Regierung: dem einseitigen „Krieg gegen den Terrorismus" der USA, Freihandelsabkommen, der US-Intervention in Lateinamerika usw.

Doch der extremen Rechten in den USA gefiel einfach die Tatsache nicht, dass Präsident Chávez den Reichtum seines Landes für die Gesundheitsvorsorge von Kindern, die Versorgung der hungernden Bevölkerung, die Schaffung von Arbeitsplätzen, für den Sozialabbau und für die demokratische Beteiligung der Bevölkerung an der Regierung verwenden wollte. So bekam der internationale Zweig der Republikanischen Partei, das „Internationale Republikanische Institut" (IRI) im Frühjahr 2001 eine Zuwendung der Regierung, um eine anti-Chávez Partei zu mobilisieren. Im Laufe dieses Jahres erhielt die Opposition so einen neuen Anstoß.

Trotz ihrer Beteuerungen, unparteiisch zu sein, trafen sich IRI Angehörige nur mit anti-Chávez Oppositionsführern, von denen viele später in den illegalen Putsch 2002 verwickelt waren. Bald beteiligten sich auch andere US-Einrichtungen daran – unter anderem das „Nationale Demokratische Institut", das „American Center for International Labor Solidarity" (AFL-CIO) und die USAID. Diese Einrichtungen wurden direkt oder indirekt vom US-Kongress gefördert, von der Regierung, der CIA und der berühmt berüchtigten NED. Zwischen 2001 und April 2003 betrugen die Gesamtzuwendungen an venezolanische Oppositionsgruppen ca. vier Millionen Dollar – mehr als drei Viertel davon verteilte man in den fünf Monten vor dem rechtswidrigen Putsch.

Von 2000 bis jetzt wurden fast 30 Millionen Dollar der US-Steuerzahler für die Finanzierung von venezolanischen Oppositionsgruppen ausgegeben, hauptsächlich durch CIA Quellen. Mehr als zwei Drittel gab man in der Zeit nach dem Putsch bis jetzt aus.

Das Außergewöhnliche an dieser offenen Intervention in der venezolanischen Politik ist die Scheinheiligkeit daran. Würde eine nicht US-amerikanische Einrichtung einen politischen Kandidaten in den USA finanziell unterstützen, so gälte dies als illegal. Den Politiker würde man als nicht vertrauenswürdig und wahrscheinlich als konterproduktiv zu US-Interessen darstellen. Doch nicht so im Falle Venezuelas.

Die beträchtliche finanzielle Unterstützung durch die US-Regierung ließ die Chávez Opposition nach Mitteln außerhalb des legalen Bereichs suchen, um die Politik der Chávez Regierung umzukehren. Ende 2001 hatte die Politik von Chávez und der bolívarischen Bewegung mit ihren Verbündeten die Unterstützung der großen Mehrheit der Bevölkerung. Dennoch wollte die Opposition die Demokratie Venezuelas, seine Gesetzgebung und seine rechtmäßige Regierung zerstören, um ihre Geschäftsinteressen zu erhalten.

Im Wesentlichen bestand die Opposition aus privaten Unternehmern, den Arbeitgeber- und Arbeitnehmerverbänden, den Medien, der Polizei von Caracas und einigen hochrangigen Militäroffizieren, die an Schulen in der USA wie der „School of the Americas" in Fort Benning, Georgia, ausgebildet worden waren.

Im Dezember 2001 nahm Präsident Chávez seine verfassungsmäßige Autorität in Anspruch und formulierte 49 Gesetze, die die venezolanische Ölindustrie neu strukturierten. Sie gaben der Regierung auch die Möglichkeit, ungenutztes Privatland gegen Entschädigung zu enteignen, um es kleinen Bauern zur Bewirtschaftung geben zu können. Das Ölgesetz verlegte das staatliche

Ölmonopol unter die Kontrolle der Regierung. So lag dessen Verwaltung nicht mehr bei ein paar wenigen Unternehmensführern, die sich auf Kosten des Volkes systematisch daran bereichert hatten. Nun konnten alle davon profitieren.

Durch die USA finanziert antworteten die Führer der Opposition darauf mit einem Streik. Dieser schlug allerdings fehl. Er zeigte jedoch, dass die Opposition mit Hilfe der USA schon ziemlich weit gekommen war.

Danach begannen sich die Ereignisse zu überschlagen. Ende Februar 2002 wurde der US-Botschafter (in Caracas) durch Charles Shapiro ersetzt. Dessen Lebenslauf im Außenministerium zeigt klar auf, dass man ihn nur in Ländern eingesetzt hatte, wo von den USA unterstützte Staatsstreiche oder andere politische Gewalt die Hauptstütze der US-Politik waren.

Noch in diesem Monat drohten drei hochrangige venezolanische Militäroffiziere – alle drei in den USA ausgebildet - mit einer Revolte. Die katholische Kirche erklärte ihre Abneigung gegen Chávez und die Oppositionsparteien, die von den USA unterstützt wurden, organisierten in Caracas einige Demonstrationen mit hunderten von Menschen.

Wie Golinger durch geheime CIA Dokumente, an die sie durch den „Freedom of Information Act" gelangt war, zeigt, begannen die Diskussionen um die Bildung einer Übergangsregierung nach Chávez Sturz im März. Die CIA betrachtete die Opposition als gespalten und meinte, sie brauche mehr Unterstützung. Innerhalb weniger Tage nach dieser Einschätzung flossen hunderttausende von Dollars in die Taschen von anti-Chávez Arbeiterführern, geschäftsorientierten Oppositionsführern etc. - durch die NED und andere US-Einrichtungen.

Besonders zu erwähnen ist die Rolle des internationalen Zweiges der AFL-CIO beim „American Center for International Labor Solidarity". Diese Organisation pumpte tausende von Dollars in die venezolanische businessorientierte Gewerkschaft, die gegen Chávez' Politik war. Diese Arbeiterführer sahen ihre eigenen Positionen und finanziellen Interessen durch Chávez Reformen gefährdet. Sie scherten sich nicht um die Basis der Gewerk-

schaft in Venezuela. Die Rolle der AFL-CIO bei der Unterstützung der Putschisten ist betrüblich.
Anfang März priesen US-Botschaftsbeamte die wachsende Einheit der anti-Chávez Opposition und ihre Vorschläge für einen Übergang nach Chávez, obwohl dessen reguläre Amtszeit noch drei Jahre dauern sollte.
Für die ersten Apriltage sagte die CIA einen Putsch voraus und verwies auf Verschwörungen innerhalb des Militärs, der Polizeiführung und der Oppositionsspitze, Venezuelas rechtmäßig gewählte Regierung zu stürzen.
Mit US-Mitteln begannen Oppositionsgruppen Demonstrationen in Caracas zu organisieren. Daraufhin veranstalteten pro-Chávez Anhänger noch größere Demonstrationen, um den Präsidenten zu verteidigen.
Am 11. April 2002 kam es dann zum Ausbruch der Gewalt. Gegen drei Uhr begannen die Polizeikräfte von Caracas, deren Führung gänzlich anti-Chávez eingestellt war, sowohl auf pro- als auch auf anti-Chávez Demonstranten zu schießen. Dass diese Morde als Provokation dienen sollten und Teil einer größeren Verschwörung waren belegen Aufnahmen von Fernsehaufzeichnungen mit Statements von anti-Chávez Militärführern, die Chávez zum Rücktritt aufforderten. Sie führten die Schüsse an – obwohl die Statements aufgezeichnet wurden, bevor jene fielen.
Sofort machten die Medien pro-Chávez Anhänger für die Gewalt verantwortlich. Filmmaterial von einer Videokamera, das zwei Männer im pro-Chávez Lager zeigt, die von einer Brücke aus mit Pistolen feuern, wurde immer und immer wieder abgespielt. Was der Nachrichtenbericht nicht brachte war, dass die beiden das Feuer der Polizei erst 45 Minuten nach dem letzten tödlichen Schuss auf anti-Chávez Demonstranten erwiderten. Der Bericht gab auch nicht an, dass nach der Untersuchung die Kugeln, die die Demonstranten trafen, zu der Munition der Polizei passten und nicht zu der der beiden „Brückenmänner". Aus dem Videoband war auch nicht erkennbar, auf was die zwei Männer schossen, nämlich in eine Straße, wo sich nur das bewaffnete Auto der „Metro Police" befand, das den Feuerwechsel begonnen hatte.
Zu der Zeit, als das Video von den beiden Männern gedreht worden war wusste jeder in den Straßen Caracas', wer auf die

Demonstranten geschossen hatte: Scharfschützen der Polizei, die strategisch auf den Dächern und in den die Demonstrationen umgebenden Straßen platziert waren. Insgesamt tötete die Polizei 19 Menschen und es gab 80 Verletzte. Dennoch logen die privaten Medien. Die US-Regierung wiederholte die Beschuldigungen, die Chávez und seine Anhänger für die Gewalt verantwortlich machten. Die von der USA gestützte Opposition forderte Chávez' Rücktritt.

Als dieser sich weigerte, wurde er zusammen mit einigen Ministern entführt und an verschiedenen Militärstandorten versteckt gehalten.

Wieder berichteten die Privatsender, Chávez sei zurückgetreten und habe sein Kabinett aufgelöst. Sie veröffentlichten den Text, den ihnen die Putschisten vorgaben. Am 12. April übernahm Pedro Carmona, der sich nur wenige Tage und Wochen vor dem Putsch mit Außenministeriumsbeamten und anderen Leuten der Bush Regierung ebenso getroffen hatte wie mit IWF Beamten, die Macht und erklärte die Reformen und die Politik der Chávez Regierung für null und nichtig.

Die Macht über Venezuelas Öl gab man den Oligarchen zurück – so dachten sie zumindest.

Die Antwort des venezolanischen Volkes war schnell und heftig. Hunderttausende gingen auf die Straße und forderten Chávez Wiedereinsetzung. Dieser wurde bald gefunden und von loyalen Truppen in die Hauptstadt zurückgebracht, wo die Menschen seine Rückkehr bejubelten.

Als stillschweigende Anerkennung ihrer Schuld verließen die Putschführer des Militärs, der Polizei und der Unternehmer das Land, um ihrer Verurteilung zu entgehen. Zwischenzeitlich enthüllt Golinger, dass die US-Regierung versuchte, ihre Spuren zu verwischen, indem sie Instruktionen an ihre Repräsentanten in Venezuela verteilte, wie sie die Fakten verleugnen oder verdecken sollten, dass die Bush Administration eine solch große Rolle bei dem Putsch gespielt hatte.

Seit Chávez' Wiederaufnahme seines Amtes am 14. April 2002 halfen US-Einrichtungen immer wieder bei der Finanzierung von Streiks und Sabotagen in der Ölindustrie, bei Gewalttaten gegen Chávez als auch bei einem fehlgeschlagenen Widerrufsreferendum. Es ist Zeit für die Bush Regierung die Interventionen in Venezuela zu beenden.

Golingers Buch ist eine spannende Geschichte mit einer Menge an Dokumenten zur Beweisführung. Um die Wahrheit über die Ereignisse des 12. April 2002 zu erfahren, muss man es gelesen haben.

Ronald Koch

im Dezember 2005

Landkarte

Venezuela in Lateinamerika

VORWORT

Das Knacken des Lügen-Codes

„Der Chávez-Code: Die Aufdeckung der US-Interventionen in Venezuela" beginnt mit einer fast akribischen Beschreibung, wie Eva Golinger und ihre Helfer gewisse Dokumente in den Dachkammern des US-Verteidigungs- und Außenministeriums und anderen zwielichtigen Tiefen entdeckten, wo US-Außenpolitik ausgeklügelt wird. Anschließend entfaltet sich das Buch zu einem peinlich genauen Essay über die Nationale Stiftung für Demokratie (National Endowment for Democracy – NED). Im weiteren Verlauf verändert es sich wieder und erscheint in Gestalt eines unerschrockenen Melodrams über Plünderung, Raub, politische Erpressung, Geldgier und Gewalt. Nach der letzten Seite mag sich der Leser/die Leserin auch fragen, ob das was er/sie gerade gelesen hat ein unglaublicher Abenteuerroman ist - oder ein imaginäres Spiel, das nichts mit der Wirklichkeit zu tun hat. Jedoch, in diesem Buch ist nicht eine Zeile Fiktion. Einen großen Teil machen Dokumente aus, an die die Autorin unter der Schirmherrschaft des „Freedom of Information Act" (FOIA) herankam. Es kostete Eva Golinger eine Menge Zeit und Aufwand, um dieses Material zusammenzutragen, das ihren Lesern jetzt zur Verfügung steht. Und nicht nur das: es schloss auch ein gigantisches Risiko für die Autorin mit ein - einschließlich Morddrohungen – wie sie auf der ersten Seite ausführt.

Dennoch sollte der Leser nicht vergessen, dass ein solch dokumentarisches Zeugnis nicht nur durch die Beharrlichkeit der Rechercheure entsteht, sondern auch durch den Wankelmut von Angestellten, die den Zugang zu geheimen US-Archiven kontrollieren. Sie geben Informationen nach ihrem eigenen Gutdünken frei und verheimlichen einige der belastendsten Einzelheiten.

Die Autorin selbst meint, dass es Jahrzehnte dauern wird, bevor andere Dokumente ans Licht kommen. In anderen Worten: es müssen viel mehr unglaublich erschütternder Beweise noch zensiert werden und vielleicht werden wir niemals die genauen

Details über die Pläne gegen Venezuela erfahren. Wie man weiß, benötigte es mehr als 30 Jahre und das Schuldbekenntnis von Robert McNamara, bevor wir von den teuflischen Entschuldigungen erfuhren, die man sich ausdachte, um die US-Invasion – die so genannte „Operation Mongoose"[1] (Operation Mungo) - in Kuba zu rechtfertigen

Wann werden wir jemals wissen, was wirklich in Dallas geschah an dem Tag da Kennedy ermordet wurde? Wann werden wir wissen was man jetzt gegen Kuba ausheckt, gegen Venezuela und die ganze Welt?

Dank dieser Kostprobe, die die Autorin und der unabhängige Journalist Jeremy Bigwood aus der US-Regierung ans Licht bringen konnten, ist es möglich das zu beweisen, was die USA immer wieder bestritt: die USA wussten vorher von den Details des Staatsputsches gegen den venezolanischen Präsidenten Hugo Chávez im April 2002 – einschließlich der Pläne, während öffentlichen Demonstrationen Gewalt anzustacheln, die Gefangennahme des Präsidenten und die aktive Teilnahme an dem Putsch selbst.

„Regimekritische militärische Fraktionen, einschließlich einiger verärgerter leitender Offiziere und eine Gruppe radikaler Jungoffiziere, nehmen Schritte auf, um einen Putsch gegen Präsident Chávez zu organisieren – möglicher Weise noch diesen Monat", warnte die CIA in einem Geheimdokument unter dem Namen „Senior Executive Intelligence Brief", datiert auf den 6. April 2002, fünf Tage vor dem versuchten Putsch. Dieses wird in „Der Chávez-Code"[2] bestätigt. Hier lesen wir neue Beweise von Tatsachen, die wir schon wissen: die Wahrnehmung relativer Moralvorstellungen von US-Berufspolitikern.

---

[1] Fabian Escalante Font, *Operation Mangosta* (Havana: Editorial de Ciencias Sociales, 2002). „Operation Mongoose war das am breitesten angelegte Umsturzprogramm, das die US Regierung in den 60er Jahren gegen eine andere Nation unternahm; sogar heute noch beinhaltet diese Operation Geheimnisse, die man zu den „Juwelen des CIA" zählt, d.h. maximale nationale Sicherheitsgeheimnisse. Sie wurde 1961 im November auf Grund der Überlegungen von General Maxwell Taylor über die Ursachen und Bedingungen des „Schweine-Bucht"-Fiaskos initiiert. Sie endete Ende 1962 als Folge der katastrophalen Operationen innerhalb des Programms. Kennedys Administration hatte gehofft, damit die kubanische Revolution zu brechen."
[2] Siehe Anhang, Seite 198-199.

Vorwort

„Um militärische Aktionen zu provozieren könnten die Verschwörer versuchen, Unruhen, die aus oppositionellen Demonstrationen stammen, auszuschöpfen", fügte die CIA hinzu. Das Dokument, das die Rechtsanwältin und Autorin dieses Buches beschaffte, bezieht sich speziell auf Pläne für die Gefangennahme von Chávez und von zehn anderen hochrangigen Offizieren; das bestätigen die Erklärungen, die in „Newsday" am 24. November 2004[3] erschienen. Diese verschwanden aber anschließend im Meer der medialen Berichterstattung. Dank der Aussage eines CIA Sprechers, enthüllte das Blatt die Existenz von vertraulichen Dokumenten, die bewiesen, dass die CIA die venezolanische Regierung nie vor dem bevorstehenden Aufstand gewarnt hatte. „Chávez vor dem kommenden Putsch zu warnen", fügte der Sprecher hinzu „würde bedeuten, sich in die inneren Angelegenheiten einer anderen Nation einzumischen".

Zu diesem unglaublichen Zynismus kommt die gewöhnliche Lügerei der Bush Regierung. Das machen die Dokumente in diesem Buch überaus deutlich. Am 16. April 2002, fünf Tage nach dem versuchten Putsch wurde der damalige Pressesprecher des Weißen Hauses, Ari Fleischer, gefragt, ob die USA „vorher gewusst hätten, dass etwas im Gange war", so etwas wie ein Putsch. „Nein", antwortete Fleischer und fügte hinzu: „Ich denke, man muss vorsichtig umgehen mit vorherigem Wissen über spezielle Taten und allgemeinem Gerede von Unruhen in einem Land wie Venezuela".

Während Fleischer mit einem Pokergesicht vor der Presse diese Statements machte, war die ganze Umsturzmaschinerie schon in Gang gesetzt, die die USA gegen eine Regierung einsetzte, die sie stillschweigend auf die „Feindliste" gesetzt hatte. Zusammen mit der finanziellen Unterstützung der NED für die Chávez feindliche Opposition waren die geheimen und nicht so geheimen Aktionen der CIA bereits angerollt. Die Beweise die hinterher auftauchten und von der Autorin aufgedeckt wurden, sind wahrhaftig überwältigend.

---

[3] Bart Jones und Letta Tayler, „CIA wusste von dem Putsch gegen Venezuelas Chávez" *Newsday* 24. November 2004. Siehe auch http://www.newsday.com/news/nation-world/world/ny-wovene244053424nov24.0.4856696.story.

Jeder, der die Presseberichte jener Tage verfolgt, wird viele Beweise entdecken für die Bestätigung des CIA Dokuments, das Eva Golinger in diesen Nachforschungen präsentiert. Im April 2002 prangerte man vor dem venezolanischen Nationalrat an, dass „die Gefangennahme und die anschließende Auslieferung von zwei Heckenschützen – einer von El Salvador, der andere aus den USA – die tatsächliche Beteiligung der US-Regierung an dem Staatsputsch des 11. April beweise"[4]. Die Tageszeitung Últimas Noticias veröffentlichte die Namen von zwei amerikanischen Offizieren, die am 11. April in Fort Tiuna waren - zusammen mit militärischen Putschisten; das bestätigte der Verteidigungsminister, Kommandeur Jorge Luis García Carneiro, den Autoren des Buches Chávez Nuestro.[5] García Carneiro war am Tag des Putsches im fünften Stock von Fort Tiuna, dem Hauptquartier des Generalstabs der venezolanischen Armee; er sah sie dort und beschrieb wie sie gekleidet und bewaffnet waren. Diese beiden Offiziere sind Oberstleutnant James Rodgers, Assistent des US-Militärattaché in Caracas – der Autor des Buches bezieht sich auf diese Person – und Oberst Ronald McCammon, Nachrichtenoffizier.

Der US-Botschafter in Venezuela, Charles Shapiro, war der erste, der Pedro Carmona Estanga interviewte, den selbst ernannten Präsidenten. Kurz danach sprach er mit Manuel Viturro, dem spanischen Botschafter. Die Putschisten waren auch von einer privaten Consultingfirma, der Phoenix Consulting Group, beraten worden, die ehemalige CIA Agenten beschäftigt.[6] Laut Geheim-

---

[4] Juan Vicente Gómez, „MVR und MAS Parlamentarier liefern Beweis," *La Fogata Digital*, 25. April 2002. Siehe auch http://www.lafogata.org/02golpe/golpe/v.11.html.

[5] Rosa Miriam Elizalde und Luis Báez, Chávez Nuestro (Havana: Editora April 2004), 176. García Carneiro bestätigt, dass „sie in Zivil jedoch bewaffnet waren. Es fiel mir besonders ins Auge, weil es das erste Mal war, dass ich einen Granatwerfer sah. Später fand ich heruas, dass es M-203 Gewehre waren."

[6] Phoenix Consulting Group: Laut seiner Internetseite (http://www.intellpros.com) „versorgt" diese Firma „Kunden mit wettbewerbsfähigen Informations- und Beratungsdiensten für kleine, mittelgroße und große Betriebe in einigen Industriezweigen. Ihre Wirtschaftsdienste beinhalten: wettbewerbsfähige Informations- und Beratungsdienste, professionelle Entwicklungsprogramme, Ausführungsseminare und spezialisierte Sicherheitshilfe. Ihre Regierungsdienste beinhalten Feldstudien, Übungen, Spezialstudien und spezialisierte Sicherheitshilfe. Sie stellt außerdem Verbindung zu Nachrichten- und Abschirmdiensten in den USA her; wettbewerbsfähige Informationsorte, in Beziehung stehende Dokumente und Berichte, Orte der Abschirmdienste von Unternehmen und Regierung und andere Orte, die

dienstinformationen, war Venezuela von US-Schiffen und Flugzeugen belagert, ein völlig irregulärer Zustand. „Diese Schiffe identifizierte man als NCI 3300, NC2 2027 und NC3 2132. Sie betraten die Hoheitsgewässer um 9.00 Uhr am 12. April 2002 ohne fällige Erlaubnis. Nach 16.00 Uhr wandten sie sich in Richtung offene See", so ein Bericht, den die venezolanische Luftwaffe Carmona vorlegte, und den man in dem Miraflores Präsidentenpalast bei Chávez' Rückkehr fand.[7]

Am Samstag, dem 13. April, kreuzten US-Flotten-Transportschiffe und einige Militärhubschrauber in Hoheitsgewässern Venezuelas und seinem Luftraum – östlich von LosRoques und nahe bei La Orchila, wo der abgesetzte Präsident Hugo Chávez festgehalten wurde. „Nach 12 Uhr Mittag, waren Helikopter NC 11100 und NC 10107 vom Deck eines der Schiffe gestartet und kehrten nach einem kurzen Flug zurück. Etwas später wurde ein drittes Flugzeug, ein NC 20212, gesichtet, das sich vom Nord-Osten her näherte. Es kreiste über dem besagten Schiff und flog in Richtung Norden davon", fügte der Bericht hinzu.

Alí Uzcátegui[8] versicherte den Autoren von Chávez Nuestro, dass „einer der Pläne der Putschisten während Chávez Gefangennahme war, ihn in die USA zu bringen. Carmonas Verteidigungsminister, Konteradmiral Héctor Ramírez Pérez, gab Order an Kapitän José Aguilera, den Kommandeur des La Orchila Flottenstützpunktes, Chávez zu empfangen, der von der Insel ins Ausland gebracht werden sollte", sagte Uzátegui.[9] Am 19. April 2002 veröffentlichte die englische Zeitung The Guardian[10] die Er-

---

in Beziehung zu Regierungsgeheimdiensten in Europa, dem United Kingdom, Kanada und Afrika stehen." Im Gegensatz zu dem, was „Intelligence Online" sagt, kommt der Name dieser Consultinggruppe nicht von dem Phoenix-Programm, das im Vietnamkrieg konzipiert wurde, sondern von der Stadt Phoenix im Bundesstaat Arizona, ihrem Gründungsort.
[7] Die Autoren von Chávez Nuestro zogen diesen Bericht hinzu. Er wird bestätigt durch die Aussage von Jesús Suárez Chourio, der die Übernahme des Miraflores Palastes am Nachmittag des 13. April 2002 leitete (unveröffentlichte Aussage).
[8] General Alí Uzcátegui, Chef des Armeestabs, war derjenige, der die Kommandoeinheit leitete, die Präsident Hugo Chávez in La Orchila am 13. April 2002 rettete und ihn anschließend nach Miraflores brachte.
[9] Rosa Miriam Elizalde und Luis Báez, Chávez Nuestro (Havana: Editora Abril 2004), S. 288.
[10] Duncan Campbell, „Amerikanische Marine half beim Venezuela-Putsch", The Guardian, 19. April 2002.

klärung von Wayne Madsen, einem ehemaligen Marine-Nachrichtenagenten: „Die Vereinigten Staaten hatten seit letztem Juni einen Putsch in Erwägung gezogen, den gewählten venezolanischen Präsidenten Huga Chávez zu stürzen." Er fügte hinzu: „Die US-Marine unterstützte den gescheiterten Putsch, der am 11. April 2002 in Venezuela stattfand, mit Informationen von ihren Schiffen in der Karibik an die Schlüsselfiguren des Putsches. Ich hörte erst, dass Oberstleutnant James Rodgers (der Assistenzmilitärattaché, der jetzt in der US-Botschaft in Caracas sitzt) letzten Juni dorthin ging, um Vorbereitungen zu treffen", erklärte Madsen. „Marineschiffe auf Übungsfahrt in diesem Gebiet wurden vermutlich dort abgestellt, falls eine Evakuierung von US-Staatsangehörigen in Venezuela erforderlich gewesen wäre", sagte er dem The Guardian.

Am 16. April 2002 zitierte die Zeitung Últimas noticias E-liecer Otaiza, den ehemaligen Direktor der Nachrichten-, Sicherheits- und Schutzdirektion (DISIP) folgender Maßen: „Ich verstehe, dass es präzise Satelliteninformation gibt, die militärische US-Transportschiffe in Hoheitsgewässern nahe La Orchila zeigt." Er erklärte, die Offiziere kommentierten diese Tatsache so, dass es möglich wäre, dass „Marines auf den Schiffen wären und ein F 117 Phantom in jener Nacht in der Luft war."

Natürlich waren Geldmittel von der NED geflossen. Diese halfen, die Öffentlichkeit zu beunruhigen, um jene Ereignisse zu beschleunigen. Anstatt die Putschisten abzuhalten, boten ihnen US-Autoritäten logistische und politische Unterstützung an. Um eine vorhersehbare direkte US-Militärintervention zu stützen, erhielten Konteradmiral Carlos Molina und Oberst Pedro Soto 200.000$, die auf Bankkonten in Miami flossen. Am 18. Februar 2002 hatten diese beiden den Rücktritt von Hugo Chávez gefordert und ihn angeklagt, die kolumbianische Guerillabewegung FARC (Revolutionäre Streitkräfte Kolumbiens) unterstützt zu haben. Dies war eine komplette Lüge, um die Operation für den Staatsstreich im Rahmen eines „Krieges gegen den Terrorismus" zu rechtfertigen. Wie Eva Golinger erinnert, „hatte die NED" in jenen Tagen „eine zusätzliche Zuwendung von 300.000$ an das Internationale Republikanische Institut gebilligt, damit es weiterhin die „'politischen Parteien in Venezuela stärken könne'."

Vorwort

Ja, der Putsch scheiterte, aber all diese Aktionen – so vergleichbar mit anderen Projekten politischer Umstürze – zeigt, dass bei ähnlichen Umständen ein weiterer Versuch nicht auszuschließen ist. Der Grund dafür ist einfach: die wahren Führer der aus der Ferne gesteuerten Verschwörung sitzen in Washington. Sie fordern weiterhin Chávez Kopf – mit genug Mitteln und Anreizen, um jedes beliebige Gewaltmanöver zu orchestrieren einschließlich der Möglichkeit des Präsidentenmordes. Eva Golingers Nachforschungen beweisen, dass die US-Sicherheits- und Öffentlichkeitsdienste bei dem Entkommen von vielen Staatsputschisten assistierten. Einige nahm der Waffenhändler Isaac Pérez Recao völlig ungeniert in Miami auf. Sie bezahlen und organisieren immer noch die Opposition, speziell jene, die „firmazo" anführten – die Bewegung, die ein Referendum für die Abdankung Chávez' fordert.

Mache was ich sage, nicht was ich mache

Weder die Medien, noch die Politiker bezeichnen jemals diese Ereignisse, nach US-Recht, als eine ungeheuerliche Verletzung der Verfassung. In den Vereinigten Staaten würden sie als „Verrat" verurteilt werden, wie im US-Code, Titel 18, Kapitel 115, Absatz 2318 aufgeführt: „Wer auch immer – in Treuepflicht den Vereinigten Staaten gegenüber – Krieg gegen sie erhebt oder an ihren Feinden festhält, sie innerhalb der USA oder irgendwo sonst unterstützt, macht sich des Verrats schuldig und soll mit der Todesstrafe belegt werden oder mit mindestens 5 Jahren Freiheitsentzug und gemäß dieses Rechtstitels mit einem Bußgeld von mindestens 10.000$ belegt werden und darf nie wieder irgendein Amt in den Vereinigten Staaten innehaben."[11] Die Semantik dieses Codes in Abschnitt 2383 lässt keinen Zweifel an den Sanktionen gegen jeden, der Putschisten fördert, unterstützt oder organisiert: „Wer auch immer irgendeine Revolte oder Aufstand gegen die Autorität der Vereinigten Staaten assistiert", wird als involviert in

---

[11] Siehe http://www.lawresearchservices.com/firms/practice/ctcrime.html.

eine Revolte oder einen Aufstand erachtet. Er/sie „sollte gemäß dieses Rechtstitels mit einer Geldbuße belegt werden, oder eine Freiheitsstrafe von höchstens zehn Jahren erhalten...". Ebenso eine Person, die in Umsturzkonspirationen gegen die Regierung verwickelt ist, Absatz 2385 in anderen Worten: „Wer auch immer wissend oder vorsätzlich den Dienst, die Notwendigkeit, Erwünschtheit oder die Richtigkeit befürwortet, anstiftet, rät oder zur Pflicht aufruft, die Regierung der Vereinigten Staaten zu stürzen oder zu zerstören ... durch Zwang oder Gewalt oder durch die Ermordung irgendeines Verantwortlichen einer solchen Regierung; oder... irgendwelchen geschriebenen oder gedruckten Inhalt, der die Pflicht, Notwendigkeit, Erwünschtheit oder Richtigkeit des Umsturzes oder der Zerstörung irgendeiner Regierung in den Vereinigten Staaten druckt, veröffentlicht, herausgibt, in Umlauf bringt, verkauft, verteilt oder öffentlich zeigt, ... soll gemäß dieses Rechtstitels mit einer Geldbuße oder mit einer Freiheitsstrafe von nicht mehr als 20 Jahren belegt werden...".

Sogar jemand, der gerade von einem anderen Stern hier gelandet ist, wer auch immer die venezolanische Presse vor, während und nach den Ereignissen im April 2002 untersucht wird feststellen, dass dies ein klassischer Fall eines Zivil/Militärputsches war „made in USA". Ein oligarchischer und ultrarechter Coup der Heiligen Allianz: das Schwert und die Macht des Geldes. Man füge hierzu die „vierte Macht" – die schreibende Presse und das Fernsehen – die sich beide an dem Konzept beteiligten und es legitimierten.

Wenn wir rückblickend eine Parallele zu dem Staatsputsch gegen Jacobo Arbenz in Guatemala oder gegen Salvador Allende in Chile ziehen, wo die Beteiligung des CIA ein Fakt ist, sehen wir eine unglaubliche Ähnlichkeit. Außerdem würde es jedes Gericht oder jede Gesetzgebung dieser Welt – einschließlich die der USA – als Verbrechen gegen die Menschlichkeit einstufen. Warum also hält man bei so vielen Beweisen (einschließlich die in diesem Buch präsentierten) Venezuela davon ab, die schuldigen Parteien zu bestrafen? Warum meinen die USA, dass keine andere Nation genau die Sanktionen anwenden darf, die sie sich selbst hinsichtlich ihrer Territorien einräumen?

Vorwort

Der Kuba Code

Im Januar 2005 trafen sich die Verantwortlichen der Nationalen Stiftung für Demokratie (NED), nichts Außergewöhnliches. In seiner letzten Ansprache zur Lage der Nation, kündigte Bush an, dass die Außenpolitik der USA sich auf „erneute Bemühungen konzentrieren werde auf freie Wahlen, freien Handel, Pressefreiheit und Freiheit der Gewerkschaften in der Welt." In anderen Worten, sie würden neue, generöse Geldmittel der Organisation zu kommen lassen, die seit ihrem öffentlichen Erscheinen 1983 zur Verdeckung einiger düsterer Undercover CIA Aktivitäten diente. Jene sollten Regierungen bestrafen, die es wagten, den Befehlen des Empires nicht zu gehorchen.

Einige Fakten, mit keiner offensichtlichen Verbindung - Undercover CIA Aktivitäten und die Übereinstimmung von NED Führungskräften vor Bush - erscheinen wie ein strategisches Laubsägepuzzle, das darauf hinausläuft, die geopolitische Landkarte Lateinamerikas zu verändern. Nach einer imaginären „Nach-Irak-Periode" sind Venezuela und Kuba die Hauptziele von Washingtons Lateinamerika-Agenda. Diese macht von allen zur Verfügung stehenden Mitteln Gebrauch, um die Revolution in diesen beiden Ländern zu vernichten und – um jeden Preis – die Beziehungen zwischen den beiden Regierungen zu kappen.

Trotz der Tatsache, dass die Bemühungen gegen die beiden rebellischen Nachbarn vergeblich waren, versprach Bush, dass die USA während seiner nächsten vierjährigen Amtszeit versuchen werden, Hugo Chávez und Fidel Castro zu stürzen. Er wendet die gleiche Strategie, die schon in anderen Ländern getestet wurde – Chile, Nicaragua, Panama, die Philippinen, Europa... . Er benutzt das ganze Arsenal, um „Demokratie" und „Freiheit" voranzutreiben - Worte, die die internationale Presse geradezu hypnotisieren.

Die NED ist genau das: ein leerer Wortschwall und Geld, viel Geld. Wie Eva Golinger darlegt, schmierte diese Organisation in Venezuela die Anti-Chávez Fraktion mit Millionen von Dollar und führte das gleiche Szenario durch wie schon gegen Kuba. Jedem nachforschenden Reporter stehen genügend Informationen zur Verfügung, die zeigen, dass diese Institution seit ihrem Beginn

1983 viel Mühe und Geld in Kuba steckte – und sogar auch schon vorher, als sie noch ein bloßer Embryo im Schoße des CIA war. Die Kubanisch-Amerikanische Nationale Stiftung (CANF) war sicherlich eine der ersten Begünstigten der finanziellen Großzügigkeit der NED. Von 1983 bis 1988 erhielt sie 390.000$ für ihre anti-kubanischen Aktivitäten. Während desselben Zeitraums stiftete das Politische Aktionskomitee (PAC), das CANF Führungskräfte kontrollieren, um dessen Kampagnen zu finanzieren, eine fast identische Summe an den Repräsentanten des Weißen Hauses in Florida, Dante Fascell, und an andere Politische Weggefährten – ein offensichtlicher Ausgleich für die Geldmittel, die man von der NED erhalten hatte.[12]

Man sollte nicht vergessen, dass schon in den 70er Jahren der Kongressabgeordnete Fascell zum ersten Mal einen Entwurf vorlegte, ein internationales Institut zur Verfolgung außenpolitischer Aufgaben zu etablieren. Die Arbeit sollte auf den Enthüllungen durch Undercoverarbeit des CIA in Lateinamerika basieren. Er schlug die Befürwortung eines offenen Kanals für diese Art Aktionen vor. Obwohl sein Vorschlag damals nicht durchkam, war Dante Fascell noch einmal in die Aktivitäten des Demokratischen Projekts verwickelt, das die Amerikanische Politische Stiftung (APF) startete als sich das politische Klima des Jahrzehnts änderte. Die APF spielte eine wichtige Rolle beim Entwurf des Projekts, durch das die NED ins Leben gerufen wurde.

In seinem Buch Rogue State: Ein Führer zur einzigen Weltmacht[13] versichert uns Willliam Blum, dass in den 80er Jahren

„die *Stiftung eine Viertelmillion Dollar Steuergelder an die Kubanisch-Amerikanische Nationale Stiftung*" (CANF) „*gab, die ultra-fanatische anti-Castro Gruppe in Miami. Die CANF finanzierte daraufhin Luis Posada Carriles, einen der produktivsten und erbarmungslosesten Terroristen moderner Zeiten, der 1976*

---

[12] J.T., „Qué es la NED?", *La Jiribilla*, No. 14, August 2001. Siehe auch http://www.lajiribilla.cu/2001/nl4 agosto/pueblomocho.html.
[13] William Blum, *Rogue State: A Guide to the World's Only Superpower*. (Maine: Common Courage Press, 2000).

in die Explosion eines kubanischen Flugzeuges verwickelt war. Dabei kamen 73 Menschen ums Leben.[14]

In anderen Worten wusch eine Hand die andere und die NED, wie die CIA zuvor, sprach von dieser Art Beziehung als „Unterstützung der Demokratie".

1992 erklärte Carl Gershman, Präsident der NED dem The Miami Herald, dass „Kuba unsere Priorität ist", weil „kubanische Dissidentengruppen im post-Castro Kuba politische Parteien werden könnten."[15] Eva Golinger berichtet[16], dass er kürzlich nach Caracas reiste, um seine „Stipendienempfänger" zu retten, die unter dem venezolanischen Rechtssystem angeklagt sind. Er wusste, was er sagte. Die „Bemühungen" der NED wurden durch den Beschluss des „Gesetzes zur kubanischen Demokratie" (das Torricelli Gesetz) am 23. Oktober 1992 ausgeglichen. Es fördert die Unterstützung von Personen und Organisationen, die in ein Programm involviert sind, das „einen gewaltlosen demokratischen Wandel in Kuba" herbeiführen soll – über nicht mit der Regierung in Verbindung stehende Organisationen in den USA. Dieses bestärkte der Beschluss des „Demokratischen Solidaritäts- und kubanischen Freiheitsgesetzes", das Helms-Burton Gesetz, am 12. März 1996. Nach der Inkraftsetzung dieser Gesetze, intensivierten die NED, die US-Agentur für Internationale Entwicklung (USAID) und die CIA (diese wurde zwar nie öffentlich erwähnt, aber spielte zweifellos eine Rolle) ihr Programm, das sich auf die so genannte kubanische „Zivilgesellschaft" ausrichtete.

Philip Agee, ehemaliger CIA Agent, der die CIA-NED-USAID Troika bewertete, sagte, dass jene an einem fortlaufenden Set von Operationen teilnahmen, das gegen Kuba finanziert werden konnte, während sie die täglichen geheimen Aktionen der CIA überließen." Die Strategie war folgende: die Bezahlung von Söldnern für die Drecksarbeit unter dem Deckmantel einer falschen po-

---

[14] Posada Carriles selbst rechtfertigte dieses Verbrechen und gab seine Beteiligung daran in einem Interview der *The New York Times* am 13. Juli 1998 zu.
[15] Arleen Rodríguez Derivet und Lázaro Barredo Medina, *El Camaján* (Havana: Editora Politica, 2003).
[16] Siehe Kapitel 10.

litischen „Legitimation". CIA Agenten, die sich diplomatischen Missionen anschlossen, stehen unter Anklage, die Wirksamkeit von lokalen Operationsaktivitäten kontrolliert und über sie berichtet zu haben. Agee versichert: „In Kuba wäre die Beteiligung von Undercover CIA Agenten in der US-Interessen Sektion besonders nützlich, da die Finanzierung durch NED und AID an US-NGOs gehen würde, die - wenn möglich - diskrete Wege finden müssten, Ausstattung und Bargeld an die Empfänger innerhalb Kubas zu bringen. Die CIA könnte dabei sehr behilflich sein."[17]

Die Beweisführung über die Geldmenge, die diese Agenturen in ihre kubanischen Projekte steckten, ist unvollständig. Die CIA sagt nichts über ihre Ausgaben. Doch die zur Verfügung stehenden Informationen über die NED und die USAID sind ziemlich interessant. Die Internet Website der USAID erwähnt 12 Millionen Dollar, die sie in „kubanische Programme" zwischen 1996 und 2001 investierte (durchschnittlich 2 Millionen Dollar pro Jahr!). Doch 2002 stieg das Budget auf 5 Millionen Dollar, ganz zu schweigen von weiteren nicht gebundenen 3 Millionen Dollar, also insgesamt 8 Millionen Dollar. 2003 betrug das Budget für Kuba 6 Millionen Dollar – damit verdreifachten sich die zugeteilten Geldmittel seit Bushs Wahl. Für 2005 erscheinen 9 Millionen Dollar in den Büchern.

2004 wurden - als Teil des Interventionen befürwortenden Berichts der Kommission für die Hilfe für ein Freies Kuba[18] - 29 Millionen zusätzliche Dollar dem Fond zur Verfügung gestellt. Die Kommission tritt für einen „schnellen und friedlichen Wechsel zur Demokratie" ein. 7 Millionen Dollar waren schon für das USAID Kuba-Programm bereitgestellt. Dies tritt dieses Jahr in Kraft. Mit diesen Mitteln sollen die „Opposition" und die „zivile kubanische Bevölkerung" ausgebildet, weiter entwickelt und gestärkt werden. Darüber hinaus waren weitere 5 Millionen Dollar da für die „öffentliche Diplomatie" von Bushs Amtsperiode: ein Versuch, anti-kubanisch eingestellte Söldner auf der ganzen Welt zu kaufen. Man ließ eine Gesamtsumme von 41 Millionen Dollar

---

[17] Philip Agee „Terrorism and Civil Society: The Instruments of U.S. Policy in Cuba," („Terrorismus und Zivilgesellschaft: Die Instrumente der US Politik in Kuba") Counter Punch, 9. August 2003. Siehe auch http://www.counterpunch.org/agee0809-2003.html.
[18] Siehe http://www.state.gov/p/wha/rt/cuba/commission/2004/cl2237.html.

in Richtung Regierungssturz in Kuba fließen. In den 60er Jahren führte man dies unter dem Deckmantel der Operation Mongoose durch. Das alles lief verdeckt. Jetzt aber ist es öffentlich bekannt – ohne auch nur die geringsten Gewissensbisse. Der Fall Kuba wird so zum Projekt politischer Einmischung und Staatsgefährdung. Diesem flossen regelmäßig immer mehr Geldmittel zu. Der „Der Chávez Code" bestätigt, dass sie in Venezuela den gleichen Weg verfolgen.

Die NED und die CIA: Gleicher Hund – anderes Halsband

Die NED ist mit der CIA fast gleichzusetzen, obwohl das ihr Verwaltungsrat so nicht zugibt. Doch die Abhängigkeit der NED von der CIA bestand direkt von ihrer Gründung ab. Unter ihrem angeblichen Status einer „unabhängigen und privaten" Einrichtung funktioniert die Organisation als ein verlängerter Finanzarm der CIA und versucht, die wahren Gründe für ihre Errichtung zu verbergen. Das Interessanteste an der ganzen Geschichte ist, dass die CIA den Inhalt jedes beliebigen Dokuments zensieren und löschen kann – völlig frei vom Zugriff des FOIA-Gesetzes (Freedom of Information Act). Aber sie darf die Geldmittel nicht verschweigen. Man kann Worte streichen, aber nicht das, was per Scheck gekauft wurde.

Obwohl sich die NED erst 1983 gründete, war sie tatsächlich schon ca. 20 Jahre vorher erdacht. Im Februar 1967 kam ans Licht, dass die CIA - durch andere „private und unabhängige Stiftungen - zivile Gesellschaftsprogramme wie die 'Nationale Vereinigung von Studenten' und ausländische Organisationen wie den 'Kongress für Kulturelle Freiheit' finanzierte.

Im Gegensatz zu dem, was uns NED Beamte glauben machen wollen, ist die inzestuöse Beziehung mit dem US-Nachrichtendienst keine Erfindung von „internationaler kommunistischer Propaganda". Auf der Titelseite der „The New York Times" am 31.März 1997 erklärte der Journalist John M. Broder: „Die Nationale Stiftung für Demokratie – vor 15 Jahren eingerichtet, um das öffentlich zu tun, was die CIA jahrzehntelang im Verborgenen tat – unterstützt mit 30 Millionen Dollar pro Jahr politische Parteien, Gewerkschaften, Oppositionsbewegungen und Nachrichtenmedien in dutzenden von Ländern."[19] Die Verbindung ihrer Geschäftsführer mit der CIA ist kein Geheimnis. Allen Weinstein, der erste Präsident der NED 1983, ein Mann der das Durchgehen der Gesetze, die die Ziele der Organisation etablierten unterstützte, drückte sich ziemlich deutlich aus, als er 1991 erklärte: „Viel von dem, was wir heute tun, tat die CIA vor 25 Jahren im Verborgenen. Tatsächlich wusch die CIA Geld durch die NED."[20]

Im Februar 2004 berief die NED den berühmt-berüchtigten Frank Carlucci in ihren Vorstand. Er ist ein Funktionär der CIA, der jetzt der Carlyle Gruppe vorsitzt – ein Waffenunternehmer für das Pentagon. Mehr als fünf Jahre lang diente Carlucci der CIA, kippte Revolutionen und half, rechte Regime in allen Ländern einzusetzen, die die Vereinigten Staaten unterstützen. Die Gehaltsliste für den Vorstand beinhaltet auch den pensionierten Armeegeneral und ehemaligen Oberbefehlshaber der Streitkräfte der NATO, Wesley K. Clark und Richard C. Holbrooke. Clark hatte den Oberbefehl während des Krieges in Serbien. Holbrooke orchestrierte die „Demontage" Jugoslawiens.

„Wir haben unglaubliches Glück, dass eine solche Gruppe von bedeutenden Bürgern die NED unterstützen und helfen wird, die NED in ihrer Mission, die Demokratie in der ganzen Welt zu fördern", sagte der Präsident Carl Gershman, der im Contra-Iran-Skandal mit Oberst Oliver North zusammenarbeitete. Dies war eine kriminelle Mischung, um Geldmittel und Waffen zu konterrevolutionären in Nicaragua zu schicken, die versuchten, die Sandinisten zu stürzen. Gershmans Lebenslauf in der Regierung wird durch seine Arbeit als Chefbeater der US-Botschafterin Jeanne Kirkpatrick noch illustrer. Er gehörte der rechtsgerichteten Institution „Freedom House" (Freiheitshaus) an und diente 1983 als Chefberater für die „Nationale Bipartisan Commission" (Nationaler Zweiparteien Ausschuss) – besser bekannt als die „Kissinger-

---

[19] John M. Broder, „Political Meddling by Outsiders: Not New for U.S.", (Politische Einmischung durch Außenstehende: Nichts Neues für die USA) *The New York Times*, 31. März 1997. Siehe auch die spanische Versinon bei http://www.lajiribilla.cu/2002/n74octubre/174574.html.
[20] Ebenda.

Kommission". Heute ist er auch im vorstand des „Komitees für eine Freie Welt", eine ultrakonservative Einrichtung. Seine starke Verbindung zur CIA ist jedem objektiven Beobachter offensichtlich, der seine Dienstakte einsieht.

Für diese Verbindung gibt es noch mehr Beweise in den Dokumenten, die Eva Golinger erhielt. Auf ihrer Web-Seite im Internet www.venezuelafoia.info veröffentlicht sie den Briefwechsel zwischen ihrem Kollegen Jeremy Bigwood und CIA-Funktionären.[21] Sie weigerten sich, die Berichte über die direkte Finanzierung der Agentur an „Súmate" herauszugeben. Dies ist eine angeblich neutrale Organisation, die „das Referendum" gegen Hugo Chávez „förderte". Dennoch äußerten sie keine Bedenken, Informationen über andere Einrichtungen herauszugeben, mit denen sie offensichtlich keine enge Beziehung hatten.

Die einzige Erklärung für diese Weigerung ist in diesem Fall, dass die Agentur tatsächlich an „Súmate" einen Etat zugewiesen hatte, wie die Autorin in einem Brief an die Direktion des Amtes für öffentliche Angelegenheiten der CIA hinweist. Deswegen muss - nach Eva Golingers Einschätzung – neben jenem Geld für diese „neutrale und gemeinnützige" venezolanische Organisation eine weitere beträchtliche Summe über dunkle Nachrichtenkanäle eingegangen sein. Noch einmal scheint es, als ob die beiden Einrichtungen in den umstürzlerischen Bemühungen der US-Außenpolitik Gemeinsamkeiten haben.

Egal, wie man es betrachtet, der „Chávez-Code" ist ein aufschlussreiches Buch, das einen an die Warnungen erinnert, die den Journalisten der The Washington Post mit „tiefer Stimme" zukamen, die den Watergate Skandal 1972 aufdeckten: Folge dem Geld. Eva Golingers Beweisführung bietet eine Reihe von Dokumenten, die die Wahrheit beleuchten über Ereignissen, die die venezolanische Öffentlichkeit in den letzten drei Jahren bewegten. Die riesigen Ausmaße der US-Interventionen in Venezuela werden hier eindeutig aufgezeigt - wobei man die besondere Sensibilität bedenken muss, die durch die Tatsache entsteht, dass Venezuela der Hauptversorger der Halbkugel mit Kraftstoff ist. Dies wird

---

[21] Siehe Anhang Seite 236

hier eindeutig aufgezeigt. Hinzu kommt eine Warnung vor den Variationen, die das Empire benutzt, um die Mordversuche herunterzuspielen, den Terrorismus und den schmutzigen Krieg, den man gegen Venezuela führt. Dieses Buch zeigt detailliert auf, wie der Aggressor USA seinen Plan A zu Intervention und Umsturz für Lateinamerika ausführte. Dass es diesmal fehlschlug bedeutet nicht, dass er seine Absichten aufgegeben hat. Kurze Zeit, nachdem Eva Golinger die letzen Zeilen dieses Buches geschrieben hatte, konnte auch die Öffentlichkeit Beweise sehen, die zeigen, dass die Bush Regierung nun ihren Plan B in Gang setzt: eine Flut schmutziger Propaganda und Aktivitäten innerhalb internationaler Organisationen, die die venezolanische Regierung isolieren sollen. Hierbei wird die Ermordung oder Entführung des Staatsoberhauptes nicht ausgeschlossen. Das aber lässt immer eine militärische Intervention folgen.

Venezuela leugnet die Tatsache, dass in den ersten Wochen dieses Jahres (2005) mehr als 50 Artikel in den wichtigsten US-Tageszeitungen veröffentlicht und in den US-Fernsehprogrammen gezeigt wurden, bei denen 85% der befragten „Experten" in Verbindung stehen mit Institutionen oder Veröffentlichungen der Opposition. Die verleumderischsten Anklagen machten „unbekannte" Quellen innerhalb der Bush Administration. Diese alle schürten die Flammen einer neuen Definition, die Außenministerin Condoleezza Rice zu Beginn des Jahres gab: „ Hugo Chávez ist eine negative Kraft in der Region".

Mit diesem Schlachtruf ließen die USA ihre CIA-Bluthunde los – und die Medien in ihrem Dienst. Das schließt die Presse ein und Institutionen wie die „Organisation amerikanischer Staaten", die wieder einmal das Ganze anheizen und unterschiedliche, aber sehr deutliche Zeichen eines neuen Kreuzzuges zeigen. Es könnte daher sehr wohl passieren, dass wir innerhalb des nächsten Jahres, vielleicht früher, ein weiteres Buch von Eva lesen werden – oder einem anderen wagemutigen Journalisten. Das könnte ein weiteres Kapitel dieser tödlichen Saga aufschlagen, die Kuba seit mehr als 40 Jahren plagt und erst kürzlich auf die Venezolaner ausgeweitet wurde.

Das ist das Geheimnis von „Der Chávez-Code" und wir sollten nicht verwundert sein zu hören, dass die Autorin von der venezolanischen Opposition und der Feindseligkeit der US-Autoritäten bedroht wurde (ihrem Geburtsland). Die Nachforschungen Eva Golingers - einer mutigen und engagierten Frau, die sich der Wahrheit verschrieben hat - sind eine gewissenhafte Allegorie zur Praxis des Staatsterrorismus. Sie zeigen ein unvorstellbares Bild von unglaublicher Arroganz auf. „Der Chávez-Code" spricht von einer Praxis, die alle Gesellschaften unseres Planeten betrifft. Es ist eine Praxis, die uns zu einer ganz einfachen Frage führt: wenn es eine Regierung auf dieser Welt gäbe, die von dem Pfad abweicht, den der Imperator Bush für die Menschheit ausgewählt hat, gäbe es dann eine Möglichkeit, dass diese Regierung dem Kreuzzug der „Befreiung" - angeführt durch die CIA und NED - entkommen kann?

Rosa Miriam Elizalde   **Rogelio Polanco**

Hugo Rafael Chávez Frías

auf dem Weltsozialforum 2005

DANKSAGUNG

Die Interventionen der Vereinigten Staaten in Venezuela zu untersuchen ist keine leichte Aufgabe. Da gibt es Risiken, da gibt es Opfer. Die überwältigenden Bekundungen von Liebe, Solidarität und Unterstützung, die ich von Leuten aus aller Welt und besonders aus Venezuela erhielt, begleiteten und ermutigten mich, diese hindernisreiche Reise fortzusetzen. Die herzliche und gewaltige Umarmung, die ich von dem entschlossenen venezolanischen Volk bekam, ihre von Herzen kommende Anerkennung für die Aufdeckung meiner Informationen, waren alle Opfer und Gefahren wert, die während dieser Recherche auftraten.

Risiken gab es viele, die Gefahr war immer präsent. Ich erhielt zahlreiche Morddrohungen von anonymen Quellen und meine Rechtsanwaltstätigkeit verringerte sich, wegen der Angst der Klienten, politischer Unstimmigkeiten und meiner eigenen Hingabe an diese Nachforschungen. Sie nahmen in vielfältiger Weise einen großen Teil meines Lebens ein.

Otto Reich benannte mich „einen Agenten der Chávez-Regierung", nicht wissend, ob ich für meine Arbeit bezahlt wurde oder nicht. Diese ganze Recherche habe ich aus meiner eigenen Tasche bestritten – das belegen auch meine Kontoauszüge. Ich musste sogar aus einem schönen Zweifamilienhaus in Brooklyn, wo ich drei Jahre lang gewohnt hatte, in ein altes Familienheim draußen auf Long Island ziehen, weil meine Finanzen so knapp wurden. Somit, Herr Reich, wenn ich schon ein „Agent" sein soll, dann bin ich der Agent des Volkes – eines Volkes, das hart um eine harmonischere und gerechte Welt kämpft.

Dieses Buch wäre nicht möglich gewesen ohne die Liebe, Unterstützung und Fachkenntnis vieler brillanter Leute, die über die letzten Jahre und Jahrzehnte in mein Leben traten. Ich schulde Jeremy Bigwood Dank für seine meisterhaften Fähigkeiten beim FOIA-Gesetz (Freedom Information Act), Andres für seine genialen Ideen, Roselena für Konzentration und klares Denken, Angel für Ermutigung und Brainstorming, Wendy für unglaubliche Photographie und Solidarität, Gustavo, der mir in wirklich harten Zeiten zur Seite stand, meiner Mutter, meinem Vater und meinem

Bruder Jon für unglaubliche, vorbehaltlose Unterstützung und Liebe, meiner pelzigen, kleinen Lola, die mir Gesellschaft, Liebe und Wärme gab während der nächtelangen Recherche und Schreibarbeit, Rosa Miriam Polanco, Abel, Iroel und allen Mitgliedern des kubanischen Verlagsteams für ihre Liebenswürdigkeit, Perfektion und bedingungslose Freundschaft; und meiner Familie in Merida, meinen Freunden Piki, Ernesto, Celia, Gretchen, Sarah, Lely, Gilberto, Temir, Mario Calderon, Samuel Moncada und anderen „Compañeros", ohne die das tägliche Leben nicht so schön wäre.

Aber vor allem verdanke ich dieses Buch dem starken, mutigen und freundlichen venezolanischen Volk und seinem brillanten Führer. Ich kann nur hoffen, dass die folgenden Seiten denjenigen helfen, die auf der Suche nach sozialer Gerechtigkeit sind.

Alle Dokumente, die in diesem Buch diskutiert werden, stehen auf meiner Website zur Verfügung, www.venezuelafoia.info.

www.venezuelafoia.info Homepage von Eva Golinger

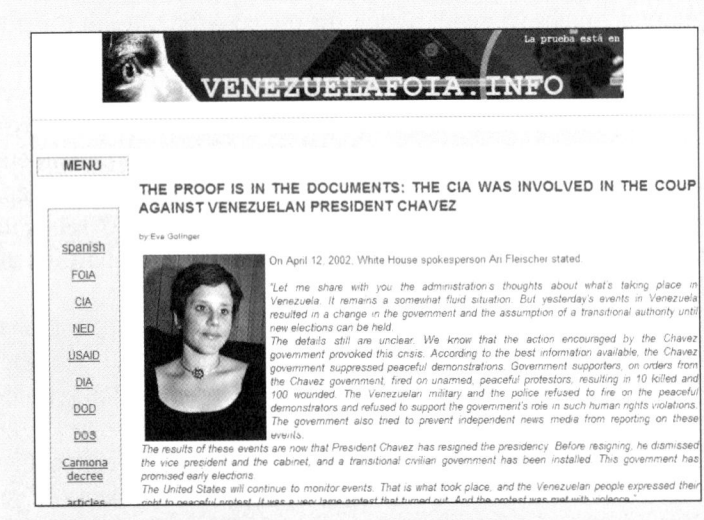

Einleitung

„Welche Botschaft haben Sie für mein Land?" General Rafael Oropeza hatte keine Antwort für den Militäroffizier der Vereinten Staaten, der am 11. April 2002 in der Militärkaserne in Fort Tiuna in Caracas vor ihm stand. James Rodgers, ein eingetragener Militärattaché an der US-Botschaft in Caracas, wiederholte seine Frage. Zur Zeit des Staatsstreiches gegen den venezolanischen Präsidenten Hugo Chávez Frías war General Oropeza für die Registrierung aller Ein- und Ausgänge von Fort Tiuna zuständig - die Basis des venezolanischen Verteidigungsministeriums und das größte Militärfort der Nation.

Fotos von Rodgers wie er in den Tagen des Staatsstreiches durch das Lager fährt, veröffentlichte später die venezolanische Tageszeitung, *Últimas Noticias*.[1] Das Auswärtige Amt leugnete die Existenz eines James Rodgers, obwohl er an der Botschaft in Caracas als Militärattaché eingetragen war.

Als Rodgers merkte, dass General Oropeza keine Antwort auf seine verschlüsselte Frage hatte, ließ er nach Efraín Vásquez Velasco rufen. Vásquez Velasco, zu dieser Zeit einer der militärischen Oberbefehlshaber der venezolanischen Streitkräfte, war einer der Führer des Putsches gegen Präsident Chávez. Schon durch seine wenigen Worte war klar, dass Rodgers die Verbindung der USA zu den venezolanischen Militäroffizieren war, die den Putsch durchführten.

Aber das belastendste Moment für das US-Militär in Venezuela während des Zeitraums des Staatsstreiches im April 2002 gegen Präsident Chávez war am 8. April 2002 auf einer exklusiven Verabschiedungsfeier für einen chinesischen Militärattaché im Luxushotel Meliá in Caracas. An diesem Abend verwechselte der US-Marineoffizier David Cazares General Roberto González Cárdenas mit General Néstor González González. Sie waren leicht zu verwechseln. Beide Männer waren kahlköpfig, hatten ziemlich die gleiche Größe und trugen eine Offiziersuniform mit Orden und einem Namensschild, auf dem einfach „González" stand. Cazares

---

[1] Eleazar Díaz Rangel, „Abril en Washington", Últimas Noticias, 4. Mai 2003, S. 19.

bahnte sich unauffällig seinen Weg zu General González Cárdenas und fragte vorwurfsvoll: „Warum haben Sie die Schiffe nicht kontaktiert, die wir an der Küste liegen haben und das U-Boot tauchte in La Guaira unter? Was ist passiert? Warum hat mich keiner kontaktiert? Auf was warten Sie noch?" General Gonzales Cárdenas hatte keine Ahnung von was dieser US-Marineoffizier sprach. Bevor er jedoch antworten konnte, kam ein Militärattaché von Brasilien auf ihn zu, um sich zu verabschieden. Cazares nutzte diese Gelegenheit der Unterbrechung, um den Marinekapitän Moreno Leal, der in der Nähe stand, zu fragen, ob das General González wäre, „derjenige, der an der Grenze stationiert gewesen war." Moreno antwortete: „Das ist General González, aber ich weiß nicht, ob er an der Grenze stationiert war."

Cazares setzte seine Befragung von General González Cárdenas fort und forschte beharrlich nach, warum ihn bis jetzt noch niemand kontaktiert habe – oder die drei Schiffe und das U-Boot, die bei der venezolanischen Küste bereit stünden. Vorsichtshalber begrenzte González seine Antwort auf ein bloßes „Ich werde es herausfinden." Die beiden trafen sich noch einmal im Aufzug beim Verlassen der Veranstaltung. „Es handelt sich hier um Betriebskosten. Ich erwarte ihre Antwort", sagte Cazares fest.

Der venezolanische General Néstor González González war eine Schlüsselfigur beim Staatsstreich gegen Präsident Chávez im April 2002. Am 10. April 2002 forderte er im nationalen Fernsehen den Präsidenten zum Rücktritt auf, „andernfalls"… . In einer Fernsehübertragung am 12. April 2002 nach dem Putsch wurde deutlich, dass González González' Statement nur den Zweck hatte, dass Präsident Chávez nicht nach Costa Rica reiste, wo er an jenem Tag an der Generalversammlung der OAS (Organisation der Amerikanischen Staaten) teilnehmen sollte. Die Verschwörung war erfolgreich. Chávez blieb in Venezuela, der Putsch wurde planmäßig durchgeführt.

Die irrtümliche Interaktion zwischen Cazares und González Cárdenas am 8. April nahmen die venezolanischen Prüfer nach der kurzen Amtsenthebung von Präsident Chávez nicht ernst und übersahen sie geflissentlich. Die Vereinten Staaten ließen sie einfach fallen. Cazares' Amtszeit in Venezuela wurde später gekürzt, und er nach Chile versetzt als der *Últimas Noticias* Artikel bei einigen Verwunderung erregte. Andere „Leckerbissen" bezüglich der Bewegungen des US-Militärs in jenen Tagen des Putsches, die unbeachtet blieben, schließen ein Telefongespräch von Oberst Donald F. McCarty, US-Luftwaffenattaché, mit der Nachrichtendivision der venezolanischen Streitkräfte am Freitag, dem 12. April 2002, ein. Er bat um die Überflugerlaubnis für eine Herkules C-130, die „diplomatische Fracht" transportierte - fünf Kilogramm Lithiumbatterien, fünf Kilogramm komprimierten Sauerstoff Klasse 2.2, 56 Kilogramm Munition, 40 Kilogramm Sprengpatronen und zwei Kilogramm Zündkapseln. Oberst McCarty zog den Antrag auf Überflugerlaubnis via Fax am 15. April 2002 zurück. Das Ganze fand nie statt.

Am Samstag, dem 13 April 2002, während Präsident Chávez auf La Orchila, einer kleinen Insel vor der Küste Venezuelas, gefangen gehalten wurde, entdeckte man in der Nähe ein US-Schiff, das kleine Flugzeuge bei Überflugsübungen unterstützte. Die venezolanischen Behörden hatten keine Erlaubnis für solche Aktivitäten gegeben. Die US-Regierung sagte später, die Übungen hätten „nicht im Bezug" zu der sich entwickelnden Situation in Venezuela gestanden. Es wären ganz normale Übungsaktivitäten gewesen. Zeugen bestätigen auch einige „Blackhawk" Hubschrauber, die auf dem Maiquetía Flugplatz außerhalb von Caracas am 11. bis 12.April 2002 landeten. Die USA leugneten solche Vorwürfe.

US-U-Boote, Marineschiffe, „Blackhawk" Hubschrauber, Überflüge, Putschverschwörungen... solange viele dieser Fakten und Gerüchte nur halb fundiert und immer noch umstritten sind, bleibt die ganze Geschichte der US-Militärbeteiligung beim Staatsstreich gegen Präsident Chávez ein Mysterium. Doch was durch sorgfältige und fortlaufende Untersuchungen über die US-Beteiligung am Putsch und anderen Destabilisierungsbemühungen in Venezuela aufgedeckt und entschlüsselt wurde, ist eine sehr komplexe und ausgeklügelte Intervention durch eine US-Regierung mit jahrzehntelanger Erfahrung bei Regimewechseln.

„Der Chávez-Code" enthüllt die bei weitem am höchsten entwickelte Interventionsmethode der US-Regierung. Mit der Durchdringung aller Bereiche der Zivilgesellschaft, politischer Parteien und der venezolanischen Streitkräfte, war es der USA möglich, einige Umsturzversuche gegen die demokratische Regierung Venezuelas zu fördern. Jedoch schlugen ihre Versuche fehl, trotz der Investition von Millionen von Dollars und komplexen, wohl eingeübten Operationen. Wir dürfen nicht vergessen, dass es ein Jahrzehnt dauerte, bis die Sandinisten in Nicaragua, dieser winzigen, armen Nation in Zentralamerika, nicht mehr an der Macht waren. Präsident Reagan riskierte seine Präsidentschaft, um die Ausweitung einer sozialistisch orientierten Revolution über die ganze Halbkugel zu verhindern. Als der Kongress ihm die Finanzierung von verdeckten Operationen der CIA mit den „Contra" bewaffneten Streitkräften verweigerte, verkaufte Reagan Waffen an den Iran, um Geld zu bekommen. Es war ein Skandal. Aber die Menschheit hat ein kleines Kurzzeitgedächtnis und Reagan schob erfolgreich den Schwarzen Peter an Oberst Oliver North ab. Dieser jedoch widerstand dem Zorn der Anhörungen und Untersuchungen des Kongresses. Trotz der Erniedrigung überließ Norths Bereitschaft die Verantwortung zu tragen Reagan das ganze Terrain und Mittel, die er brauchte, um die Sandinistas weiterhin an ihrem Erfolg zu hindern.

Die Schaffung der Nationalen Stiftung für Demokratie (NED) leitete eine neue Periode der US-Interventionen auf dem ganzen Globus ein. In Nicaragua fand diese entstehende Einmischung in interne Angelegenheiten von souveränen Staaten das erste Mal ihre Anwendung. Mehr als eine Milliarde Dollar investierte man in Nicaragua in den 80er Jahren, um die Revolution der Sandinisten zu vernichten.

Venezuela stellt eine neue, noch bedrohlichere Herausforderung für die Vereinigten Staaten dar. Es steht an fünfter Stelle der Weltversorgung mit Erdöl. Somit ist es – als „die Schnittstelle von Südamerika" - für die USA von nationalem Sicherheitsinteresse. Die Flussregion des Orinoco in Südvenezuela weist beträchtliche Ölreserven auf, von denen man die meisten erst noch erschließen muss. Bis 1998 war Venezuela ein devoter Spieler in der US-Politik, ein Kollaborateur im besten Sinne. Die Vereinigten Staaten standen kurz davor, der Nummer eins Nutznießer der Privatisierungen in der lukrativen Ölindustrie zu sein, die seit den 70er Jahren verstaatlicht war. Doch dann kam Chávez. Präsident Hugo Rafael Chávez Frías war 1998 mit annähernd 60% der Stimmen gewählt worden. Damit schlug er erdrutschartig die zwei traditionellen Parteien Venezuelas die *Acción Democrática (AD)* und *COPEI* (die Christlich Sozialistische Partei). Er sprach eine große Bandbreite der venezolanischen Gesellschaft an, vor allem weil er eine Alternative zu den korrupten AD und COPEI Parteien bot, die das Land seit 40 Jahren regierten und die Wirtschaft bis zu den späten 90er Jahren heruntergewirtschaftet hatten. Aber Chávez sofortige Durchführung seiner Wahlversprechen – einschließlich einer Neustrukturierung des verstaatlichten Ölunternehmens *Petroleos de Venezuela, S.A. (PDVSA)* und eine Änderung der jungen Verfassung Venezuelas, erwiesen sich für viele Venezolaner als zu radikal und plötzlich. Sie waren ein Leben unter der AD und COPEI gewohnt, wo Versprechungen nicht eingelöst wurden und man von Veränderungen sprach, sie aber nie durchführte.

Trotz des Schocks einiger Bereiche über die Schnelligkeit der Aktionen der Chávez Regierung, beteiligten sich 1999 mehr als 70% der Wähler am Entwurf und der Ratifizierung einer neuen Verfassung, die weit reichende Veränderungen in der venezolanischen Gesellschaft legitimierte. Als Folge der neuen Verfassungsbedingungen wurden 1999 wieder Präsidentschaftswahlen abgehalten. Chávez gewann mit einer ähnlichen Stimmenzahl von ca. 60%.

Mit der Autorität der Verfassung von 1999 als Rückhalt, konnte Chávez eine Reihe von strukturellen Veränderungen innerhalb der PDVSA ankurbeln, die eine ausgeglichenere Verteilung der Firmenprofite ermöglichten. Somit konnte er soziale Programme zur Verminderung der Armut finanzieren, und soziale Dienste für die große Bürgerschicht Venezuelas mit wenig oder gar keinem Einkommen sichern.

Zwischen 1998 und 2000 begegnete Chávez einer relativ indifferenten US-Politik bezüglich Venezuelas. Erst als George

W. Bush 2001 im Weißen Haus Einzug hielt, wendeten sich die Beziehungen zwischen Venezuela und den USA zum Schlechten. Die Politik der Chávez Regierung lagen der Bush Administation nicht. Die Vorstellung einer Regierung mit einer der wichtigsten Ölindustrien der Welt unter sich, in enger und offener Verbindung mit Fidel Castro, war harter Tobak für eine republikanische Regierung, die den Strick um die kubanische Wirtschaft wieder enger gezogen hatte – mit dem 40 Jahre alten Ziel, Fidel Castro loszuwerden. Hinzu kommt, dass Chávez die OPEC (Organisation Erdöl exportierender Länder) wiederbelebte – eine Instanz, die die USA am liebsten stumm geschaltet hätten. Auch seine Besuche bei anderen Öl produzierenden Ländern, wie Libyen und Irak, waren der Bush Administration nicht genehm. Ganz zu schweigen von der Konzentration der venezolanischen Regierung auf eine Politik zur Verminderung der Armut und Befürwortung einer mitbestimmenden Demokratie – Gedanken, die unverbesserliche Marktwirtschaftler ablehnen. Man füge eine verstimmte und wohlhabende venezolanische Geschäftselite mit Freunden in den obersten Reihen der US-Regierung und Unternehmenswelt hinzu – somit war eine klare Abneigung gegen die Chávez Regierung festgelegt.

Die offenen Statements und Erklärungen durch US-Regierungsbeamten, die eine Tendenz zum Bruch mit der Chávez Administration erahnen ließen, begannen Anfang 2001. Nachdem Präsident Chávez seine Empörung und Nichtübereinstimmung zum Bombardement Afghanistans nach dem 11.9. zum Ausdruck gebracht hatte, verschlechterten sich die Beziehungen der Bush und Chávez Regierungen schnell. Der venezolanische Präsident spielte nicht mit bei den „Ihr seid entweder für uns oder gegen uns"- Regeln und das Land war einfach zu wichtig, um es in den Händen eines so ungehorsamen Führers zu lassen.

Die Freigabe Venezuelas

Der unabhängige Journalist Jeremy Bigwood und ich nutzten den FOIA (Freedom of Information Act) in den USA und reichten zahlreiche Anträge an verschiedene Einrichtungen und

Behörden der US-Regierung ein, die unterschiedliche Fragen zu Venezuela enthielten. Der FOIA ist eine Institution der US-Gesetzgebung, die man nach der Präsidentschaft Nixons einführte. Sie ermöglicht Journalisten und anderen den Zugang und die Freigabe von geheimen US-Regierungsdokumenten. Informationen, die durch den FOIA abgefragt werden, analysiert zunächst die Einrichtung der Regierung, die die betroffenen Unterlagen hat. Sie entscheidet dann, ob die Informationen ganz, teilweise oder gar nicht herausgegeben werden.

Es gibt viele verschiedene Einrichtungen innerhalb der US-Regierung. Um herauszufinden, wie tief die USA in die Venezuela-Angelegenheit verstrickt war, musste man hunderte von Anträgen stellen an Einrichtungen wie das Außenministerium, Verteidigungsministerium, Ministerium für die Armee, die CIA, die US-SOUTHCOM, das Landwirtschaftsministerium, die Nationale Stiftung für Demokratie, die Einrichtung für Internationale Entwicklung usw.

Die Nachforschungen begannen 2003 und dauern bis jetzt an. Wahrscheinlich wird es sich über Jahrzehnte hinziehen. Im Allgemeinen lässt sich die US-Regierung lange Zeit mit der Antwort auf eine FOIA Anfrage, zögert das Ganze hinaus und zensiert, um Informationen nicht im zu großen Umfang and die breite Öffentlichkeit gelangen zu lassen. Man kann gegen zurückgehaltene oder unrechtmäßig verzögerte Informationen Rechtsmittel einlegen. Aber dieser Ablauf kann ewig dauern und daher verhindern, dass kritische Informationen die Öffentlichkeit erreichen.

FOIA Nachforschungen kommen im allgemeinen Jahre oder Jahrzehnte später nachdem die US-Intervention stattfand – so wie im Fall von Chile oft auch wenn es schon zu spät ist, um vorbeugend zu handeln.

Diese Recherche allerdings erfolgt in „Echtzeit" und hat daher die privilegierte Möglichkeit, einen Wandel der US-Politik bezüglich Venezuelas zu bewirken. Schon jetzt haben die Ergebnisse der Nachforschung Auswirkungen auf die Beziehungen USA-Venezuela. Sie öffnen auch Millionen von Venezolanern die Augen, die sich der US-Einmischung in ihrem Land gar nicht bewusst waren. Die Einzelheiten, die die Ermittlungen bis jetzt aufdeckten werden im Folgenden aufgeführt.

Allerdings muss ich einen Anspruch aufgeben: den der Vollständigkeit, denn die Nachforschungen sind noch weit davon entfernt, komplett zu sein. Wegen der Aktualität und der Wichtigkeit der Informationen denke ich ist es entscheidend, eine sofortige Analyse durchzuführen und die Dokumente so schnell als möglich der Öffentlichkeit zukommen zu lassen. Eines aber steht fest: je mehr Dokumente erfasst werden, desto mehr kommen Tatsachen über die Rolle der USA bei den Ereignissen der vergangenen Jahre in Venezuela ans Licht und können das momentane Verständnis dieser Recherche verändern. Auch sind viele dieser Dokumente extrem stark zensiert und es wurde Berufung eingelegt, wenn es notwendig erschien. Der Berufungsprozess wird die Freigabe der Informationen auf unbestimmte Zeit verlängern. Daher werde ich mich zu diesem Zeitpunkt zurückhalten mit abschließenden Erklärungen hinsichtlich des Ausmaßes der US-Intervention in Venezuela.

Simón Bolívar 1783-1830

1 Nicaragua und Chile: Das Kochbuch für den Putsch

Die momentane Intervention in Venezuela wurde in drei Abschnitten ausgeführt. Jedes Mal passte man sich den neu entstandenen Umständen an, die durch den Fehlschlag des vorausgegangenen entstanden waren. Die US-Strategie in Venezuela folgte einem Leitfaden anderer Interventionen in Lateinamerika. Die Taktiken, die man in Venezuela anwandte, scheinen eine umgewandelte Version der vorher in Chile (in den 70ern), Nicaragua (in den 80ern) und Haiti (in den 90ern) verwendeten zu sein. Jene endeten alle mit der Amtsenthebung des zuvor demokratisch gewählten Präsidenten - entweder durch einen Staatsstreich (Chile und Haiti) oder durch stark beeinflusste Wahlvorgänge (Nicaragua).

Die Geschichte Venezuelas glich in den letzten Jahren sehr derjenigen von Chile in den späten 60ern und frühen 70ern. Entfernte Verwandte des Putsches und des Anschlags gegen Chile, plagten auch Venezuela. Dennoch konnte letzteres dagegen bestehen und die Gegenmaßnahmen der rechten Oppositionsbewegung überwinden, die von der US-Regierung finanziert und politisch gedeckt wurden. Ersteres aber unterlag leider der gewaltvollen Übernahme, die die Ermordung des demokratisch gewählten und populären Präsidenten Salvador Allende zur Folge hatte – und die Einführung der brutalsten Diktatur in der Geschichte Lateinamerikas. Die US-Regierung drückte dem Staatsstreich von 1973 in Chile ihren blutigen Stempel auf. Später gelangten die vom Nationalen Sicherheitsarchive freigegebenen Dokumente, die die komplizierten Verschwörungen Henry Kissingers und seiner Konsorten aufdeckten, an die Öffentlichkeit. Sie sollten die Zunahme des Sozialismus in der Region verhindern.

In Chile wandten die USA Taktiken an, die sich danach immer wieder als erfolgreich erwiesen. Vor dem Staatsstreich gelang es den USA Millionen von Dollars an Gewerkschaften, Geschäftsverbindungen und Sozialorganisationen zu leiten, die willens waren, sich gegen Allende zu verbünden. Die Vereinigten Staaten versuchten 1970 Allendes Wahl zu verhindern, indem sie die Oppositionsparteien und -kandidaten stärkten und unterstützten. Aber die überwältigende Popularität des sozialistischen Führers ließ der US-Regierung keine andere Wahl als den Weg der Gewalt gehen. Noch nach Allendes Wahl zettelten die USA wirtschaftliche Sabotageakte an. Die von ihnen finanzierten Gegenspieler führten massive Streiks durch, und die Vereinigten Staaten versuchten, Allendes Regierung in der internationalen Gemeinschaft zu isolieren. Sie verwendeten auch eine Strategie, die später als „Chileanization" bekannt wurde. Dies schloss den Aufbau der internen rechten Kräfte mit ein, um die gewählte Regierung zu destabilisieren. Das Konzept sollte sicherstellen, dass sich - durch die oppositionellen Kräfte angezettelte - gewaltvolle Auseinandersetzungen mit der Regierung zu internationalen Skandalen und Reaktionen über Allende zusammenbrauen und die Nation in gesellschaftliches Chaos und Instabilität abdriften würde. Dadurch sollte die Regierung als „Verletzer der Menschenrechte" gebrandmarkt oder international geächtet werden. Erst nachdem all diese Bemühungen fehlschlugen, wurde drei Jahre später der Plan zum Putsch weiter entwickelt.

Die Taktiken, die man in Chile verwandte, bewahrte sich die US-Regierung für den zukünftigen Gebrauch. Die Betretenheit einiger Kongressmitglieder über die Rolle der USA bei dem Sturz eines demokratisch gewählten Präsidenten und ihre bedingungslose Unterstützung eines brutalen Diktators, der mehr als zehn Jahre lang fortfuhr, Menschenrechtsverletzungen zu begehen, hatte nur Auswirkungen auf den Ton bei zukünftigen Interventionen, nicht aber auf die Sache als solche. In Venezuela gebrauchten die USA viele der Taktiken, die sie schon in Chile verwandt hatten: den Zusammenschluss der Gewerkschaften mit Unternehmensverbänden, politischen Parteien und sozialen Organisationen, Wirtschaftssabotage und Streiks – und natürlich den blutigen Putsch. Aber der strategische Fehlschlag in Venezuela Fuß zu fassen, ließ die US-Regierung ihre Taktik ändern. Sie fassten die Strategien, die in anderen lateinamerikanischen Ländern Erfolg gehabt hatten, zusammen und modernisierten ihre Methodik.

1.1 Das Nicaragua Modell

In den 80er Jahren war die US-Regierung stark in Nicaragua involviert. Mehr als eine Milliarde Dollar[1] investierte man, um die Sandinisten abzusetzen, erst durch den bewaffneten Kampf, dann durch Intervention bei der Wahl. Die NED, die US-Einrichtung für Internationale Entwicklung und die CIA waren alle in der kleinen zentralamerikanischen Nation zu Gange. Diese Instanzen wandten eine Reihe von Interventionsmethoden an, die schon vorher z. B. in Chile, den Philippinen und Panama erfolgreich waren.

In Nicaragua starteten die USA in den späten 70er Jahren einen schmutzigen Krieg gegen die Regierung der Sandinisten und beschlossen, das winzige Land zum „Testfall" für ihre neuen Operationsstrategien zu verwenden. Ronald Reagans Administration schuf die „Contras", eine 15tausend Mann starke, bewaffnete, gegenrevolutionäre Kraft, die die Bürger Nicaraguas terrorisierte – auf Geheiß der US-Regierung. Die Reagan Verwaltung berief sich auf Ängste, dass sich der Kommunismus „in der ganzen Region ausbreiten würde" und rechtfertigte damit die verbreiteten Menschenrechtsverletzungen und Gräueltaten durch die CIA-trainierten Konterrevolutionäre. Doch der jahrelange bewaffnete Kampf endete eher in der Stärkung als in der Schwächung der Sandinisten-Regierung. Dies ließ die US-Regierung so verzweifeln, dass sie illegale Waffenverkäufe an den Iran tätigte, um ihren Milliarden Dollar Konflikt in Nicaragua zu finanzieren. Da sie ihren Fehlschlag in Nicaragua sahen, schlugen Beamte der Reagan Administration eine Veränderung der US-Politik vor: hin zu einer „demokratischen" Lösung, weg vom bewaffneten Konflikt.

Nach den Erfahrungen der 70er Jahre, zögerte der US-Kongress, verdeckte Operationen in Lateinamerika zu finanzieren. Nachforschungen des Kongresses hatten herbe Enthüllungen der

---

[1] Kongressbericht vom 4. Oktober 1989, p.H 6624. George Miller (D-CA) sagte, dass es eine Milliarde Dollar waren: „Wir gehen in diese Wahlkampagne (mit) einer Milliarde Dollar. Wir förderten die Contras, wir zerstörten (Nicaraguas) Wirtschaft, wir übernahmen Frau Chamorro und zahlen für ihre Tageszeitung, wir finanzierten ihre ganze Operation und wir werde ihr die beste Wahl geben, die Amerika kaufen kann."

Rolle der USA bei Allendes Sturz in Chile an die Öffentlichkeit gebracht.[2] Der Kongress hatte das CIA Budget und die Unterstützung privater Gruppen und Organisationen in anderen Ländern erheblich begrenzt. Damit schränkte man auch die Kapazität der US-Regierung ein, verdeckt Netzwerke zu schaffen, die die US-Interessen im Ausland unterstützten. Der Iran-Contra Skandal machte die Finanzierung solcher Gruppen noch schwieriger. Es war offensichtlich, dass man einen neuen Ansatz finden musste.

1.2 Die nationale Stiftung für Demokratie

In den späten 70er Jahren formte sich die APF (Amerikanische Politische Stiftung) – eine Koalition aus politischen, akademischen, Arbeits- und Geschäftsführern - mit der Absicht, neue Methoden zu finden, die Ziele der US-Außenpolitik im Ausland trotz der Beschränkung des Kongresses durchzusetzen. Der Kongress finanzierte die APF. Sie bestand aus ultra-konservativen Ideenschmieden wie dem Zentrum für Strategische und Internationale Studien (Center of Strategic und International Studies) und dem Amerikanischen Unternehmer Institut (American Enterprise Institute) zusammen mit Repräsentanten des NSC (National Security Council) und der USIA (United States Information Agency), dem Propagandabüro der US-Regierung. Die APF schlug die Gründung einer vom Kongress finanzierten Institution vor. Diese sollte Gruppen und Organisationen, die im Ausland für die US-Interessen arbeiteten, mit Geldmitteln und politischer Unterstützung versorgen. Die Institution sollte sich auf die „Förderung der Demokratie" im Ausland konzentrieren – durch finanzielle Unterstützung, um die „Infrastruktur der Demokratie" zu fördern, die eine freie Presse, Gewerkschaften, politische Parteien, Universitäten und soziale Organisationen ermöglichen würde. Diese sollten natürlich im Interesse der US-Außenpolitik handeln.

---

[2] U.S. Kongress, The Church Commission Report, 1975. Siehe auch Patricia Verdugo, Allende. Cómo la Casa Blanca provocó su muerte (Santiago de Chile: Catalonia, 2004), S. 25-41.

1983 verabschiedete der Kongress auf Vorschlag der APF hin die Einrichtung der Nationalen Stiftung für Demokratie (NED) (P.L.98-164). Man gestand auch Finanzmittel zu, um ihren Erfolg zu sichern. Zur gleichen Zeit hatte die APF die Formierung von „Core grantees" (Kernempfängern) empfohlen, die die Mittel des Kongresses an politische Parteien und Partisanengruppen im Ausland leiten sollten. Die „Core grantees" schlossen ein: das Zentrum für Internationale Privatunternehmen (CIPE), das Nationale Demokratische Institut (NDI), das Internationale Republikanische Institut (IRI) und das Institut des Freihandelsverbandes, das von der AFL-CIO betreut und später vom Amerikanischen Zentrum für Internationale Arbeitssolidarität (ACILS) dominiert wurde. Diese verband ein übergreifender Vorsitz von Direktoren, die sich ihren Einfluss mit der NED und dem US-Kongress teilten.[3]

Die NED sollte als perfekter Kanal für die Mittel der US-Regierung dienen, um internationale politische Hilfe bereitzustellen. Diese sollten die Regierungsinteressen im Ausland unterstützen und sowohl die Außen- als auch die Innenpolitik in Ländern von strategischer Bedeutung beeinflussen. Während des Kalten Krieges eingerichtet, reflektierten die Ziele der NED eine neokonservative Agenda, die ihrem globalen Kampf gegen den Kommunismus gegenüber demokratischen Gedanken von Souveränität und Selbstbestimmung absolute Priorität einräumte. Infolgedessen gab es bei der Premiere der NED in Nicaragua eine geballte Dosis an US-Interventionen auf Wahl- und politischer Ebene. Ihre Techniken perfektionierten sich im Laufe von annähernd einem Jahrzehnt.

Die Führung der NED reflektiert ganz klar ihre Ziele. Seit 1984 ist Carl Gershman der Präsident der NED. Früher war er ein Mitglied der Sozialistischen Partei der USA, spaltete sich dann aber ab und führte eine rechtsgerichtete Fraktion (die Sozialen Demokraten der USA) und ist mit dem Netzwerk der „Falken" der

---

[3] Das „Council on Hemispheric Affairs" und das „Inter-Hemispheric Education Resource Center", Nationale Stiftung für Demokratie: „A Foreign Policy Branch Gone Awry" (Die Schieflage eines außenpolitischen Zweiges), 1990. Heute betreuen der republikanische Senator John McCain und die demokratische Madeleine Albright das Internationale Republikanische Institut bzw. das Nationale Demokratische Institut.

Alten Schule verbunden. Bekannt als „Neocon", arbeitete Gershman in den frühen 70ern mit einigen neokonservativen Schlüsselfiguren wie Richard Perle, Elliot Abrams und Paul Wolfowitz.

In Nicaragua war ursprünglich die CIA der Hauptkanal, um die Bewegung gegen die Sandinisten (die Kontras) zu finanzieren. Doch nach dem Fehlschlag, die Sandinisten während der Wahl 1984 von der Macht abzusetzen, sollte die NED dieses beim Wahlgang 1989-90 übernehmen. Tatsächlich waren sich die USA ihrer Sache bei der Wahl 1984 so sicher, dass sie bei der Opposition für breite Wahlverweigerung plädierten, um die Wahl in ein schlechtes Licht zu rücken. Aber auch das ging daneben – trotz der Macht und Einflussnahme der USA. Beim zweiten Mal entschieden sich die Vereinigten Staaten, im Wahlprozess Eigeninitiative zu ergreifen. Durch die Formation einer Oppositionsbewegung, die aus sozialen Organisationen, politischen Parteien und Partnern der NED bestand, konnte die US-Regierung die Wahl anheizen und das Wahlergebnis kontrollieren.

Die USA drängten auf die Vereinigung der verschiedenen politischen Parteien und sozialen Organisationen, die gegen die Sandinisten opponierten. Viele von ihnen teilten die konservativen Ansichten der Reagan und Bush Administrationen. Sie formierten sich zu einer gemeinsamen Gruppe, die „Coordinadora Democratica Nicaraguense" (CDN). Durch die US-Finanzierung über die NED konnten sie die 1989/1990er Wahlen gewinnen. Die CDN bestand aus vier konservativen politischen Parteien, zwei an die AFL-CIO angegliederten Gewerkschaftsgruppierungen und einer privaten Unternehmensorganisation, COSEP, die enge Verbindungen zu einflussreichen US-Unternehmen und Leuten der Geschäftswelt hatten.

Als die Wahlen näher rückten, erpresste die NED die 14 Oppositionsparteien in Nicaragua zur Gründung einer Partei, der Nationalen Oppositionsunion (Union Nacional Opositora, UNO). Diese sollte die von den USA ausgesuchte Kandidatin, Violeta Chamorro, als Präsidentin bestätigen. Die NED erreichte ihr Ziel, indem sie den Parteien drohte, ihnen andernfalls die Geldmittel zu entziehen. Chamorro wurde die Spitzenkandidatin mit voller Unterstützung der Opposition. Sie trat gegen den Sandinisten Präsidenten Daniel Ortega an.

1.3 Die Nicaragua Venezuela Verbindung

Die USA konnten sich keine weitere Schlappe in Nicaragua gegen die Sandinisten leisten. Diese Mal gab es „volle Ladung" bei der Wahlintervention, um ihrer Wunschkandidatin die Präsidentschaft zu sichern. Während des Sandinisten-„Kontra"-Krieges hatte die CIA die wichtigste nicaraguanische Zeitung „La Prensa" finanziert. Sie gab in den späten 80ern den Stab im Großen und Ganzen weiter an die NED und ihre internationalen Partner. Die Kontrolle der Medien war ein Hauptmittel im Propagandakrieg. Es sollten nicht nur Anhänger in Nicaragua gewonnen, sondern auch Nachrichten und Informationen an die internationale Presse gefiltert werden – mit einem garantiert anti-Sandinisten und pro-USA Touch. Die venezolanische Regierung mit Carlos Andrés Pérez (in seiner zweiten Amtsperiode) spielten eine Hauptrolle bei der Weiterleitung der Finanzmittel und der Unterstützung der US-Regierung an die CDN, UNO und an „La Prensa".

Carlos Andrés Pérez hatte in seinem Exil in Costa Rica während der Diktatur von Pérez Jiménez in Venezuela mit der Chamorro Familie enge Verbindungen geknüpft. Auch hatte er Beziehungen zu anderen einflussreichen Nicaraguanern aus seiner ersten Amtsperiode als Präsident von 1976 bis 1980. Carlos Andrés Pérez bot gerne den USA Venezuelas Unterstützung an für den Sturz der Sandinisten-Regierung durch die Stärkung einer antisandinistischen zivilen Opposition. Ab 1989 leitete die CIA zur Finanzierung der „La Prensa" und Wahlkampfmaterial für die UNO mindestens 200 000 Dollar monatlich über venezolanische Privatstiftungen um. Carlos Andrés Pérez unterhielt während des Wahlprozesses in Nicaragua enge Kontakte mit Präsident Bush und ernannte sogar seine Präsidialministerin, Beatriz Rangel,[4] zu seiner persönlichen Repräsentantin bei Kontakten mit Bush. Laut einer Quelle beobachtete man Rangel als sie einen Koffer „voll

---

[4] Beatriz Rangel arbeitet momentan mit der Cisneros Gruppe der Unternehmen in New York und Miami. Diese ist das multinationale Unternehmen des Medienmoguls Gustavo Cisneros. Er war in den versuchten Putsch im April 2002 gegen Präsident Chávez involviert. Bis Mitte 2004 war Rangel auch ein Vorstandsmitglied des „Inter-Amerikanischen Dialogs", einer Ideenfabrik Washington, D.C.s, die die Chávez Regierung höchst kritisch betrachtete.

mit geheimen Mitteln von Washington und Miami nach Caracas" trug. Er war für den Wahlkampf der Opposition in Nicaragua bestimmt.[5]

Die größte Gewerkschaft Venezuelas, die „Confederación de Trabajadores Venezolanos" (CTV) arbeitete mit der NED und der AFL-CIO zusammen, um Beziehungen mit den Arbeitern und Gewerkschaften in Nicaragua herzustellen – mit dem Ziel sie in die Oppositionsbewegung einzubeziehen.[6]

Carlos Andrés Pérez empfahl auch die US-Firma „Penn and Schoen Associates" für die Ausführung eines Wahlprogramms in Nicaragua – ein weiterer Teil der Wahlintervention. Penn und Schoen hatten das gleiche für Carlos Andrés Pérez' Wahlkampagne durchgeführt, zusammen mit der venezolanischen Firma DOXA, und wirkte erfolgreich mit als Teil der US-Wahlintervention in Panama.

Penn und Schoen wurde das Unternehmen der Wahl für diese Art von Interventionen. Später benutzte man es auch im ehemaligen Jugoslawien während der Wahlen, bei denen Milošević gestürzt wurde. So auch kürzlich in Venezuela während des Referendums gegen Präsident Chávez am 15. August 2004. Tatsächlich kamen Penn und Schoen in Venezuela unter internationalen Beschuss wegen angeblicher Fälschung von Umfrageergebnissen. Diese waren mit dem venezolanischen NED-„grantee", Súmate, durchgeführt worden und sollten die offiziellen Ergebnisse des Referendums in Misskredit bringen.[7]

Die Verbindung Venezuelas zur NED- und CIA-Intervention in Nicaragua in den späten 80er Jahren beweist die enge Beziehungen dieser Einrichtungen mit den Politikern, die in die Aktionen jenes Zeitraums involviert waren. Solche Verknüp-

---

[5] William Robinson, „A Faustian Bargain: U.S. Intervention in the Nicaraguan Elections and American Foreign Policy in the Post-Cold War Era",(Ein Faustischer Handel: US Intervention bei den Wahlen in Nicaragua und Amerikanische Außenpolitik in der Zeit nach dem Kalten Krieg). Westview Press, 1992, S. 93.
[6] Die CTV ist weiterhin sowohl einer der Hauptempfänger der NED in Venezuela, als auch ein ganz klares Instrument der US Politik. Die Schlüsselrolle der Gewerkschaft beim Putsch gegen Präsident Chávez 2002 und der anschließende illegale Industriestreik im Winter 2002/2003 machen das deutlich.
[7] Siehe Kapitel 9 dieses Buches

fungen integrierte man ganz klar in die letzten Interventionen, die die US-Regierung in Venezuela während der Chávez Ära betrieb. Besonders Carlos Andrés Pérez spielte eine interessante Rolle bei den drei Interventionen der USA in Venezuela in letzter Zeit. Er diente als Bindeglied zwischen Funktionären der Alten Schule und anderen einflussreichen Personen in den USA. Auch vermittelte er Geldmittel an jene, die den Putsch gegen Chávez anführten und agierte als internationaler Propagandist, der harte Kritik an der Chávez Regierung verbreitete. In Nicaragua benutzten die USA eine Reihe von Mitteln und Methoden, um die Sandinisten zu stürzen. Zunächst setzte man auf den bewaffneten Konflikt, dann auf einen geschickten Interventionsplan für die Wahlen, der folgendes einschloss: die Bildung einer fähigen Oppositionsbewegung, die Wahl und Formung eines Oppositionskandidaten, den Zusammenschluss von diversen Oppositionsparteien, den Kauf der Medien, um den Propagandakrieg zu gewinnen[8], die Finanzierung des Wahlkampfes der Opposition und die Verwendung von internationalen Netzwerken, um insgeheim zusätzliche Mittel an die Opposition und die Medien in Nicaragua zu leiten. Damit wollte man die regionale Unterstützung für den Wunschkandidaten der USA sichern. Zum Interventionsschema gehörte auch der Einsatz von Meinungsforschungsfirmen (von den USA ausgewählt), um die öffentliche Meinung im Wahlprozess zu beeinflussen. Man gründete auch eine „neutrale" nicaraguanische Instanz, die man zur „Wahlerziehung" während des Wahlkampfes einsetzte.

Auf Geheiß der NED gebildet, sollte „Vía cívica" (wie man sie nannte) als direkter Geldmittelkanal zur Finanzierung des Wahlprozesses dienen. Da die nicaraguanische Gesetzgebung die direkte Finanzierung von politischen Parteien und Wahlkämpfen verbietet – wie auch die der USA – musste die NED andere Wege zur Weiterleitung ihrer Mittel finden. Die „Core grantees" benutzte man zur Finanzierung der Oppositionsparteien, ebenso die von der Carlos Andrés Pérez Regierung gestellten Bahnen in Venezue-

---

[8] Die US Regierung benutzte nicht nur „La Prensa" als ihre Informationsleitung. Sie finanzierte über die NED, USAID und die USIA (die US Nachrichtenagentur) auch Radiostationen und lokale Fernsehableger in Nicaragua.

la. „Vía cívica" jedoch bot einen offenen und direkten Kanal. Als die Wahlen Ende 1989 näher rückten, zwang die US-Regierung die nicaraguanische eigentlich dazu, die Finanzierung der Oppositionskampagne mit 9 Millionen Dollar zu erlauben – trotz des vorhandenen gesetzlichen Verbots.[9] „Vía cívica", eine angeblich „zivile, unparteiische" Gesellschaft, benutzte man zusätzlich bei der Vorbereitung und Verteilung von Wahlmaterial und der Durchführung von Workshops und Konferenzen zur „Wahlerziehung", die ganz klar in Richtung Opposition gingen.

Die meisten Investitionen und Interventionen der USA in Nicaragua waren erfolgreich. 1990 wurde Violeta Chamorro zum Wahlsieger erklärt und die Sandinisten offiziell von der Macht entbunden. Durch die Netzwerke, die die USA aufgebaut hatte um ihren Einfluss im Wahlprozess zu kaschieren, betrachtete man die Wahlen im Großen und Ganzen als „transparent und demokratisch" und akzeptierte sie international. Zufrieden mit dem Ergebnis ihrer Bemühungen, erweiterten die USA ihr neues „demokratisches Interventionsmodell" auf andere Nationen.

1.4 Das US-Amt für internationale Entwicklung

Es gab noch eine andere Einrichtung, die schon vor der Nicaragua-Intervention bestand. Auch sie gebrauchte man bei der Finanzierung der US-Interessen im Ausland. Der US-Kongress etablierte das US-Amt für Internationale Entwicklung (USAID) offiziell 1961 als eine internationale Finanzeinrichtung, die ursprünglich der humanitären Entwicklung weltweit dienen sollte. Ähnlich der NED hatte auch die USAID große Mengen ihrer Mittel umgeleitet, um politische Bewegungen im Ausland zu unterstützen, die auf der Linie der USA lagen. Obwohl USAID zur Trennung militärischer Hilfe von humanitärer und Entwicklungshilfe gegründet wurde, mutierte auch sie nur zu einem zusätzlichen Fundus für die CIA als Cover verdeckter Interventionen. USAID wird vom Auswärtigen Amt kontrolliert und geleitet, wel-

---

[9] Die US Regierung schaffte das, indem sie versprach, die Opposition nicht verdeckt durch die CIA zu finanzieren. Dieses Versprechen wurde jedoch prompt gebrochen.

ches eine „Alles oder Nichts" Herrschaft über seine Aktionen ausübt. Eine der ersten dokumentierten Zweckentfremdungen von USAID Mitteln gab es während der frühen 60er Jahre in Brasilien auf. Die CIA war stark in Bemühungen involviert, Joao Goulart bei den Wahlen zur brasilianischen Präsidentschaft auszubremsen. Man betrachtete ihn nämlich als „linksgerichtet". Auch befürwortete er „soziale und wirtschaftliche Reformen", die in den Augen der CIA vom Kommunismus diktiert waren. Die CIA und das USAID gaben ungefähr 20 Millionen Dollar aus, um hunderte „anti-Goulart" Kandidaten zur Gouverneurswahl 1962 zu unterstützen. USAID verwendete man als Deckung bei starken Investitionen in der brasilianischen Arbeiterbewegung. Die Geldmittel wurden durch den internationalen Zweig der AFL-CIO gefiltert, damals das „American Institut for Free Labor Development" (AIFLD), jetzt als das „American Centre for International Labor Solidarity" (ACILS) bekannt – und im Grunde durch die CIA kontrolliert. 1964 stürzte man Präsident Goulart in einem vom CIA gestützten Putsch, der in einer brutalen, von den USA gesponserten Diktatur endete, die sich annähernd 20 Jahre hielt.[10]

In den 80er Jahren richtete das Auswärtige Amt das USAID Büro für Demokratische Initiative (USAID Office of Democratic Initiatives) ein mit dem Ziel, „demokratische Institutionen zu stärken" und zu unterstützen. Von 1984 bis 1987 gebrauchte USAID das Büro dazu, mehr als 25 Millionen Dollar in Wahlprozesse in Lateinamerika zu filtern. Obwohl die NED später ähnliche Operationen annahm, verwendete die USAID das Büro (heute als das „Office of Transition Initiatives (OTI) bekannt) weiterhin bei Interventionen in Ländern, wo durch Krisen die „Demokratie gefährdet" war. USAID und NED überschneiden sich auch bei Unterstützungsaktionen für das Internationale Republikanische Institut und das Nationale Demokratische Institut, beide „Core grantees" der NED. Eine große Menge der USAID und NED Mittel fließen in Wahlinterventionen und in die Durchdringung der Ge-

---

[10] William Blum „Killing Hope: U.S. Military and CIA Interventions since World War II" (Maine: Common Courage Press, 2004), S. 163-172.

sellschaft. Im Fall von Venezuela investierten USAID und NED seit 2001 mehr als 20 Millionen Dollar zum Anfachen von Konflikten und Instabilität im Namen der „Förderung der Demokratie".

Demonstration gegen die CIA in New York

2 Der Präsident, der kein Visum bekam

Venezuela teilt mit einem Großteil von Lateinamerika eine Geschichte von korrupten Regierungen, Diktaturen, US-Interventionen und starrer wirtschaftlicher Aufteilung.[1] Venezuelas demokratisches Politiksystem hatte seine Anfänge 1958, nachdem ein öffentlicher Aufstand die Diktatur des General Pérez Jiménez beendete. Richard Gott, „In the Shadow of the Liberator: Hugo Chávez and the Transformation of Venezuela" (Im Schatten des Befreiers: Hugo Chávez und die Umformung Venezuelas) (London: Verso, 2000). Die erste demokratische Verfassung des Landes wurde 1961 ratifiziert und garantierte weit reichende Rechte, die in den Jahren der Diktatur nicht bestanden. Während der 60er und 70er Jahre saturierte sich Venezuela mit seinem Ölreichtum. Trotz reichlicher Korruption in den gewählten Regierungen, engagierte sich das Volk relativ wenig am politischen Ablauf, da die Verwaltungen dieser Jahrzehnte für die grundlegenden infrastrukturellen Bedürfnisse und sozialen Dienste sorgten.

Die 80er Jahre sahen dann den ersten Abstieg von Venezuelas blühender Wirtschaft und die Armut stieg an. Man begann die führenden politischen Parteien AD und COPEI, die seit dem Sturz von Pérez Jiménez 1958 das Zepter fest in der Hand hielten, als korrupt anzusehen und machte sie für die Veränderungen bei der Verteilung des Ölreichtums verantwortlich. Die Einrichtung einer neo-liberalen Wirtschaftsagenda hatte diese Veränderungen bewirkt. Venezuelas Misstrauen in seine Regierung wuchs.[2]

1988 wurde der AD Kandidat Carlos Andrés Pérez gewählt – auf der Basis, das Land wieder zu seinem Reichtum und der wirtschaftlichen Verteilung der 70er zu bringen. Ein Versprechen, das die Venezolaner glaubten, da Pérez in jenen Jahren schon einmal erfolgreich als Präsident regierte. Während Pérez' erster

---

[1] Noam Chomsky und Edward S. Herman, „The Washington Connection and Third World Fascism," in „The Political Economy of Human Rights", Vol. I (Cambridge: South End Press, 1980).
[2] „Report on Venezuela" NACLA Bericht über die Amerikas, Vol. XXVII, No. 5, März/April, 1994.

Amtsperiode in den 70ern verstaatlichte man die Ölindustrie - die PDVSA, das staatliche Ölunternehmen, war geboren. Aber kaum hatte er 1989 sein Amt angetreten, zog er seine Wahlversprechen zurück und führte ein neo-liberales Wirtschaftspaket ein. Dieses sollte sowohl die Inlandspreise für Benzin im ersten Viertel von 1989 um 100% steigen lassen als auch andere soziale und wirtschaftliche Bereiche im ganzen Land maßgeblich beeinflussen.[3] Daraufhin stiegen die Transportpreise schlagartig an, und das aufgebrachte Volk reagierte verärgert und gewalttätig. Die Folge war der sogenannte „Caracazo", der schlimmste Vorfall von Gewalt in Venezuelas jüngster Geschichte – tausende starben. Menschenrechtsverletzungen grassierten und waren an der Tagesordnung, Verfassungsgarantien und -rechte wurden auf einer nicht definierten Grundlage ausgesetzt.

Nichtsdestoweniger hatte Venezuela zwischen 1990 und 1992 zwar die größte Wachstumsrate der beiden Amerikas aber auch seinen stärksten Anstieg der wirtschaftlichen Ungerechtigkeit und Rekordmarken bei Armut und Unterernährung. Dies war eine Folge der neo-liberalen Reformen des Freien Marktes, die Carlos Andrés Pérez einführte und basierte auf der Doktrin des Internationalen Währungsfonds (IWF) und der Weltbank. Am 4. Februar 1992 führte Oberstleutnant Hugo Rafael Chávez Frías eine militärische Revolte an, die – obwohl sie fehlschlug – breite Unterstützung im ganzen Land erfuhr und Chávez und seinem wachsenden „Bolivarian Revolutionary Movement 200" (MBR-200)[4] nationales Medieninteresse und Sympathie eintrug. Man verhaftete Chávez und warf ihn ins Gefängnis, aber er hinterließ ein bleibendes Zeichen bei der Mehrheit der Venezolaner.

Das erste Mal in der Geschichte hatte eine politische Figur Verantwortung für seine Handlungen übernommen. Chávez hatte am Tag seiner Verhaftung zwei Minuten Sendezeit im nationalen Fernsehen bekommen und sein berühmtes Statement „por ahora"

---

[3] Ebd. Siehe auch Richard Gott „In the Shadow of the Liberator: Hugo Chávez and the Transformation of Venezuela" (Im Schatten des Befreiers: Hugo Chávez und die Umwandlung Venezuelas), (London: Verso, 2000)

[4] Die 200 steht für den 200sten Geburtstag von Simón Bolívar. Die Feiern zu diesem Gedenken fanden über das ganze Jahr 1983 verteilt statt - dem Jahr, in dem Chávez sein MBR gründete.

(„Fürs Erste"), wurde ein Teil der venezolanischen Geschichte. Chávez gab den Venezolanern die Hoffnung, dass er und seine Revolutionsbewegung eines Tages wiederkehren würden – stärker dann. Später, am 27. November des gleichen Jahres, führten Mitglieder des MBR-200 wieder eine Revolte gegen Carlos Andrés Pérez' Administration während Chávez noch im Gefängnis saß. Doch auch diese schlug fehl. Wie das Schicksal spielt, wurde Carlos Andrés Pérez einige Monate später, im Mai 1993 von seiner eigenen politischen Partei der Korruption angeklagt und seines Amtes enthoben. Man stellte ihn unter Hausarrest bis 1996 als er Venezuela verließ und sich in New York und Santo Domingo niederließ.

Nach einer kurzen Interimsregierung, die auf Pérez' Amtenthebung folgte, hielt bei Neuwahlen 1994 einer der Gründer der COPEI-Partei, Rafael Caldera, Einzug im Präsidentenpalast. Er war in den 70ern schon einmal Präsident. Die Wahlbeteiligung lag bei weniger als 60% der Stimmberechtigten. Obwohl Caldera nur 30% der Stimmen erhielt, hatte er den höchsten Prozentsatz im Vergleich mit den drei anderen Kandidaten. Das Interesse und Vertrauen der Venezolaner in die Regierung war drastisch gefallen. Caldera wurde von einer breiten anti-neo-liberalen Koalition gestützt. Nachdem er jedoch sein Amt angetreten hatte, fuhr er mit der gleichen neo-liberalen Politik fort, die das Pérez' Regime eingeführt hatte – auf der Linie des IWF und der Weltbank. In Calderas Amtszeit verschärften sich die wirtschaftlichen Unterschiede im ganzen Land immens und der Wert der venezolanischen Währung (Bolívar) sank schnell. Die Armut stieg auf ein beispielloses Maß und die Verschuldung des Landes überstieg 23 Millionen Dollar.

Im ersten Jahr seiner Präsidentschaft begnadigte Caldera Hugo Chávez und seine Mitstreiter bei der Revolte 1992 gegen Carlos Andrés Pérez. Sie wurden aus dem Gefängnis entlassen. Während seines zweijährigen Gefängnisaufenthalts in San Francisco de Yare, hatte Chávez seine politische Partei gefestigt und Anhänger gefunden. Nach seiner Entlassung begann Chávez damit, seine Partei zu stärken und änderte ihren Namen in „Movimiento V Republica" (fünfte Republikbewegung), MVR. Venezuelas Gesetzgebung verbietet nämlich die Verwendung patriotischer Namen für politische Parteien. Zusammen mit „Movimiento al Socialismo" (MAS) und der neuen Linkspartei „Patria Para Todos (PPT) gründete er „Polo Patriótico (PP) (Patriotisches Volk), eine populistische Allianz mehrerer Parteien. Bei den 1998er Präsidentschaftswahlen war Chávez mit der Unterstützung des PP der führende Kandidat. Die traditionellen Parteien AD und COPEI hatten lange die politische Landschaft Venezuelas dominiert. Sie verloren im ganzen Land erheblich an Rückhalt. Man warf ihnen Korruption und verfehlte Politikführung vor. So gewann Chávez 1998 die Präsidentschaftswahlen mit einer absoluten Mehrheit von 56,2 % - trotz schmutziger politischer Manöver in letzter Minute und einem korrupten Wahlkampf der anderen Kandidaten. Der Rest der Stimmen teilte sich auf drei weitere Kandidaten auf.[5]

Chávez' MVR hatte versprochen, grundlegende wirtschaftliche und soziale Änderungen in Venezuela vorzunehmen. Die Mehrheit der Venezolaner nahm die Bewegung wohlwollend auf in einer Zeit, in der der Lebensstandard fiel und die Preise des Öls drastisch fielen – der Hauptexportware des Landes.

Chávez, ein ehemaliger Oberstleutnant, gab seiner Bewegung zum großen Teil die Grundlage der Philosophie und Ideologie von Simón Bolívar, dem großen Befreier Südamerikas. Jener hatte versucht, den Kontinent gegen imperialistische Kräfte zu einer Großmacht zu einen. Chávez' Bewegung wollte ähnliche Ideen anwenden, indem es die politische Vereinigung von Lateinamerika anregte – durch die Bildung eines souveränen und mächtigen Wirtschaftsblocks. Diese Konzepte fanden eine hohe Zustimmung im Volk, das unter den Auswirkungen der neo-liberalen Agenda litt, die die Wirtschaft ruiniert hatte und die Armutsmarke drastisch ansteigen ließ.

---

[5] Stimmverteilung: Chávez – 56,2 %, Henrique Salas Romer – 39%, Irene Sáez- 4%, Alfaro Ucero weniger als 2%.

2.1 Verweigerung eines Visums

1998 – am Anfang der Präsidentschaftskampagne – lud ein peruanischer Journalist Chávez zu einem Interview in ein Fernsehprogramm in Miami ein. Wie jeder andere Bürger beantragte Chávez ein Einreisevisum beim US-Konsulat in Caracas. Man verweigerte ihm das mit der Begründung „vorheriger terroristischer Aktivitäten" bei der Revolte von 1992 gegen Carlos Andrés Pérez. Chávez war auf die „terrorist watch list" (Terroristenliste) der US-Regierung gesetzt worden. Zusätzlich zur Verweigerung des Einreisevisums gab das US-Konsulat ein öffentliches Statement ab mit der Begründung für die Abweisung womit sie klar ihren Widerwillen gegen seine Kandidatur bewiesen. Chávez war nicht überrascht. Bald danach machte ein Reporter in einem Interview in den örtlichen venezolanischen Nachrichten eine abfallende Bemerkung über die Visumsverweigerung. Kandidat Chávez antwortete humorvoll: „Was meinen Sie? Ich habe eine Visa", und zog eine Visa Kreditkarte aus seiner Brieftasche.

Am Tag nach dem Wahlsieg im Dezember 1998 aß Präsident Chávez gerade mit seiner Familie zu Abend, als ihn ein Telefonanruf der US-Botschaft in Caracas erreichte. Der Botschafter, John Maisto, hatte eine sofortige Ausgabe seines US-Visums angeordnet. Es wurde persönlich überreicht.

Vor seiner Amtseinführung am 2. Februar 1999 hatte - der schon durch die Wahl bestätigte Präsident - Chávez eine internationale Tour durch Spanien, Frankreich, Deutschland, Italien, Kanada, Kuba, die USA und die Dominikanische Republik geplant. In Washington sollte er sich mit Präsident Bill Clinton am 27. Januar 1999 im Weißen Haus treffen. Während seines Aufenthalts in Spanien erhielt er einen unerwarteten Telefonanruf vom Auswärtigen Amt der USA. Zu seiner Verwunderung bat ihn der Beamte dringend, seinen Besuch in Kuba abzusagen, bevor er in den USA ankäme. Der Beamte meinte, es sei nicht in Chávez' Interesse, sich mit Präsident Fidel Castro in Kuba zu treffen, bevor er ins Weiße Haus komme. Er drohte sogar damit, den Besuch in Washington abzusagen, falls Chávez nicht einwilligte. In diesem Moment entschied sich Chávez für die Erhaltung der Souveränität und des Rechts auf Selbstbestimmung des Landes, zu dessen Führung er gewählt worden war. Präsident Chávez sagte dem US-Repräsentanten deutlich, er habe keinerlei Absichten, seinen Kubabesuch zu streichen – trotz der Nachteile, die ihm das aus Washingtons Sicht bringen sollte. Von Kanada reiste er nach Havanna und traf sich mit Fidel. Von Havanna reiste er nach Washington und traf sich mit Clinton. Aber nicht offiziell. Clinton hatte beschlossen, Chávez nicht in amtlicher Funktion zu treffen, sondern vielmehr durch die „Hintertüre". Laut Präsident Chávez, traf sich Clinton mit ihm in einem formlosen Raum des Weißen Hauses, ohne dass Presse und Fotografen erlaubt waren. Gekleidet in Jeans und T-Shirt empfing Clinton den venezolanischen Präsidenten mit einem Wasser in der Hand und einer betont lässigen Haltung. Das Treffen dauerte ca. 15 Minuten und wurde nicht öffentlich gemacht und kein Protokoll geführt. Man behandelte Chávez, als sei er ein unbedeutender Besucher und nicht der Präsident einer der wichtigsten Staaten der westlichen Hemisphäre.

Clinton entsandte später seinen Energieminister, Bill Richardson, als Delegationsleitung zu den Feierlichkeiten der Amtseinführung von Chávez. Das war ein klares Zeichen dafür, wie die Sicht der USA auf Venezuela war – verschleiert von dickem Erdöl.

Somit war der Grund für die Beziehungen mit der US-Regierung gelegt. Chávez, ein Schüler Simón Bolívars und ein penibler Verfechter von Bolívars Mantra glaubte an die Vorwarnung des „Befreiers", dass „die Vereinigten Staaten dafür bestimmt seien, die beiden Amerikas im Namen der Freiheit zu quälen."[6]

---

[6] „...los Estados Unidos [que] parecen destinados por la Providencia para plagar la América de miserias a nombre de la Libertad" sind Simón Bolívars Originalworte, die er Oberst Patricio Campbell, Geschäftsminister des Vereinten Königreiches in Colombia am 5. August 1829 zusandte.

3 Von Vargas zu „Vor-Putsch"-Ahnungen

Die Beziehungen zwischen den USA und Venezuela waren im ersten Jahr von Chávez' Amtszeit relativ ereignislos. Nach dem anfänglichen Visumdilemma beruhigte sich die Lage und Washington nahm eine abwartende Haltung gegenüber der neuen venezolanischen Regierung ein. Doch im Dezember 1999 verkrampfte sich die Sache.

Der 14. Dezember 1999 begann wie ein ganz normaler Tag in Caracas und seinen Küstengebieten. Aber am Nachmittag begannen sintflutartige Regenfälle und es schien, als ob sie niemals enden wollten. Den Staat Vargas, im Nordwesten von Caracas an der Küste gelegen, traf es am härtesten. In Vargas befindet sich auch der Hauptflughafen von Venezuela, der Maiquetia Simón Bolívar Internationale Flughafen. Massive Überflutungen und Erdrutsche trafen den Staat und eine Tragödie bahnte sich an. Die Wellblechhütten von Venezuelas Ärmsten wurden bei der Flut einfach mit weggerissen – zusammen mit hunderten, wenn nicht tausenden ihrer Bewohner.

Zehntausende Einwohner von Vargas verloren ihre Behausungen und all ihr Hab und Gut. Hunderte starben bei den Regenfällen und Überschwemmungen - gefangen an Berghängen, mitgerissen von Erdrutschen und in den gewaltigen Fluten ertrunken. Der Flughafen war überschwemmt und anschließend mehr als eine Woche geschlossen. Die Nationalgarde und die Armee kamen zum Einsatz, um zu retten, was oder wer auch immer noch zu retten war. Es war Chávez' erste Tragödie als Präsident und es war eine von großer Bedeutung.

Die Regengüsse waren so kraftvoll und intensiv, dass sie einen Teil von Venezuelas Geographie davon schwemmten. Nach den Vargas Fluten musste man neue Landkarten anfertigen, die die landschaftlichen Veränderungen berücksichtigten. Eine Mehrzahl derer, die überlebt, aber ihr Hab und Gut verloren hatten, lebten Monate lang in einem Zustand der Obdachlosigkeit und Verzweiflung während Chávez Plan Bolívar für die Bewohner von Vargas neue Heime in anderen Teilen des Landes baute.

Viele Staaten auf der ganzen Welt boten ihre Hilfe an, unter ihnen die USA. Venezuela war offen für die finanzielle Unterstützung zum Wiederaufbau der verwüsteten Gegend, neuer Häuser und Lebensmöglichkeiten für die Überlebenden. Doch die venezolanische Regierung war überrascht, als die USA ankündigten, dass sie Marineschiffe und Hubschrauber zur Rettungshilfe gesendet hatten – obwohl die Chávez Administration um keine militärische Unterstützung gebeten hatte. Chávez sagte dem US-Botschafter John Maisto „nein Danke" und erklärte, dass Venezuela zwar finanzielle Hilfe annehmen werde, doch nicht bereit sei, seine Küsten und Grenzen dem US-Militär auf unbestimmte Zeit zu öffnen. Präsident Chávez war sich im Klaren über die US-Interventionen in ganz Lateinamerika und nahm an, dass Washington ihm Sand in die Augen streuen wollte. Die USA waren scharf darauf, ihr Militär auf venezolanisches Terrain zu bringen und sahen die Tragödie von Vargas als die beste Gelegenheit dafür.

Die Ablehnung der US-Hilfsangebote schlachtete eine wachsende Medienindustrie in Venezuela aus, die gegen Chávez' Politik opponierten. Nationale Zeitungen und TV-Sender erklärten es sei ein „Verbrechen", dass Präsident Chávez in einer Notlage die ausländische Hilfe nicht annahm. Ein Artikel in „El Universal" beinhaltete einen Cartoon, in dem zwei Arbeiter eine Statue einer Hand, die den Mittelfinger zeigt mit der Unterschrift: „Wohin mit dieser neuen internationalen Hilfe?" Doch trotz der Parteinahme der Medien für die US-Regierung, war das Auswärtige Amt über die Auswirkungen beunruhigt. Immerhin hatte sie Militärschiffe ohne Genehmigung hineingedrängt – unter dem Deckmantel „Humanitärer Hilfe". Chávez schnappte sie aber, bevor sie Fuß fassen konnten – im wahrsten Sinne des Wortes.

Ein Telegramm der US-Botschaft in Caracas am 20. Januar 2000 zeigte durchaus, dass hinsichtlich der Situation Sorge bestand. Um die Aufmerksamkeit vom Skandal mit den Militärschiffen abzulenken, beteiligte sich die Botschaft an einem Medientrick, um für die USA günstige Berichterstattung in Venezuela zu erlangen. Laut Telegramm:

Ein überaus erfolgreicher Medientrip am 19.1., den
die Botschaft und die gemeinschaftliche Arbeitsgrup-

pe arrangiert hatte, lenkte die Berichterstattung maßgeblich auf ein anderes Thema: die Bemühungen der USA, Wasser in betroffene Gebiete zu bringen. Der Botschafter begleitete eine Gruppe von acht internationalen und nationalen Journalisten auf Visiten über Land oder mit Blackhawk-Helikoptern zu vier verschiedenen Wasserreinigungsstellen... so war die Berichterstattung unmittelbar und im höchsten Maße positiv.[1]

Sie hatten Glück. Die Begebenheit mit den Marineschiffen verblasste. Venezuela hatte alle Hände voll zu tun mit der schlimmsten Naturkatastrophe, die das Land je heimgesucht hatte.

Im Juli 2000 ersetzte man Botschafter Maisto mit Donna Hrinak in Venezuela. Hrinak kam 1974 zum Auswärtigen Dienst. Sie diente als Botschaftsdiplomatin in Caracas, Sao Paulo, Bogotá, Polen und Mexiko City bis sie 1991 zur Ministerialrätin für Interamerikanische Angelegenheiten ernannt wurde. Sie war damit verantwortlich für die Beziehungen zwischen den USA, Mexiko und der Karibik. Vor ihrer Ernennung zur Botschafterin in Venezuela hatte sie die Posten des Botschafters in Bolivien und der Dominikanischen Republik inne. Hrinak sollte bis einige Wochen vor dem Putsch 2002 bleiben.

Nur einen Monat nach Hrinaks Amtsaufnahme wurden die Beziehungen zwischen den USA und Venezuela zunehmend wackliger.

Venezuela war 1960 eines der fünf Gründungsländer der *Organisation Erdöl exportierender Länder* (OPEC), zusammen mit Iran, Irak, Kuwait und Saudi Arabien. Zurzeit umfasst die OPEC elf Mitgliedsstaaten, die in hohem Maße von dem Erlös des Öls abhängig sind, da es die Haupteinnahmequelle ist. Zusätzlich zu den fünf Gründern gehören u. a. dazu: Indonesien, Libyen, Nigeria, Katar, die Vereinigten Arabischen Emirate und Algerien. Die Macht und der Einfluss der OPEC sank in den 90er Jahren

---

[1] Telex der US Botschaft in Caracas an das Außenministerium in Washington DC. Zur Einsicht beim Autor unter www.venezuelafoia.info.

beachtlich. Als Präsident Chávez 1999 sein Amt antrat, kostete der Barrel 8 Dollar. Im Juni 2000 wählte man Venezuela für den Vorsitz der OPEC und durch seinen Repräsentanten, Alí Rodríguez Araque, initiierte man eine Reihe von Maßnahmen, die die Ölpreise in die Höhe treiben und die Fördermenge kontrollieren sollten. Mit Venezuelas Hilfe stieg der Ölpreis pro Barrel wieder auf 30$.

Als der neue Kopf der OPEC beschloss Präsident Chávez eine internationale Tour durch die OPEC Mitgliedstaaten zu machen. Die Reise schloss alle anderen zehn Förderländer ein – auch den Irak. Chávez sollte das erste demokratisch gewählte Staatsoberhaupt sein, das den Irak und seinen Führer Saddam Hussein seit dem Golfkrieg 1990 besuchen sollte. Die USA liefen Sturm. Das Außenministerium drohte der Chávez Administration in den Tagen vor dem Irak-Besuch, dass dieser „im Widerspruch stehe zu den politischen Sanktionen der Vereinten Nationen, da das venezolanische Staatoberhaupt vor seinem Besuch nicht den Rat des UN Sanktionskomitee eingeholt hätte…Es ist die Verpflichtung Venezuelas, als ein UN Mitgliedsstaat, alle Resolutionen des Sicherheitsrats hinsichtlich des Iraks und dessen Regimes einzuhalten", führte der Sprecher des Außenministeriums, Richard Boucher, Anfang August 2000 an.

Direkt nach dem Chávez Besuch im Irak, strich Außenministerin Madeleine Albright Venezuela von einer Südamerika-Tour. Die USA leugneten jede Verbindung zwischen den beiden Vorfällen.

Die restliche Amtszeit Clintons war relativ ruhig im Hinblick auf Venezuela. Langsam entstanden Verbindungen zwischen einer wachsenden Oppositionsbewegung in Venezuela und Bereichen der US-Regierung – nichts bemerkenswertes. Nichtsdestoweniger, als George W. Bush 2001 das Amt übernahm, ging es mit den Beziehungen rapide bergab.

3.1 Die FTAA Opposition und der Rauswurf des US-Militärs

Im April 2001 bekräftigte Präsident Chávez auf dem Treffen der Amerikas in Quebec, Kanada, seine Opposition zum „Free Trade of the Americas Act" (Gesamtamerikanische Freihandelszone) (FTAA), ein Handelsblock, den die USA vorgeschlagen hatte. Er begann sich für eine südamerikanische, regionale Handelsorganisation einzusetzen, die der mächtigen US-Wirtschaft in Verhandlungen gegenübertreten konnte. Die FTAA schüfe eine der weltgrößten „Freihandelszone" und würde 34 Nationen der westlichen Halbkugel umfassen – 800 Millionen Menschen. Unternehmensrechte würden hemisphärische Priorität erlangen, und souveräne Staaten und Regierungen hätten wenig oder gar nichts zu sagen bei Entscheidungen bezüglich interner Politik und Angelegenheiten.

Chávez wurde neben Fidel Castro, das Staatsoberhaupt in der ganzen Region, das sich am meisten gegen die FTAA stellte. Anti-Globalisierungsaktivisten und -bewegungen engagierten sich wegen seiner Haltung für ihn. Seine Position gefährdete ganz klar die Möglichkeit, dass das von den USA vorgeschlagene Abkommen sofort greifen könnte und bedrohte sogar die zukünftige Durchführung. Der Graben zwischen den Ländern wurde tiefer.

Im September 2001, noch vor den Angriffen auf das World Trade Center in New York, kündigte Venezuela an, dass es das 50 Jahre alte bilaterale Abkommen zur militärischen Kooperation mit den Vereinigten Staaten nicht erneuern würde. Botschafterin Donna Hrinak gab dazu keinen Pressekommentar ab. Der venezolanische Verteidigungsminister, zu jener Zeit José Vincente Rangel, forderte auch, dass die US-Militärgesandtschaft ihren Platz im Hauptquartier des Verteidigungsministeriums Fort Tiuna räumen sollte.

Die Neuigkeiten waren ein Schlag ins Gesicht für die militärische US-Außenpolitik in Venezuela, die sich bis dahin einer einflussreichen Infiltration bei den venezolanischen Streitkräften und dem Verteidigungsministerium erfreut hatte. Aber trotz der plötzlichen Entscheidung der venezolanischen Regierung hatten die USA noch immer andere Zugangswege zu den venezolanischen Streitkräften. Ein Telegramm der militärischen Abteilung der US-Botschaft in Caracas vom Juni 2000 enthüllte welche wahren Absichten hinter dem Internationalen Militärerziehung und -trainings Programm (International Military Education and Training program – IMET) steckten, das die USA in Venezuela laufen hatte: „Erweiterung des Zugangs und Einflusses der US-Regierung auf allen Ebenen der venezolanischen Streitkräfte... Erhöhung der Zahl venezolanischer Militäroffiziere auf allen Ebenen, die auf US-Militärschulen Instruktionen erhalten..."[2]

Weiterhin eröffnete das Telegramm, dass das Trainingsprogramm abhängig von den Bedürfnissen der USA war, dass die venezolanische Regierung IMET-Absolventen in „Schlüsselpositionen als Generalstabsoffiziere oder als Kommandeure von taktischen Schlüsseleinheiten" einsetzte. Diese Besetzung würde den USA Zugang zu den obersten Ebenen der venezolanischen Streitkraft geben. Das Programm war schon jahrelang im Gange und Venezuela hatte eine Militärmacht mit dem höchsten Anteil an Funtionären, die in der „School of the Americas" und anderen US-Militärinstitutionen ausgebildet worden waren.

Das Telegramm des Außenministeriums zitierte als ein Beispiel als „einen der größten Befürworter, US-Vorschläge anzunehmen..." den von den USA ausgebildeten Generalmajor (im Ruhestand) Raúl Sálazar Rodriguez.

Sálazar Rodriguez war Chávez' erster Verteidigungsminister und befehligte auch die Streitkräfte. Zur Zeit des Putsches im April 2002 war er der venezolanische Botschafter in Spanien. Der Generalmajor a. D. war einer der Schlüsselfiguren, die an der Planung des Putsches von Spanien aus beteiligt waren. Auch diese iberische Nation hatte ihre Finger bei dem Staatsstreich im Spiel.[3]

Ungeachtet der Forderungen der venezolanischen Regierung ließen sich die USA Zeit. Erst nach drei Jahren zogen sie ihr

---

[2] Zur Einsicht beim Autor unter www.venezuelafoia.info.
[3] Manuel Fernández, „Investigación realizada por Izquierda Unida acerca de la participación de España y los Estados Unidos en el golpe de Estado en Venezuela," 23. Mai 2002. Siehe http://www.izquierda-unida.es.

Militärkommando endgültig aus Fort Tiuna zurück. Aber das IMET Programm überlebte, obwohl Präsident Chávez die Ausbildung von venezolanischen Militärs an der „School of the Americas" in Georgia aussetzte.

3.2 Ein verhängnisvolles Aufbrausen

Am 29. Oktober 2001 missbilligte Präsident Chávez im nationalen Fernsehen das Bombardement der USA in Afghanistan, das als Teil des von Bush erklärten „Krieg gegen den Terrorismus" begonnen worden war. Zu einer Zeit, wo die meisten Staaten ihre Loyalität mit der Bush Regierung bekräftigten, war Venezuela die erste demokratische Nation, die Unstimmigkeit mit den Taktiken der Bush Administration demonstrierte. Chávez zeigte Bilder von afghanischen Kindern, die durch US-Bombenangriffe getötet worden waren und erklärte herausfordernd: „Terror kann man nicht mit noch mehr Terror bekämpfen.... Dafür gibt es keine Rechtfertigung, so wie es auch keine Rechtfertigung für die Angriffe in New York gibt."[4]

Die USA zögerten nicht mit ihrer Antwort. Botschafterin Donna Hrinak wurde sofort zur Konsultation nach Washington zitiert, was im Regierungsfachjargon heißt, dass sich ein Problem zusammenbraut. Am 2. November 2001 bestätigte der Sprecher des Außenministeriums, Richard Boucher die wachsende Besorgnis über Chávez:

Ich denke, dort geht vieles den Bach hinunter. Wir haben Kommentare von Präsident Chávez gehört, die uns offen gesagt überraschten und sehr enttäuschten. Und ich denke, wir wollen diese Beziehung erhalten, weil wir glauben, dass diese Beziehung wichtig und eine Altlast ist zwischen den Vereinigten Staaten und Venezuela.[5]

---

[4] Siehe http://www.analitica.com/biblioteca/hchavez/cadena20011029.asp.
[5] Außenministerium, Daily Press Briefing, 2. November 2001.

Nachdem Hrinak nach Caracas zurückgekehrt war, bat sie um ein Treffen mit Präsident Chávez. Bei diesem Treffen hinter verschlossenen Türen las die nervöse Botschafterin ein Dokument vor, das an das venezolanische Staatsoberhaupt gerichtet war. Der Text war eine Aufforderung von Washington, dass Chávez sein Statement zu der Bombardierung Afghanistans offiziell und öffentlich zurückzog. Bevor die Botschafterin auch nur ein Viertel des Dokuments vorgelesen hatte, unterbrach sie Präsident Chávez. „Sie sprechen zum Staatoberhaupt dieses Landes. Sie sind eine Botschafterin in meinem Land. Sie fallen aus ihrem Rahmen. Bitte verlassen Sie jetzt mein Büro."[6]

Hrinak war völlig geschockt. Sie hatte eine solch feste und herausfordernde Reaktion nicht von dem venezolanischen Präsidenten erwartet – in dem Lichte betrachtet, dass sie diese Forderung auf Geheiß des mächtigsten Landes der Welt machte. Peinlich berührt und mit Unbehagen entschuldigte sie sich und bat bescheiden, dass der Präsident ihr erlaube, wenigstens den ganzen Text vorzulesen, dann würde sie gehen. Chávez stimmte zu, aber entließ sie, sobald sie fertig war.

Es wurde immer deutlicher, dass die Beziehung, der sich die US-Regierung einst in Venezuela vor Hugo Chávez Frías erfreute, vorbei war. Die neue venezolanische Regierung hatte nicht vor, der USA in ihren Interessen Untertan zu sein und das kam in Washington nicht gut an.

Zu ungefähr dieser Zeit vervierfachte die NED ihre Finanzmittel in Venezuela und die Opposition wuchs in einem aggressiven Maß.

---

[6] Unveröffentliches Interview der Autorin mit Präsident Hugo Chávez.

4 Die Gründung von „Primero Justicia"

Im Finanzjahr 2001 erhielt das Internationale Republikanische Institut („International Republican Institute" - IRI) den Riesenbetrag von 340.000 Dollar von der NED für seine Arbeit in Venezuela. Es sollte dort „nationale und/oder lokale Zweige von bestehenden und/oder neu zu bildenden politischen Parteien ausbilden – in solchen Themen wie Parteistruktur, Management und Organisation, interne und externe Parteikommunikation und Koalitionsbildung."[1]
Im Jahr 2000 betrug die Zuwendung der NED für die Arbeit des IRI in Venezuela nur 50.000 Dollar. Damit erhöhte sich der Betrag fast um das sechsfache von 2000 auf 2001. Die NED, die in den vorhergehenden Jahren minimal in Venezuela vertreten war, investierten plötzlich hohe Summen in die Stärkung der Parteien und die „politische" Bildung und Orientierung der zivilen Gesellschaft. Das IRI, offiziell bekannt als ein internationaler Zweig der Republikanischen Partei, wurde zum Hauptdarsteller in Venezuela. Während der Periode 2000-2001, schienen die Geldmittel für Venezuela ausschließlich von der NED zu kommen, obwohl das IRI auch von der USAID grundlegende Unterstützung bekam.
Die Arbeit des IRI im Jahr 2000 in Venezuela konzentrierte sich auf eine Organisation mit Namen „Fundación Participación Juvenil" (Stiftung zur Beteiligung der Jugend). Aber das IRI strich das Programm, weil man meinte, die „Ziele aus dem Jugendprogramm in Venezuela besser über die direkte Verwaltung des Programms durch das IRI erreichen zu können".[2] Das IRI hatte offensichtlich entschieden, dass es in Venezuela noch mehr die Hand auf den Abläufen haben muss.
2000 schrieb sich eine neue politische Partei in Venezuelas „Consejo Nacional Electoral" (CNE) (Nationales Wahlregister) ein. „Primero Justicia" (Erst Gerechtigkeit) war vorher eine von

---

[1] Siehe Anhang, S. 170.
[2] IRI-NED grant 00-030/6279. Siehe http://www.venezuelafoia.info.

der Regierung unabhängige Organisation (non-governmental organization, NGO), die sich auf Rechtsreform konzentrierte. Die Partei muss durch ihre zumeist jungen Mitglieder und ihre konservative Politik das Interesse des IRI geweckt haben. Der Wechsel in der Zusammenarbeit der IRI mit der „Fundación Participación Juvenil" zu „Primero Justicia" war mühelos, da die beiden Einrichtungen viele Mitglieder und Ziele gemeinsam hatten.

Geleitet von einem Vorstand, der sich wie eine Parade von Rechtsgerichteten liest, wird das IRI angeführt von ehemaligen nationalen Sicherheitsberatern, Unternehmensdirektoren, Beamten des Außenministeriums, ehemalige Botschafter und Direktoren konservativer Ideenfabriken wie des „American Enterprise Institute" (Amerikanisches Unternehmerinstitut). Georges Fauriol, ein früherer Kollege von Otto Reich, einem überzeugten anti-Chávez Bush-Berater, war gerade für das Lateinamerika-Programm des IRI zuständig, als die Mittel für das Venezuela-Programm angehoben wurden.

4.1 Der Putsch-Patzer der IRI

Obwohl sie behauptete, unparteiisch zu sein, war die Absicht der IRI in Venezuela ganz klar die Unterstützung und der Aufbau einer Oppositionsbewegung mit dem Ziel, Präsident Chávez seines Amtes zu entheben.

Dies bewies das öffentliche Statement des IRI Präsidenten, George Folsom, am 12. April 2002 während des Staatsstreiches gegen Präsident Chávez, in dem er dem illegalen Sturz der demokratisch gewählten Regierung Venezuelas Beifall klatschte.

IRI PRESSEMITTEILUNG

An: Nationale und ausländische Redakteure

*IRI PRESIDENT FOLSOM LOBT DIE VERTEIDIGUNG DER DEMOKRATIE DURCH DIE VENEZOLANISCHE ZIVILGESELLSCHAFT
Washington, 12. April 2002, George A. Folsom, Präsident des Internationalen Republikanischen Instituts (IRI), lobte das venezolanische Volk für ihre Anstrengungen um die Demokratie im Lande. Das Folgende ist ein Statement von Präsident Folsom, die Ereignisse der letzten Nacht betreffend:
Letzte Nacht –angeführt von jedem Sektor der Zivilgesellschaft - erhob sich das venezolanische Volk, um die Demokratie in seinem Lande zu verteidigen. Die Venezolaner wurden durch die systematische Unterdrückung durch die Regierung von Hugo Chávez zum Handeln gezwungen. Einige hunderttausend Menschen füllten die Straßen von Caracas, um den Rücktritt von Oberstleutnant Hugo Chávez zu fordern. Chávez antwortete mit Scharfschützen. Mehr als 12 Zivilpersonen wurden durch seine paramilitärischen Bolívarischen Zirkel getötet und weitere 100 verletzt. Im Gegensatz dazu lobt das IRI den Patriotismus der venezolanischen Militärs, die sich weigerten, auf ihre Landsleute zu schießen.
Das IRI begrüßt auch den Mut der Führer der Zivilgesellschaft (Mitglieder der Medien, der Kirche, der Schul- und Erziehungsverwaltung des Landes, Parteiführer, Gewerkschaften und Vertreter aus dem Unternehmensbereich), die ihr eigenes Leben aufs Spiel setzten, um in ihrem Land wieder eine echte Demokratie herzustellen. Das IRI wird auf weite Sicht hin mit politischen Parteien und unseren Partnern in der Zivilgesellschaft zusammenarbeiten, um beim Wiederaufbau des bröckelnden Politiksystems Venezuelas zu*

helfen und wieder eine gewählte Demokratie im Lande einzusetzen. Seit 1994 fördert das IRI die Stärkung der Demokratie in Venezuela und erkennt, dass Venezuelas Zukunft nicht ein Rückfall in „Vor-Chávez" Zeiten bedeutet, sondern die Entwicklung einer verantwortlichen, nicht korrupten und interessierten (mitmachenden) Regierung. Es wird erwartet, dass sich heute die Nationalversammlung zur Schaffung einer Basis für die Übergangsregierung trifft, um später im Jahr Wahlen abzuhalten. **Das Institut diente als Brücke zwischen den politischen Parteien des Landes und allen Gruppen der Zivilbevölkerung, um den Venezolanern bei der Formung einer neuen demokratischen Zukunft zu helfen – basierend auf Verantwortlichkeit, Gesetzlichkeit und gesunden, demokratischen Institutionen. Wir sind bereit, unsere Partnerschaft mit dem mutigen venezolanischen Volk fortzusetzen.** *Das IRI ist eine gemeinnützige Organisation, die sich dem Fortschritt der Demokratie weltweit verschrieben hat. Die Programme der IRI umfassen den ganzen Globus und schließen ein: Trainingsprogramme zu Bürgerpflicht und Gesetzgebung, zum Aufbau politischer Parteien und Wahlkampagnen. IRI ist eine unparteiische Organisation, föderativ unterstützt sowohl durch die Nationale Stiftung für Demokratie (NED) und die US-Agentur für Internationale Entwicklung (USAID), als auch privat gefördert durch Privatpersonen, Unternehmen und Stiftungen."*[3]

Als nach dem 14. April 2002 klar war, dass Präsident Chávez wieder an der Macht war und ein Putsch stattgefunden hatte, schrieb Carl Gershman, Präsident der Nationalen Stiftung

---

[3] Hervorhebung durch die Autorin.
Siehe http://www.prnewwire.com/cgibin/stories.pl?ACCT=PRNI2&
STORY=/www/story/04-12-2002/0001705053&EDATE=www.prnewswire.com.

Die Gründung von „Primero Justicia"

für Demokratie eine vernichtende Notiz an George Folsom: „Indem Sie (den Putsch) begrüßten – und zwar ohne jeglichen ersichtlichen Vorbehalt – verwickelten Sie das IRI in die „sensible Landespolitik" Venezuelas."[4] Gershmans Statement an Folsom war ziemlich ironisch, wenn man bedenkt, dass die NED im vorangegangenen Jahr das IRI finanziell unterstützt hatte bei der Ausbildung und dem Aufbau der Oppositionsbewegung – ganz klar eine Einmischung in die „sensible Landespolitik". Was Gershman natürlich meinte war, dass Folsom diese Einmischung unnötiger Weise öffentlich gemacht hatte. Jedenfalls war Gershmans Anmerkung reine marktschreierische Anpreisung. Anstatt die Mittel für das IRI zu kürzen, erhöhte die NED jene direkt nach dem Putsch.

Das IRI kam mit der Politik der Chávez Regierung nicht zurechtkam, suchte aber in Venezuela nach einem Gegenüber. Da war es logisch, dass die rechtsgerichtete Organisation Trost und Potential in einer aufstrebenden, konservativen Jugendpartei finden würde – die noch formbar war und von ihren Finanziers in die gewünschte Richtung geleitet werden konnte. Anfang 2001 begann die IRI mit intensiven Trainingsprogrammen für oppositionelle Parteien in Venezuela. Die Sitzungen waren nicht auf Führer und Mitglieder von „Primero Justicia" beschränkt. Auch andere Parteien wie die traditionelle AD und COPEI, MAS; „Proyecto Venezuela" und weniger bekannte Pateien waren eingeladen.

In einer der ersten Trainingssitzungen der IRI im März 2001 kam der Geschäftsführer der „Mississippi Republican Party", George Fondren, nach Venezuela, um diesen Oppositionsparteien „politische Kommunikation" beizubringen. Mr. Fondren hielt Vorträge vor anti-Chávez Führern wie Francisco Arias Cárdenas, Henrique Salas Romer, Gouverneur Eduardo Lapi, Liliana Hernandez, Antonio Ledezma, William Dávila und Sergio Omar Calderon. Die Vorträge handelten von den Grundlagen der Wahlkampfkommunikation, „wie man mit Leuten in Verbindung kommt, um

---

[4] Joshua Kurlantzick, „The Coup Connection: How an Organization Financed by the U.S. Government Has Been Promoting the Overthrow of Elected Leaders Abroad", Mother Jones, November/Dezember 2004.
Siehe http://www.mo-theriones.com/news/outfront/2004/ll/11401.html.

sie davon zu überzeugen, dich zu wählen und wie man mit ihnen eine Beziehung auf emotionaler Ebene aufbaut."[5] Das IRI half, Trainingsprogramme und Parteistrategien aufzuziehen, die die Parteiführer im ganzen Land selbst anwenden konnten – Stärkung Politischer Parteien, wie man den NED-Zuschuss treffend titulierte.

Klar war, dass sich das IRI anfänglich auf den Wiederaufbau dieser Traditionsparteien konzentrierte, die den Anschluss bei den 1998er Präsidentschaftswahlen verpasst und wirklich an Macht verloren hatten. Die Absicht der IRI war, die Basis für diese Parteien zur Rückkehr in die politische Gegenwart zu legen – mit dem letztendlichen Ziel wieder an die Regierungsmacht zu kommen. Immerhin war Venezuelas größtes exportierendes Ölunternehmen in staatlicher Hand. Wer auch immer an der Macht war, kontrollierte auch die milliardenschwere Ölindustrie mit ihren unerschöpflichen Reserven. Daher die Notwendig der Versechsfachung der Finanzmittel in Venezuela.

Nach dem Skandal um die Finanzierung politischer Parteien in Panama, verabschiedete der US-Kongress Korrekturen der NED Richtlinien. Sie verhinderten die Förderung politischer Parteien oder Personen, die mit politischen Kampagnen oder Wahlen beschäftigt waren.

„Die Erklärung von Prinzipien und Zielen der NED, die 1984 aufgenommen wurden, bekräftigt, dass NED Mittel nicht zur Finanzierung der Wahlkampagnen von Kandidaten, die eine politische Position anstreben, verwendet werden können."[6]

Ebenso, wie die USA die Finanzierung politischer Parteien im Ausland verbieten, so ist es auch ausländische Regierungen oder Einrichtungen gesetzlich nicht erlaubt, politische Parteien oder Kampagnen in den USA finanziell zu unterstützen. Titel 2, Abschnitt 441e des US-Bundesstrafgesetzbuches besagt: „Es ist einem Ausländer verboten, direkt oder indirekt, jemandem, der in Verbindung steht mit einer Bundes-, Staats- oder Gemeindewahl

---

[5] Siehe http://www.venezuelafoia.info.
[6] David Lowe, „De la idea a la realidad: NED a los 20 años." Siehe http://www.ned.org/abort/nedhistory.html. David Lowe ist NEDs Vize-Präsident.

steht, Geld oder irgendein anderes Wertmittel beizusteuern. Oder zu jeglichen Komitees oder politischen Parteien beizutragen."[7]

Anfang 2000 hatte das IRI die neu gegründete „Primero Justicia" als seinen wichtigsten venezolanischen Gegenpart ausgewählt. Es begann mit der Bearbeitung und der Formung dieser jungen Partei – bis sie die am lautesten gegen Chávez' Regierung opponierende Partei wurde. „Primero Justicia" zog ihren Vorteil aus der mangelnden Führungskraft und Popularität der traditionellen Parteien und konnte sich so erfolgreich Schlüsselpositionen bei den Regionalwahlen 2000 sichern. Dabei waren fünf Sitze in der Nationalversammlung im Staat Miranda, 23 Gemeinderatssitze in Miranda und zwei entscheidende Gemeindebürgermeisterämter in den besseren Gebieten von Caracas.

Anfang Dezember 2001 schickte das IRI Mike Collins, den ehemaligen Pressesekretär der Republikaner, nach Venezuela, um „Primero Justicia" und andere Oppositionsparteien in Sachen Kommunikationsstrategien auszubilden. Dazu gehörten die wachsende Bewegung von Alfedo Pena, Bürgermeister von Caracas und anti-Chávez Metropolit, die neue „Union por el Progreso" und die beiden Traditionsparteien AD und COPEI. Im Falle von „Primero Justicia" gab Mike Collins Fortbildungen wie „Formung einer Botschaft für die Partei, Findung eines Zielpublikums und Entwicklung eines Images, das dieses Zielpublikum anzieht."[8] Im Großen und Ganzen kamen die Republikaner also, um „Primero Justicias" Image und Parteibotschaft zu entwerfen – wesentliche Aspekte einer erfolgreichen politischen Partei.

Die IRI Fortbildungen waren nicht nur auf politische Parteien beschränkt. Am 5. Dezember 2001, nur zwei Tage vor dem ersten „Generalstreik" der Opposition, leitete Mike Collins eine Sitzung des „Centro de Divulgación del Conocimiento Económico", CEDICE, (Zentrum für die Verbreitung von Wirtschaftsinformationen), eine „Ideenfabrik des Freien Marktes ähnlich dem CATO Institut in Washington, D. C." Das IRI Training richtete sich an Lokaljournalisten und konzentrierte sich auf die Berichterstattung

---

[7] Siehe http://www.uscode.house.gov.
[8] Siehe http://www.venezuelafoia.info.

über Politiker und politische Bewegungen.⁹ Zu dieser Zeit hatten sich private Medien (nicht staatliche Kanäle) in ihrer offenen Oppositionshaltung gegenüber der Chávez Administration zusammengeschlossen. Die Fortbildungen der IRI unterstützten diese Position als die Berichterstattung der Medien im Folgenden beeinflussender, ungenauer und subjektiv wurde. 2001 nahm das IRI substantielle Änderungen in seinem Venezuela Team im Hauptquartier in Washington vor. Stanley Lucas, der leitende Programmdirektor für Venezuela, ging zum IRI Team für Strategieplanung. Die ehemalige NED Direktorin Elizabeth Winger Echeverri übernahm den Posten des leitenden Programmdirektors für Venezuela und Ecuador. Stanley Lucas leitete gleichzeitig auch das Haiti-Programm der IRI, das Aktivitäten zur Entlassung des haitianischen Präsidenten Jean Bertrand Aristide finanziert hatte.

USAID ließ dem IRI von 1998 bis 2003 mehr als 3 Millionen Dollar zukommen, um Haiti unter der Verpackung „Förderung der Demokratie" (die übliche Bezeichnung, um den wahren Grund solcher Programme zu kaschieren) zu destabilisieren. Lucas, wohlhabend und in Haiti geboren, wurde von der IRI 1992 eingestellt, um das Haiti-Programm zu leiten. Ähnlich wie in Venezuela gaben Lucas und das IRI Fortbildungen für Aristides böseste Opponenten. Die Millionen des IRI und Lucas wandten das US-Interventionsmodell an, das man vorher in Nicaragua benutzte: den Zusammenschluss der Oppositionsparteien.

In Haiti bildete das IRI die „Democratic Convergence" (Demokratische Annäherung), ein Gruppierung ungleicher Oppositionsparteien, sozialer Organisationen und Verbände im Lande. Die „Democrtatic Convergence" war entscheidend daran beteiligt, die Spannungen und Gewalt zu provozieren, die schließlich zum rechtswidrigen und gewaltvollen Sturz von Präsident Aristide führten. Die Rolle des IRI war weiterhin entscheidend.

Zurück in Venezuela ermutigte Lucas zu den gleichen Taktiken und Strategien, die durch IRI-Programme durchgeführt werden sollten. IRI Sitzungen befürworteten den Dialog und Kompromiss zwischen Oppositionsparteien als Weg, sich bei ungleichen Standpunkten anzunähern. So wollte man eine solide Opposi-

---

⁹ Siehe http://www.venezuelafoia.info.

tion zur Regierung formen. Aber die Umstände in Venezuela waren anders als in Haiti. Venezuelas Traditionsparteien hatten versagt, aber sie atmeten noch und das IRI sah die Möglichkeit der Wiederbelebung. Auf Grund der Protagonistenrollen der meisten venezolanischen politischen Parteien, entschied sich das IRI zunächst alle zu stärken.

„Primero Justicia" war eine der erfolgreichsten Unternehmungen der IRI in Venezuela. Da die Partei vor allem aus jungen Freiberuflern bestand mit wenig oder gar keiner politischer Erfahrung, konnte das IRI Parteiführer formen und die Parteiziele und – gestaltung, Strategien und Plattform bestimmen – somit die Partei von ganz vorne aufbauen. Mit den hunderttausenden von Dollars, die das IRI aus NED- und USAID-Mitteln in „Primero Justicia" gepumpt hatte, ließ die neue konservative Partei die Traditionsparteien Venezuelas ziemlich alt aussehen. „Primero Justicia" wurde die wichtigste Oppositionspartei und die bei weitem unverblümteste. Ihre Führer und Mitglieder hatten Schlüsselrollen bei den Destabilisierungsversuchen gegen die venezolanische Regierung. Venezuelas Generalstaatsanwalt stellte sogar eine ihrer stärksten Figuren, den Kommunalbürgermeister von Baruta, Henrique Capriles Radonski, wegen Unterstützung und Aufhetzung zum Übergriff gegen die kubanische Botschaft in Caracas formell unter Anklage. Der Anschlag erfolgte während des Putsches am 12. April 2002.

4.2 „Primero Justicia" verübt einen Anschlag auf die kubanische Botschaft

Anti-Chávez Extremisten sowohl aus Venezuela als auch von Kuba stürmten die kubanische Botschaft im Baruta Bezirk in Caracas. Sie zerstörten Eigentum, Autos und trennten die Elektro-, Wasser- und Gasversorgungsleitungen der Botschaft durch. Live im Fernsehen drohten die Aggressoren, Botschaftsdiplomaten zu töten, sie „auszuhungern" und sie zu zwingen, „Tapete zu essen", indem man ihnen die Wasser und Essensvorräte vorenthalte. Bürgermeister Capriles Radonski, verantwortlich für die kommunale

Polizei, machte keine Anstalten, den Angriff zu stoppen. Tatsächlich unterstützte er den Aufstand noch durch sein Auftauchen am Ort des Geschehens und die Kommunikation mit den Aggressoren. Capriles Radonski verletzte auch diplomatisches Recht, indem er sich Einlass in die Botschaft erzwang, wo er versuchte den kubanischen Botschafter Germán Sánchez Otero zu überreden, Vizepräsident Diosdado Cabello und andere Chávez-Regierungsmitglieder auszuliefern. Die Opposition dachte, jene hätten in der kubanischen Botschaft Zuflucht gesucht. Obwohl Botschafter Sánchez Otero Capriles Radonski erlaubte, im Haus einen Dialog zu führen, machte er klar, dass diese Handlungsweise diplomatisches Recht verletzte. Der „Primero Justicia" Bürgermeister versuchte eine Durchsuchung des Botschaftsgebäudes zu erzwingen. Er drohte dem Botschafter, dass sich die Situation nur verschlimmern würde, wenn er nicht eine vollständige Durchsuchung erlaubte. Frustriert verließ Capriles Radonski die Botschaft. Wenn nicht überall in Caracas immer mehr pro-Chávez Demonstrationen aufgetreten wären und die Putschregierung nicht so schnell gefallen wäre, hätte die kubanische Botschaft wesentlich mehr Schaden davongetragen. Capriles Radonski leugnete, dass seine Aktionen ungerechtfertigt und illegal waren. Er behauptete, Botschafter Sánchez Otero habe ihn in die Botschaft „eingeladen". Er wurde später von der Generalstaatsanwaltschaft für den Übergriff angeklagt und zu vier Monaten Freiheitsstrafe verurteilt. Der Fall wurde dann von einem sympathisierenden Richter abgewiesen.

Während der Aktionen vor dem Staatsstreich am 11. April 2002 spielte der Kommunalbürgermeister von Chacao, Leopoldo López, ein führendes Parteimitglied von „Primero Justicia", eine Schlüsselrolle. Wie im Morgenprogramm von „Venevisión" „24 Horas with Napoleón Bravo" am 12. April 2002 gezeigt, führte Leopoldo López – Hand in Hand mit dem Putschführer Konteradmiral Carlos Molina Tamayo – den Oppositionsmarsch an. Es ging über einen verbotene Route zum Miraflores Präsidentenpalast, wo dann Gewalt ausbrach. In diesem Morgenprogramm sprach López ganz ausführlich über seine wichtige Rolle bei jenen Ereignissen.

López, Capriles Radonski und andere führenden „Primero Justicia" Mitglieder wie der Koordinator Gerardo Blyde und der nationale Koordinator und Abgeordnete der Nationalversammlung, Julio Borges, machten in der Zeit vor dem Putsch häufig Reisen nach Washington. Sie besuchten dort den IRI-Hauptsitz und trafen sich mit Beamten der Bush Administration. Die NED war häufig Gastgeber dieser ultra-konservativen Venezolaner – so wie auch der kolumbianische Botschafter in Washington.

Die beiden Mitglieder der Nationalversammlung von „Primero Justicia", Julio Borges und Liliana Hernandez, waren im Allgemeinen die unverblümtesten Kritiker jedes Gesetzes, das die Regierung einbrachte.

Die Ausbildung der IRI war relativ erfolgreich, obwohl die Partei im Lande noch immer keine breite Annerkennung fand. „Primero Justicia" wird mehr als eine „Caracas"-Partei betrachtet, als eine landesweite. Das IRI durchlief mit den Oppositionsparteien in Venezuela eine Reihe von Probezeiten, um zu entscheiden, bei welcher sich die Investitionen am meisten rentierten. Offensichtlich gewann „Primero Justicia". Aber schon früh begann das IRI auch eine interessante Zusammenarbeit mit einer anderen neuen Partei: „Union por el Progreso" (Union für Fortschritt), geführt von Francisco Arias Cárdenas.

Arias Cárdenas war 1992 an Hugo Chávez' Revolten gegen die Regierung von Carlos Andrés Pérez beteiligt. Als alter Freund von Chávez teilte er viele Ansichten und Ideen wie der „Bolívar Führer". Aber auch er hatte große politische Ambitionen. 1995 wählte man ihn zum Gouverneur des Staates Zulia, dem wichtigsten Staat in Venezuela. In Zulia liegt das Herz der venezolanischen Ölindustrie, das um den Maracaibo See gebaut ist. Maracaibo ist ein riesiger See genau in der Mitte des Staates. Als Chávez 1998 zum Präsidenten gewählt wurde, stand Arias Cárdenas an seiner Seite. Aber seine Loyalität hielt nicht lange. Nur ein Jahr später, nachdem die neue Verfassung mit Stimmenmehrheit ratifiziert worden war und Neuwahlen bevorstanden, entschied er, Chávez sei unfähig, das Land zu führen und trat gegen ihn an. Somit begann der Verrat, dem Chávez gegenüberstand durch die, die ihm nahe standen – sogar innerhalb seiner Regierung.

Arias Cárdenas plötzliche und öffentliche Abkehr aus der Chávez Riege machte Schlagzeilen – und sie mussten auch international angeschlagen haben, denn das IRI hörte sie laut und deutlich. Sofort begann das IRI mit Arias Cárdenas und seiner neu gegründeten Partei „Union por el Progreso" zu arbeiten und sie für die bevorstehenden Präsidentschaftswahlen zu formen. Es war wirklich eine interessante Wahl, die das IRI getroffen hatte. Arias Cárdenas behauptete nämlich progressiv und weit davon entfernt ein rechter Republikaner zu sein. Somit war also klar, dass das IRI bereit war, jede Partei zu unterstützen – wenn sie nur Chávez schlagen konnte.

Das IRI konnte sich eines relativen Erfolgs rühmen, denn Arias Cárdenas sammelte fast 38% der Stimmen – trotz seiner „last minute" Entscheidung, gegen den populären Präsidenten anzutreten. Das IRI hatte den Hahn der Bevölkerung angezapft, die für die Zukunft einen Ausweg von Chávez suchten, dessen Administration plante, noch radikalere Veränderungen einzuführen. Aber „Union por el Progreso" und Cárdenas verloren nach jenen Wahlen an Grund und Glaubwürdigkeit. Der Schwung in der Opposition ging wieder zurück. Zu dieser Zeit erhielt das IRI von der NED eine 340.000 Dollar Zuwendung zur „Stärkung Politischer Parteien". Es war klar, dass COPEI, AD, MAS, „Proyecto Venezuela", „Union por el Progreso" und „Primero Justicia" eine dicke Vitaminspritze brauchten. Obwohl die anderen Parteien noch immer Potential hatten, hatte Arias Cárdenas Partei eine herbe Niederlage einstecken müssen, ebenso wie „Proyecto Venezuela", die später ihren Führer, Henrique Salas Romer als Kandidat gegen Chávez in die 1998er Präsidentschaftswahlen schickte. AD und COPEI bekamen eine Stütze durch die Persönlichkeitswahlen.

„Primero Justicia", die bei den Kommunalwahlen 2000 wichtige Sitze sammelte, schien die letzte venezolanische Hoffnung des IRIs und der US-Regierung zu sein.

5 Die Dekodierung Venezuelas

Im September 2002 kündigte die US-Botschaft in Caracas Washington an, dass es wahrscheinlich bald einen Wechsel in der Regierungsführung geben werde und Pedro Carmona, Präsident der „Fedecámaras" Venezuelas Handelskammer, die Nachfolge antreten werde. In einem Telegramm der Botschaft in Caracas vom September 2001 benachrichtigt Botschafterin Donna Hrinak den Außenminister, das Energie- und das Handelsministerium in Washington über einen bevorstehenden Besuch von ausgewählten Mitgliedern des „Consejo de Empresarios Venezuela-Estados Unidos" (Rat der venezolanischen-US-amerikanischen Geschäftswelt) (CEVEU) in Washington. Pedro Carmona, einer der Mitglieder, wurde als ein „hoch geachteter und einflussreicher Geschäftsführer bezeichnet, der immer wieder eine wichtige Rolle beim Vorantreiben der US-Wirtschaftsinteressen in Venezuela gespielt hatte."[1]

Das Telegramm empfahl dem Außenministerium dringend, Treffen zu arrangieren zwischen den Repräsentanten des CEVEU und dem Staatssekretär für internationalen Handel des Wirtschaftsministeriums, dem Energieministerium und dem stellvertetenden Minister für Wirtschafts- und Geschäftsangelegenheiten. Botschafterin Hrinak forderte auch Termine mit Carmona und seinen Reisebegleitern mit den US-Abgeordneten Cass Ballenger, Gregory Meeks, Mark Sounder und dem US-Senator Bob Graham. Mit einer Bestätigung von der Botschaft und dem Außenministerium, konnte Carmona davon ausgehen, dass man ihn in Washington mit offenen Armen empfangen würde.

Nachdem Botschafterin Hrinak Anfang November von Beratungen in Washington zurückkehrte, waren die Beziehungen zwischen den beiden Ländern noch angespannt. Sie sandte ein Telegramm nach Washington, in dem sie den Minister informierte, dass die von Carmona geführten „Fedecámaras" die Aussetzung der Gespräche mit der venezolanischen Regierung angekündigt

---

[1] Siehe Anhang, S. 190.

hätte. Hrinak erwähnte die Möglichkeit eines landesweiten Streiks, den man am 28. November 2001 ansagen wollte. In dem Telegramm schloss sich Hrinak der Schilderung der Ereignisse durch Carmona an und rechtfertigte damit die harte Reaktion der Geschäftswelt:

> *Carmona, der erst kürzlich zum Präsidenten der Handelskammer gewählt wurde, hatte versucht, einen Dialog mit der Regierung Chávez herzustellen. Der Abbruch der Verhandlungen und die Drohung mit einem Generalstreik ist die Antwort auf das, was viele als Missachtung des privaten Geschäftsbereichs ansehen - durch Präsident Chávez und sein Kabinett. Die Unzufriedenheit über Chávez weitete sich seit seiner Wahl im Privaten Sektor aus. Doch ließ seine Rede vom 29 Oktober zusammen mit dem Unvermögen des GO.Vs^2, sich der Bedenken des Privaten Sektors wegen der neuen Gesetze anzunehmen, die Unzufriedenheit eskalieren.*[3]

Hrinaks Telegramm ließ es so erscheinen, als ob die Eskalation des Konfliktes alleine Chávez' Schuld wäre.

5.1 „Der richtige Mann, zur richtigen Zeit in Venezuela"

In einem äußerst zensierten Verschlusstelegramm von der US-Botschaft in Caracas Ende November 2001 berichtete Botschafterin Hrinak von dem Beschluss der Handelskammer, am 10. Dezember 2001 einen Generalstreik auszurufen. Aber aus den wenigen Stücken, die unzensiert blieben, war klar ersichtlich, dass die US-Regierung die Sicht der Opposition über den springenden Punkt hinter dem Streik gänzlich teilte: die 49 Gesetze, die Präsident Chávez unter dem „Enabeling Act" kurz vorher in Kraft ge-

---

[2] GOV bedeutet Government of Venezuela (Regierung von Venezuela).
[3] Telex der US Botschaft in Caracas an das Außenministerium in Washington DC. November 1, 003392, 191150Z, priority 2985.

setzt hatte. „Präsident Chávez handelte jenseits seiner Autorität durch den „Enabling Act" als er bestimmte Gesetze erließ", schrieb Botschafterin Hrinak. „Die Grundbesitzverordnung ist ein Angriff auf das Recht auf privaten Besitz", zählte sie weiterhin auf.

Ein paar Tage später sandte Frederick Cook, ein Botschaftsbeamter, ein weiteres Telegramm, dieses mal an das Außenministerium, die CIA, den Armeenachrichtendienst (Defense Intelligence Agency – DIA), den Nationalen Sicherheitsrat und andere US-Botschaften in Bogotá, Quito, La Paz, Lima, Mexiko, Buenos Aires, Brasilia und die „US-Interest Section" in Kuba. Er bezog sich auf Pedro Carmona als „staatsmännisch" und „den richtigen Mann zur richtigen Zeit in Venezuela."[4]

Ganz offensichtlich waren die Voraussetzungen für einen US-favorisierten Führungswechsel in Venezuela geschaffen worden.

In den folgenden Monaten unternahmen Carmona und Carlos Ortega (sein Mitstreiter in der Führung der Handelskammer) einige Reisen nach Washington. Andere prominente Oppositionsführer wie Leopoldo López und Gerardo Blyde von „Primero Justicia" und andere Nutznießer der NED begleiteten sie.[5] Aber erst während dieses ersten „Streiks" entstand eine feste Verbindung zwischen zwei traditionellen Gegnern, der „Fedecámaras" und der „Confederación de Trabajadores Venezolanos" (CTV), seit je her die führende Gewerkschaft im Land.

2001 verdreifachten sich die Fördermittel der NED für das „American Center for International Labor Solidarity" (Amerikanisches Zentrum für internationale Arbeitersolidarität - ACILS), der internationale Zweig der AFL-CIO. Obwohl ACILS schon seit den frühen 90ern eine beständige Beziehung mit der CTV hatte, lag ihre durchschnittliche Zuweisung für die Arbeit mit der Gewerkschaft bei ungefähr 60.000 Dollar. 2001 jedoch erhöhte man diesen Betrag auf 154.375 Dollar mit dem Ziel, „eine neue Mission und Rolle für die Gewerkschaftsbewegung in der Entwicklung

---

[4] Siehe http://www.venezuelafoia.info.
[5] Carlos Ortega traf Otto Reich in Washington am 13. Februar 2002, B.C. Siehe http://www.state.gov/r/pa/prs/dpb/2002/8034.html.

der Nation"[6] zu definieren. Diese neue Rolle und Mission schien ein Joint Venture mit der Unternehmerorganisation „Fedecámaras" zu sein, um eine Bewegung aufzubauen, die in der Lage war, Chávez' Regierung zu stürzen. Zur Durchsetzung dieses Ziels war die NED der Nummer eins Finanzier.

Ende 2001 hatte die NED ihre Ausgaben in Venezuela auf den Riesenbetrag von 877.435 Dollar aufgeblasen. Zusätzlich zum verdreifachten Budget von ACILS für die CTV und den um das Sechsfache erhöhten Mitteln des IRI für die Arbeit mit „Primero Justicia" war auch noch das „National Democratic Institute" (Nationales Demokratisches Institut – NDI) auf den Zug aufgesprungen. Während das NDI Im Jahr 2000 nicht vom NED-Venezuela Budget gespeist worden war, erhielt es 2001 eine Zuwendung von 210.500 Dollar, um mit der Sozialorganisation „Momento de la Gente" (Zeitpunkt des Volkes) zu arbeiten. Es sollte „die Bürger in den politischen Prozess mit einbeziehen" und sich auf „die Verlässlichkeit und Transparenz der Regierung" konzentrieren. „Momento de la Gente" war eine der führenden zivilen Gesellschaftsgruppen in der wachsenden Oppositionsbewegung gegen Präsident Chávez. Die großzügigen Mittel sicherten ihr eine Steigerung ihres nationalen Vorsprungs und ihrer Mission.

„Momento de la Gente" war 2000 auch ein direkter Günstling der NED. Angeführt von der wohlhabenden und beziehungsreichen Mercedes de Freitas hatte „Momento de la Gente" 2000 nur 16.747 Dollar von der NED erhalten. Aber 2001, als ihre politischen Oppositionsbemühungen gegen Chávez Fuß fassten, erhöhte die NED ihre direkten Zuwendungen auf 40.000 Dollar – mehr als dreimal so viel wie ein paar Monate vorher. Die NED-Mittel sollte man ausdrücklich für „die Abdeckung institutioneller Kernkosten" verwenden. Im Grunde finanzierte die NED also somit das Funktionieren der Organisation, indem sie eine Führungsrolle in der Oppositionskoalition übernahm, die sich zwischen ziviler, Arbeiter- und Unternehmergesellschaft entwickelte. Zusammen mit dem NED-NDI Zuschuss standen „Momento de la Gente" 2001 mehr als 250.000 Dollar zur Verfügung – fast zwanzigmal so viel wie im Jahr zuvor.

---

[6] Siehe Anhang, S. 171.

Während der Tage des Staatsstreiches gegen Chávez appellierte Mercedes de Freitas von „Momento de la Gente" an den Programmdirektor der NED, Christopher Sabatini, die Regierung Carmona anzuerkennen und jede Beschuldigung zurückzuweisen, dass es sich um einen Putsch gehandelt hätte. Zu jener Zeit hatte ihre Organisation eine zusätzliche Zahlung von 64.000 Dollar in den Monaten vor dem Staatsstreich erhalten.[7] Ende Februar 2002 riefen „Fedecámaras" und die CTV zusammen mit oppositionellen Parteien und Sozialorganisationen zu massiven Märschen in den Straßen von Caracas auf.

5.2 Die wachsende Koalition von ungleichen Freunden

Monate vor dem Putsch am 11. April 2002 hatte die US-Regierung einen sorgfältig ausgearbeiteten Plan in Aktion gebracht, der der anti-Chávez Bewegung bei ihren Zielen helfen sollte. Eine Opposition hatte sich locker zwischen ungleichen Verbündeten gebildet. Sie schloss die „Confederación de Trabajadores Venezolanos" - Venezuelas größte Gewerkschaft mit ein, die Handelskammer „Fedecámaras" und Führer der traditionellen politischen Parteien AD, COPEI, „Movimiento al Socialismo" und anderen, als auch neue Parteien wie „Primero Justicia" und „Proyecto Venezuela". Trotz ihrer Unterschiede teilten diese Einrichtungen eine gemeinsame Ablehnung der Politik der Chávez Regierung. Sie gründete auf dem eigenen Verlust von politischer oder wirtschaftlicher Macht als Folge des Regierungswechsels. Diese Opposition, einschließlich der CTV, bestand im Wesentlichen aus Personen und Organisationen aus Venezuelas Elite – oder wie man landläufig sagt aus seiner „Oligarchie". Obwohl Spannungen und Feindseligkeiten bald nach Chávez zweiter Präsidentschaftswahl unter der neu ratifizierten Verfassung 1999 die Eliten Venezuelas aufführten, brauchte die Opposition bis 2001 bis sie sich solidarisiert und Gehör verschafft hatte. Wie die Geschichte zeigt, war dies nicht das erste Mal, dass sich eine Allianz zwischen der CTV,

---

[7] David Corn, „Our Gang in Venezuela", The Nation, 5. August 2002.

Fedecámaras und den traditionellen politischen Parteien bildete. Ende der 80er Jahre, während Carlos Andrés Pérez' großzügiger Zusammenarbeit mit der US-Regierung kamen dieselben Einrichtungen zur Bildung der „National Democratic Foundation" (Nationale Demokratische Stiftung) zusammen. Jene hatte Gelder der NED von den USA nach Nicaragua geleitet. Somit waren auch hier Arbeiter-, Unternehmens- und politische Parteien vereint, um US-Interessen in Lateinamerika zu vertreten.

Als die NED begann, die CTV zu finanzieren, war sie in Venezuela - wenn auch minimal - seit den späten 80er Jahren präsent. Aber von 2000 bis 2001 vervierfachte sich das NED Budget in Venezuela und Geldmittel flossen in große und kleine Organisationen, die alle eines gemeinsam hatten: die öffentliche Aversion gegen Präsident Chávez. Von den mehr als 877.000 Dollar, die die NED 2001 in Venezuela zur „Förderung der Demokratie" investierte, erhielten einige venezolanische Organisationen das Geld direkt, ohne Mittelsmänner. Vielen anderen kam das Geld über die vier „Core Grantees" der NED (IRI, NDI, CIPE und ACILS) zu. Einige der Einrichtungen, die die NED 2001 bis 2002 direkt unterstützte waren „Asamblea de Educación" (Verband zur Bildung), „Asociación Civil Comprension de Venezuela" (ACCV) (Venezolanischer Zivilverband zum Einvernehmen) und „Asociación Civil Consorcio Justicia" (Verband zur zivilen Gerechtigkeit). All diese Organisationen gingen in Linie mit der Oppositionsbewegung.

„Asamblea de Educación" arbeitete gegen die von Chávez befürwortete Gesetzgebung hinsichtlich der Reform des Bildungswesens. Sein Führer, Leonardo Carvajal, war ein heftiger Chávez Gegner. Er stimmte mit den Ausbildungszielen von Chávez nicht überein und hatte geschworen, sein bestes zu tun, um die vorgeschlagenen Änderungen zu verhindern. Bis 2001 hatte die Chávez Regierung schon mehr als 1000 neue „Bolívar"-Schulen in Gegenden mit traditionell geringem oder keinem Zugang zu guter Ausbildung gebaut. Die Regierung befürwortete auch die Einführung eines neuen „Bolívar-Lehrplans". Dieser sollte sowohl genauere Informationen über die Geschichte Venezuelas und Lateinamerikas enthalten, als auch das nach Europa ausgerichtete Leitbild in ein südamerikanisches umwandeln.

Die NED stellte Herrn Carvajal und seiner Organisation 55.000 Dollar für ihre Oppositionsaktivitäten und Anwesenheit bei Märschen zur Verfügung. Zusätzlich dazu unterstützte der NED Zuschuss Bemühungen, gegen legitime Gesetzgebung und deren rechtsmäßige Diskussion und Inkraftsetzung durch die Nationalversammlung anzugehen. Tatsächlich gab Carvajal später zu, dass die NED Zuwendungen die wichtigste Einkommensquelle seiner Organisation war. Er selbst bezog sogar ein Gehalt aus den NED Mitteln für sein privates Auskommen.

Die NED Unterstützung für den „Asociación Civil Comprension de Venezuela" mit 57.820 Dollar kam zu einem besonderen Zeitpunkt. Man konzentrierte sich auf „den Anstoß einer nationalen Debatte über die sich wandelnde Rolle des Militärs im Lande." Präsident Chávez ist ein ehemaliger Oberstleutnant. Ein hoher Prozentsatz seiner Kabinettsmitglieder und Regierungsbeamten in den obersten Rängen sind pensionierte oder aktive Offiziere. Auch wenn die NED Zuschüsse für die ACCV zeitrichtig erscheinen mögen, so waren sie doch ziemlich ungewöhnlich. Während die NED Bemühungen unterstützte, die Aufmerksamkeit auf die negativen Aspekte der militärischen Verstrickung in die Regierung zu lenken, hatte Venezuela gerade zum zweiten Mal eine Regierung mit starker militärischer Beteiligung gewählt. So verwundert es nicht, dass sich zur Zeit des ACCV-NED Projekts, regimekritische Offiziere auf die Oppositionsbewegung ausrichteten.

In den Jahren 2000, 1999 und vorher waren die primären Empfänger der NED Mittel in Venezuela ACILS für seine Arbeit mit der CTV, CIPE für seine Arbeit mit ihrem Gegenstück „Centro de Divulgación del Conocimiento Económico" (CEDICE) und das IRI für sein ständiges Ausbilden und Formen der politischen Parteien im Lande. Direkte NED „Grantees" in Venezuela in jenen Jahren schlossen Gruppen ein wie „Centro al Servicio de la Acción Popular" (CESAP), „Programa para el Desarrollo Legislativo" (Programm für Gesetzesentwicklung) (PRODEL), „Fundación Momento de la Gente y Sinergía", eine Organisation, die sich der Stärkung anderer oppositionsfreundlicher Sozialorganisationen widmete. All diese Einrichtungen tendierten zur Oppositi-

on, manche mehr, andere weniger. Doch trotzdem spielte die NED vor 2001 eine relativ geringe Rolle. Danach bewilligte die Bush Regierung eine Erhöhung der Ausgaben für Organisationen, die eine solide Oppositionsbewegung gegen Chávez formen konnten.
Diese Zuwendungen fasste man in hochtrabende Formulierungen wie „die Stärkung politischer Parteien" durch die „Nationale Stiftung für Demokratie". Es sieht so aus, als ob es nichts anderes wäre als gut gemeinte Bemühungen zur Unterstützung der Demokratie. Aber man stelle sich vor, dass ein anderes Land ebensoviel „Hilfe" von Milliarden von Dollars in die USA schustern würde, um Parteien aufzubauen und Kandidaten auszubilden, die mit jener Regierung sympathisieren. Solch eine Bestrebung würde man sofort als das anprangern was sie wäre, nämlich der Versuch den demokratischen Prozess zu untergraben und nicht, sie zu fördern. Wenn man von diesen hochtrabenden Bestrebungen liest, muss man sie folgerichtig auch so betrachten, als ob man sie in den USA anwenden wollte. So kann man einen gewissen Zynismus nicht verleugnen.

5.3 Die ersten Zeichen

Am 10. Dezember 2001 rief die lose Koalition von CTV, „Fedecámaras", privaten Medien, von der NED geförderten Sozialorganisationen und Oppositionsparteien den ersten „Generalstreik" aus. Man wollte sich so gegen den Entwurf eines Satzes von 49 Gesetzen der Chávez Regierung richten, der viele der neuen Rechte einführen würde, die die Verfassung von 1999 repräsentierte. Vor diesem Streik hatten hochrangige Funktionäre der US-Regierung – einschließlich Colin Powell, George Tenet und Roger Noriega – Statements abgegeben, die einen möglichen Bruch mit der Chávez Regierung andeuteten. Grund für diese Einstellung war Chávez' offene Opposition gegen das Bombardement Afghanistans im Oktober 2001. Die Einberufung der US-Botschafterin, Donna Hrinak, Anfang November 2001 zu Konsultationen war ein Zeichen für die Veränderung in den Beziehungen.
Der von der Opposition inszenierte Streik am 10. Dezember lähmte das Land für einen Tag und ebnete die Bahn für die fol-

genden Monate. Die Opposition organisierte mehrere Proteste und Aktionen zivilen Ungehorsams. Eine Fraktion führender Offiziere lief über und erklärte öffentlich eine Revolte. Die privaten Medien verwendeten zunehmend einen aggressiven Ton gegenüber der Regierung und verwendeten ganz offen 100% der Berichterstattung für die Opposition – selten gab es ausgeglichene Nachrichten. Die privaten Medienkanäle sendeten beständig Werbung, die den Streik befürwortete und die Bürger zur Teilnahme an den Märschen und Demonstrationen gegen die Regierung aufrief.

Senator Christopher Dodd (DCT) forderte nach dem Putsch im April 2002 einen Bericht vom Auswärtigen Amt der USA über „*die US-Politik hinsichtlich Venezuelas: November 2001 bis April 2002.*" Dieser kommt zu dem Schluss dass:

> ...*die NED, das Ministerium[8] und DOD [9]während der sechsmonatigen Periode vom November 2001-April 2002 Ausbildung, Aufbau von Institutionen und andere Förderprogramme von insgesamt ca. 3,3 Millionen Dollar venezolanischen Organisationen und einzelnen Personen zukommen ließ. Einige von ihnen waren offenbar in die Ereignisse vom 12.-14. April involviert. Weiterhin schlossen die föderativen Unterstützungsprogramme zahlreiche Verträge zwischen der NED, dem Ministerium, DOD und jenen Organisationen und Personen während dieser sechsmonatigen Periode ein.[10]*

Tatsächlich bestätigte der Bericht des Generalinspektors, dass die NED Programme in Venezuela finanzierte. Es belief sich in diese Zeit auf insgesamt über 2 Millionen Dollar. Der Bericht beweist auch etwas, das man bei den internen NED Dokumenten, die unter FOIA herausgegeben wurden, zu vertuschen suchte: zu-

---

[8] Ministerium bezieht sich auf Außenministerium.
[9] DOD ist das U.S. Department of Defense (Verteidigungsministerium).
[10] U.S. Department of State and Broadcasting Board of Governors Office of Inspector General, A Review of U.S. Policy Toward Venezuela: November 2001-April 2002, July 2002, report no. 02-OIG-003. Redacted for public use.

sätzlich flossen 622.000 Dollar von der NED zu ACILS für seine Arbeit mit der CTV. Dies geschah in der Zeit von Februar 2001 bis Januar 2002 – ungefähr 150.000 Dollar alle drei Monate. Obendrein zu den 622.000 Dollar hatte die NED einen weiteren Zuschuss an ACILS gegeben – 154.000 Dollar zur Unterstützung der CTV.

Die 2 Millionen Dollar waren eine erstaunliche Summe. Im Jahr zuvor belief sich die Summe für das Gesamtprogramm der NED gerade mal ein wenig über 200.000 Dollar. Zwölf Monate später hatte es sich verzehnfacht.

Jene, die die Zuschüsse erhielten, bauten eine Oppositionsbewegung gegen die demokratisch gewählte und populäre venezolanische Regierung auf – und zwar alle. Demokratisch oder nicht? Populär? – Wer fragt danach? Die US-Regierung wollte Chávez loswerden. Sie dachte durch die finanzielle und politische Unterstützung der wachsenden Koalition von Unternehmern, Arbeitern, politischen Parteien und sozialen Organisationen werde sein Abgang glaubwürdig.

Öffentliche Mittel der USA zur "Förderung der Demokratie" in Venezuela

Jahr	NED/U.S. Dollars	USAID/U.S. Dollars
2000	232.831	-
2001	877.435	-
2002	1.698.799	2.197.066
2003	1.046.321	8.903.669
2004	874.384	6.345.000
2005	*	5.000.000
Gesamtsumme der öffentlichen Mittel: $27.175.505		

* Die NED hat ihre Mittel für 2005 für Venezuela noch nicht veröffentlicht.

6 Ein Putsch – und nichts anderes

Am 25. Februar 2002 schickte man Charles Shapiro als neuen US-Botschafter in Venezuela offiziell nach Caracas. Aber die Entscheidung, Hrinak durch Shapiro zu ersetzen war schon im Dezember 2001 gefallen. Die Opposition hatte sich gefestigt und Potential gezeigt, doch brauchte sie noch einiges an erfahrener Unterstützung und Führung. Shapiros Vergangenheit im Außenministerium schien passend hinsichtlich des Tons, den die US-Regierung gegenüber Venezuela nun gewählt hatte. Als ein Veteran, der schon 24 Jahre im diplomatischen Dienst in Lateinamerika tätig war, arbeitete Shapiro fünf Jahre lang während der bewegten 80er Jahre in der US-Botschaft in El Salvador als die US-Interventionen so hoch waren wie nie. Auch war er ein Attaché der US-Botschaft in Chile[1] während des Staatsstreiches gegen Salvador Allendes Regierung. Von 1999 bis 2001 belegte er den Posten des Koordinators des Büros für kubanische Angelegenheiten in Washington. Er war zuständig für die Kontrolle und Überwachung der US-Politik hinsichtlich Kubas und die Einhaltung der von den US-auferlegten Restriktionen bei Verkehr und Handel zwischen den beiden Nationen. Die Chávez Administration war bekannt als offener Verbündeter von Fidel Castro und Chávez machte keinen Hehl daraus, dass er seine Beziehung zu Kuba nicht zu ändern gedachte – trotz Washingtons beharrlicher Forderungen. Die Abordnung Shapiros nach Caracas war ein klares Zeichen dafür, dass Washington die Geduld mit Chávez und seiner Castrofreundlichen Politik verlor.

Botschafter Shapiro verlor keine Zeit, sich der venezolanischen Politikszene anzupassen und Venezuela auf die Vorstellungen der USA einzustimmen. Zum Zeitpunkt seiner offiziellen Installation in der Botschaft in Caracas, hatten drei hochrangige venezolanische Offiziere Präsident Chávez öffentlich denunziert und mit einer Militärrevolte gedroht. Am 7. Februar 2002 forderte der

---

[1] Carlos Fazio, „Venezuela un país singular", La Jornada, 1. Juli 2002. Man beachte Facios Statement: „Shapiro war während Salvador Allendes Regierung ein Attaché in Chile."

venezolanische Luftwaffenoberst Pedro Sota Chávez' Rücktritt. Am nächsten Tag folgte der Führer der Nationalgarde, Pedro Flores, Oberst Sotas Forderung mit der Behauptung, dass die Mehrheit der venezolanischen Armee bereit zu einer Revolte gegen die Regierung sei. Am 18. Februar dann warf Konteradmiral Carlos Molina Tamayo Präsident Chávez vor, „in Venezuela ein totalitäres Regime errichten zu wollen und die Nation in Gefahr zu bringen, indem er die Verbindungen mit Kuba verstärke und sich von den Vereinigten Staaten distanziere." Konteradmiral Molina Tamayo forderte Chávez Rücktritt und sprach von einer „ bevorstehenden Militärrevolte unter den Streitmächten."

Früher in diesem Monat hatte die Opposition mehrere große Proteste angeführt. Hunderte versammelten sich in den Straßen, um Präsident Chávez Rücktritt zu fordern. Am 31. Januar 2002 erklärte die Katholische Kirche ihre Opposition zu Chávez. Sie weigerte sich, einen Dialog mit der Regierung zu führen und sprach statt dessen der wachsenden Oppositionsbewegung ihre Unterstützung aus. Die öffentliche Militärrevolte, und besonders die Position von Konteradmiral Molina Tamayo, war ein klarer Indikator dafür, dass die Situation mit jedem Tag instabiler wurde. Gerüchte eines möglichen Staatsstreiches begannen im Lande herumzugehen.

6.1 Reich betritt die Bühne

Gegen Ende Februar 2002 führte Carlos Ortega, damals Präsident der CTV (er war einer der Führer der Oppositionsbewegung geworden) eine kleine Delegation von AFL-CIO und CTV Mitgliedern nach Washington. Sie trafen sich dort mit Spitzenfunktionären. Besonders erwähnenswert ist ein Treffen zwischen Ortega und Otto Reich, der zu dieser Zeit gerade zum Stellvertretenden Außenminister für Belange der Westlichen Hemisphäre ernannt worden war.[2] Die Beziehung zwischen Reich und Ortega

---

[2] Email von Lourdes Kistler von ACILS an Mary Sullivan vom Außenministerium, in der sie den Besuch der Ortega Delegation und das Treffen mit Otto Reich am 11. Februar 2002 bestätigt. Abrufbar bei der Autorin, die diese Email unter FOIA erhielt.

verwunderten nicht. Man bedenke, dass Reich eine Schlüsselfigur der jahrzehntelangen Intervention in Nicaragua darstellte und später als Botschafter in Venezuela diente. In jener Zeit war er verwickelt in die Sicherstellung der Freigabe des notorischsten Terroristen in Lateinamerika, Orlando Bosch, und dessen Einreise in die USA. Reich war immer wieder bei der Vorbereitung von Umstürzen demokratischer Regierungen beteiligt oder derer, die nicht im Interesse der USA handelten. Als ein vehementer anti-Castro Amerikaner mit kubanischer Abstammung, der lange für die Amtsenthebung Castros gearbeitet hatte, sah Reich die Chávez Regierung auf dem Weg zum „Castro-Kommunismus" und wollte ihr um jeden Preis Einhalt gebieten.

In der Reagan Administration leitete Reich das Amt für Öffentliche Diplomatie für Lateinamerika - eine Schöpfung Reagans, die der Obersten Rechnungshof 1987 nach einer Untersuchung als illegal erklärte. Man beschuldigte Reichs Amt der Verbreitung „schwarzer Propaganda", verdeckte Falschinformationen, die die öffentliche Meinung gegen Nicaraguas Sandinisten Regierung aufbringen sollten. Das Amt versuchte US-Reporter und etablierte Medien dahin gehend zu beeinflussen, ein negatives Bild von den Sandinisten zu zeichnen. Sie sollten betrügerische Artikel, die Reich und sein Amt entwarfen unter den Namen von Universitätsprofessoren und anti-sandinistischen Nicaraguanern drucken. Der Senatsausschuss für Auswärtige Angelegenheiten stoppte im Januar 2002 Reichs Ernennung zum Stellvertretenden Außenminister für Belange der Westlichen Hemisphäre. Aber Präsident George W. Bush übte sein Recht auf exekutives Privileg aus und berief Reich auf Interimsbasis für ein Jahr. Anschließend – nachdem er nicht die Senatsbestätigung erreicht hatte, ernannte er Reich zu seinem Spezialberater in Lateinamerikanischen Belangen. Reich trat am 16. Juni 2004 zurück, um in den Privaten Sektor zurückzukehren – eine Karriere von Interventionen und Regimewechseln hinter sich lassend. Aber Anfang 2002 traf er sich häufig mit Oppositionsführern und repräsentierte den Wunsch der USA für einen Wechsel in der venezolanischen Regierung. Reich traf sich auch oft mit Pedro Carmona, dem Führer von „Fedecámaras", den die US-Regierung schon seit 2001 im Visier hatte. Reichs Aufgabe war nur, die Putschgerüchte zu verstärken. Im März 2002 erhielt das IRI eine zusätzliche Unterstützung von 300.000 Dollar von der NED für die Weiterführung seiner Arbeit, „die politischen Parteien in Venezuela zu stärken". Die NED bewilligte ACILS weitere 116.001 Dollar für seine Arbeit mit der CTV, obwohl die Gewerkschaft öffentlich zu Präsident Chávez Rücktritt aufgerufen hatte. Tatsächlich gab die NED insgesamt 1.098.519 Dollar im Jahr 2002 an Organisationen und Projekte in Venezuela – ein Anstieg von 200.000 Dollar gegenüber 2001. Jetzt war die Steigerung der Zuwendungen im Gegensatz zu 2000 ein Fünffaches. Zusätzlich zum oben genannten erhielten einige Gruppen direkte Finanzmittel der NED im Zeitraum vor dem Putsch: „Consorcio Justicia" zwei Zuwendungen von einmal 84.000 Dollar und einmal 11.000 Dollar; „Acción Campesina" 35.000 Dollar; „Asamblea de Educación" 57.000 Dollar; „Centro al Servicio de la Acción Popular" (CESAP) 63.000 Dollar; „Momento de la Gente 64.000 Dollar; CIPE-CEDICE 90.000 Dollar, 66.266 Dollar und 116.525 Dollar; „Instituto Prensa y Sociedad" 25.000 Dollar; „Asociación Civil Justicia Alternativa" 10.000 Dollar; „Fundación Justicia de Paz del Estado Monagas" 11.000 Dollar und NDI 50.000 Dollar.

Alle Gruppen, die von der NED Geldmittel erhielten, waren Anfang 2002 in der Oppositionsbewegung involviert. Die meisten verbrachten ihre Zeit damit, in Straßenmärschen nach Chávez' Rücktritt zu rufen und konzentrierten sich darauf herauszufinden, auf welche Art und Weise sie einen Regimewechsel erzwingen könnten. Solche Aktivitäten sind weit davon entfernt, für was die Dollars der US-amerikanischen Steuerzahler ausgegeben werden sollten.

6.2 Gefälschte Geheimdienstberichte

Am 20. März 2002 bereitet das „US-Southern Command Joint Intelligence Center" eine Geheimdienstliche Bewertung vor – der Titel: „Venezuela: Zunehmende Beweise für eine aufrühreri-

Ein Putsch – und nichts Anderes 81

sche Partnerschaft".[3] Durch schwarze Querbalken stark zensiert, analysierte der Bericht die angeblichen Verbindungen zwischen der Chávez Regierung und kolumbianischen Guerilla Organisationen, der FARC[4] und der ELN[5], die Washington beide als Terrororganisationen einstuft. Die Bewertung bezog sich auf eine Vereinbarung zwischen Chávez und der FRAC, freien Zugang zu venezolanischem Territorium zu gewährleisten im Gegenzug zu einem FARC-Versprechen, keine venezolanischen Bürger zu entführen oder zu erpressen. Die Quelle dieser Information war „El Tiempo", eine Tageszeitung aus Bogotá. Es konnte keine andere Quelle angegeben werden.

Die Nachrichtenbewertung zitierte weiterhin einen Brief, den die venezolanische Tageszeitung „El Universal" veröffentlicht hatte. Er stammte von regimekritischen Offizieren, die Chávez' Rücktritt forderten. Sie beschuldigten die venezolanische Regierung der FARC die Einrichtung von zwei großen Camps auf venezolanischem Gebiet gestattet zu haben – am Perija Gebirgskamm. Auch sollten sich zusätzliche FARC Camps in San Joaquín de Navay im Aufbau befinden. Die einzige angeführte Quelle war „El Universal".

Der Nachrichtenbericht des „US-Southern Command Intelligence" zitierte weiterhin verschiedene Geschäftsbücher über Chávez' Zusammenarbeit mit der FARC und der ELN, einschließlich die Zuweisung von 1 Million Dollar an ein FARC-ELN Frontunternehmen, „Cootraguas", durch die Chávez Administration. Die Quelle? – „El Universal", der Fernsehsender „Globovisión" und die Zeitung „El Nacional". Was haben all diese Medien gemeinsam? Die notorische Manipulation und Verzerrung von Informationen und die offene Zurschaustellung ihrer Ablehnung und Opposition gegenüber der Chávez Regierung. Vielleicht war Otto Reichs Amt für Öffentliche Dipolmatie wiederbelebt worden.

Der „Nachrichten" - Bericht behauptete sogar, dass laut „El Universal" 2 Millionen Dollar für den Kauf von Waffen verwen-

---

[3] Abrufbar bei der Autorin. Siehe http://www.venezuelafoia.info.
[4] Revolutionäre Streitkräfte Kolumbiens
[5] Nationales Befreiungsheer

det wurden – „durch Nicaraguas Sandinisten Front, um die Mitglieder der bolívarischen Kreise damit auszustatten und eine Spezialeinheit zur Verteidigung des Regimes aufzubauen."[6] Die Bolívarischen Kreise sind gemeindlich und nachbarschaftlich gegründete Basisorganisationen zur Koordination von lokalen Angelegenheiten und Förderung der Gemeindebeziehungen. Noch nie konnte man den konkreten Beweis für die Anschuldigungen erbringen, dass die venezolanische Regierung solche Organisationen mit Waffen ausrüstete.

Doch auch ohne glaubwürdige Quellen schickte man diesen Nachrichtenbericht nach Washington, wo er im Kongress zirkulierte, um die Meinungsbildung hinsichtlich Venezuelas zu beeinflussen. Kein Wunder also, dass kurz danach Mitglieder des US-Kongresses erklärten, sie hätten Beweise für die Zusammenarbeit Chávez' mit der FARC und der ELN. Jedoch präsentierte nie auch nur ein Kongressmitglied Beweise für solche Anschuldigungen.

Jedenfalls verwendete die US-Regierung den gefälschten Nachrichtenbericht als Rechtfertigung zu vermehrten Bemühungen, eine illegale Amtsenthebung von Präsident Chávez zu forcieren. Sicherlich würde Chávez Amtsenthebung akzeptiert, wenn man ihn mit terroristischen Gruppen in Verbindung brächte – egal wie sie durchführt würde.

6.3 Die CIA weiß alles

Am 5. März 2002 bereiteten CIA Agenten in Venezuela eine „Senior Executiv Intelligence Brief" (SEIB) vor und sandten sie an ca. 200 Spitzenrepräsentanten der „Defense Intelligence Agency", der „National Imagery and Mapping Agency" (NIMA) (2003 umbenannt in National Geospatial-Intelligence Agency – NGA), der CIA, des Außenministeriums und des Nationalen Sicherheitsbüros. Die SEIB war „Top Secret" und „Nicht zur Fremdverteilung" eingestuft. Die „Top Secret" Kurznachricht

---

[6] US Department of Defense Southern Command, Joint Intelligence Center, *Geheimdienstbeurteilung*, 20. März 2002. Abrufbar bei der Autorin, die diese Einschätzung unter FOIA erhielt.

führte Details auf, wie „die Opposition gegen Präsident Chávez zunimmt ... Rufe nach seinem Rücktritt von Beamten und Führern aus dem Privaten Sektor erscheinen täglich..: Das Militär ist hinsichtlich seiner Unterstützung für Chávez auch gespalten ... Ein erfolgreicher Putsch wäre schwierig zu arrangieren."[7] Die SEIB erwähnte auch: „Oppositionsführer sind sich nicht einig und entbehren einer gemeinsamen Strategie, um Chávez zu ersetzen." Offensichtlich war sich die CIA im Klaren über den Verfall der Opposition, daher die Notwendigkeit für mehr als 1 Million Dollar NED Mittel zur „Stärkung politischer Pateien und anti-Chávez NGOs. Es war auch gerade um diese Zeit, dass die NED dem IRI die zusätzlichen 300.000 Dollar gab. ACILS erhielt ebenfalls die weiteren 116.001 Dollar, um die CTV zu stärken. Die Führer genau jener politischen Parteien und Gewerkschaften waren eben diejenigen, auf die sich die CIA als „nicht einig" und „entbehren einer gemeinsamen Strategie, um Chávez zu ersetzen" bezog. Die USA glaubten also, dass ein beträchtlicher Zustrom von US-Steuerzahlergeldern für jene Gruppen diesen bei der Vereinigung und Strategiefindung helfen konnte.

6.4 „Ein weiteres Teil fügt sich ein"

Am 5. März 2002 geschah etwas, das der US-Regierung sehr gelegen kam. Ein Telegramm der US-Botschaft in Caracas nach Washington an die CIA, DIA, NSC und andere hatte die Überschrift: ARBEITER, UNTERNEHMEN UND KIRCHE KÜNDIGEN EINEN PAKT ZUM WECHSEL AN. Die Zusammenfassung des Telegramms lautete:

In einem großen Akt versammelten sich die venezolanischen Großen und Guten am 5. März, um Repräsentanten des Bundes der venezolanischen Arbeiter, des Verbands der Unternehmerkammer und der katholischen Kirche zu hören, die ihre „Basis für ein

---
[7] Abrufbar bei der Autorin. Siehe http://www.venezuelafoia.info.

Demokratisches Abkommen" – zehn Leitsätze, wie man eine Übergangsregierung führt - präsentierten ... Dieses Abkommen stellt einen wichtigen Schritt der Opposition dar, die bis jetzt zwar Chávez schnell aburteilte, aber keine eigenen Vorschläge gebracht hatte.[8]

Wenn man dieses Telegramm liest könnte man annehmen, dass die US-Botschaft unter den „venezolanischen Großen und Guten" jeden außer den „Chávistas" versteht. Denn jene, die sich versammelt hatten, um die Präsentation der Oppositionsführer zu hören, waren alle in der anti-Chávez Liga. Aber lassen wir die Voreingenommenheit beiseite. Am 5. März als die CIA ihre Kurznachrichten an die Top Nachrichtendienst- und Regierungsbeamten über die Schwierigkeiten eines Putsches und die geteilte Opposition verschickte, versuchten die Führer von CTV, Fedecámaras und der katholischen Kirche ihr bestes für eine gemeinsame Lösung nach Chávez. Dem Telegramm zufolge sagte Carlos Ortega, der Präsident der CTV: „Dieses Abkommen ist ein Pakt für uns...um uns durch den Wechsel zu leiten und eine Regierung der demokratischen Einheit einzusetzen."

Wenn sie vorher irgendwelche Zweifel gehabt haben sollte, musste es der US-Botschaft nach dem 5. März 2002 absolut klar sein, dass die Opposition die Absetzung Chávez' plante. Während die US-Regierung diese Vorstellung gerne als Vorraussetzung gesehen hätten, war sie sich sehr bewusst, dass Chávez gesetzmäßige Amtszeit noch bis Dezember 2006 lief – noch vier Jahre. Deswegen – außer sie glaubte wirklich, dass Chávez einfach so zurücktreten würde, auch wenn es keinerlei Anzeichen dafür gab – war die einzige weitere Option ein Staatsstreich. Wenn man bedenkt, dass hochrangige Offiziere wie Molina Tamayo mit einer Militärrevolte drohten, war es für die US-Regierung nicht weit hergeholt zu denken, ein Putsch sei im Entstehen.

Tatsächlich schien die US-Regierung erfreut zu sein über das Abkommen der Opposition vom 5. März. Man bedenke, dass

---

[8] Telegramm der US Botschaft in Caracas an das Außenministerium in Washington D.C., März 2002, R 052151Z. Abrufbar bei der Autorin. Siehe Anhang Seite 192.

sie bereits fast 2 Millionen Dollar in die Stärkung und Zusammenführung der Oppositionsparteien investiert hatte. Eine Bemerkung in dem Botschaftstelegramm macht diese Befriedigung deutlich: „Ein weiteres Teil fügt sich ein", schrieb der Botschaftsbeamte Cook, „Dieses Abkommen mag gut den Bezugsrahmen und die Durchführungsrichtlinie für eine Übergangsregierung bilden..."

Die „Ein weiteres Teil fügt sich ein" Bemerkung sollte Verwunderung hervorrufen – und zwar einiges an Verwunderung. Wenn ein Oppositionsabkommen für eine Übergangsregierung nach Chávez ein weiteres „Teil" im Plan war, musste die Fertigstellung des Vorhabens die Amtsenthebung von Chávez sein. Die USA hatten sich tiefe Gedanken über die fehlende Einheit der Opposition gemacht. Deshalb hatten sie auch via die NED einige Millionen Dollars zur Stärkung der Oppositionsparteien hineingepumpt, um sie in der Strategieführung zu unterstützen. Das Abkommen vom 5. März zeigte, dass sich die Investitionen ausgezahlt hatten – „ein weiteres Teil" fügte sich perfekt ein und der Zieltag kam näher.

Wenn die US-Regierung am 5. März noch gedachte, Chávez würde freiwillig zurücktreten, konnten sie das am Montag, den 11. März 2002 nicht länger verkaufen. CIA Leute sandten ein weiteres SEIB an bis zu fünf Nachrichtendienste in Washington. Diesmal in Form einer Warnung. Sie wurde von der DCI (Strategisches Warnkomitee) erstellt, eine hoch geheime Gruppe in den obersten Rängen, deren Vorsitz der „Nationale Nachrichtendirektor für Warnung hatte. Sie umfasste Repräsentanten der Direktoren der Nationalen Sicherheits-Agentur (NSA), des Armeenachrichtendienstes der US-Streitkräfte (DIA), der NIMA (heute NGA), sowie den stellvertretenden Minister für „Intelligence and Research" und den Stellvertretenden Direktor für Nachrichten der CIA. Die topsecret Warnung war differenzierter: „Es gibt verstärkt Beweise, dass venezolanische Unternehmensführer und Offiziere mit Präsident Chávez unzufrieden sind... das Militär könnte Schritte unternehmen, ihn zu stürzen."[9]

---

[9] Siehe http://www.venezuelafoia.info.

6.5 Immer mehr Teile fügen sich zusammen

Das Militär bereitete sich auf einen Putsch vor und die Oppositionsführer hatten sich auf ein Programm nach Chávez verständigt. Das war Anfang März 2002 in den obersten Rängen der US-Regierung bekannt. Trotz der Tatsache, dass ein Staatsstreich gegen eine demokratische Regierung illegal ist, unternahm die USA keinen Versuch, die Verschwörer daran zu hindern. Tatsächlich bestärkte man die Aktionen. Es gab keine Drohungen, dass NED Mittel für die „Grantees" gestrichen würden – trotz ihrer offenen Verbindungen zu den Verschwörern. Im Gegenteil, man verstärkte die Gelder in der Zeit als die Konspiration ihren Höhepunkt hatte. Darüber hinaus verfügte das US Militär über grundlegende Kontrolle und Einfluss auf die venezolanischen Streitkräfte – besonders auf die Offiziere, die die Revolte erklärt hatten. All jene hatten eine Ausbildung an US-Akademien wie der „School of the Americas" erhalten. Doch man machte keine Anstalten, die Offiziere von ihren Umsturzplänen abzubringen. Am 1. April 2002 wusste die US-Regierung, dass der Putsch bald stattfinden würde. Eine CIA SEIB dieses Tages, wieder vom DCI Strategischen Warnkomitee lautete: „Präsident Chávez sieht sich starker Opposition vom Privaten Sektor, den Medien, der katholischen Kirche und Oppositionsparteien gegenüber... Berichten zufolge planen verärgerte Offiziere innerhalb des Militärs noch immer einen Putsch, möglicher Weise noch Anfang dieses Monats."[10]

Zehn Tage vor dem Putsch, wusste die US-Regierung, wer ihn plante – der Private Sektor, die Oppositionsparteien, die Kirche und nun waren auch noch die Medien involviert – und dass die regimekritischen Militäroffiziere wahrscheinlich diejenigen sein würden, die ihn ausführten.

Innerhalb der nächsten fünf Tage wusste die US-Regierung im Detail, wie der Staatsstreich von statten gehen würde. Ein topsecret CIA SEIB vom 6. April 2002 mit der Überschrift „Konditionen reifen für Putschversuch" informierte: „Regimekritische Militärfraktionen, einschließlich einiger verärgerter Führungsoffiziere und Gruppen radikaler Jungoffiziere verstärken Bemühungen,

---

[10] Siehe http://www.venezuelafoia.info

einen Putsch gegen Präsident Chávez zu organisieren, möglicher Weise noch diesen Monat .... der Detaillierungsgrad der berichteten Pläne zielt auf die Gefangennahme von Chávez und zehn weiterer führender Funktionäre ....".
„Der Detaillierungsgrad der berichteten Pläne" setzt voraus, dass die CIA die „berichteten Pläne" am 6. April in ihrem Besitz hatte – fünf Tage bevor der Putsch stattfand. Dies konnte nur bedeuten, dass sie in engen Kontakt mit den Verschwörern stand.
Die CIA SEIB vom 6. April offenbarte weiterhin: „Um Militäraktionen zu provozieren, könnten die Verschwörer versuchen die Unruhen auszunutzen, die später im Monats geplant sind oder anhaltende Streiks im staatliche Ölunternehmen PDVSA."[11]
Bis zum 6. April 2002 wusste die US-Regierung also folgendes:

Was? : Ein Staatsstreich gegen Präsident Chávez wurde geplant.
Wann? : Anfang April 2002
Wer? : der Private Sektor, die Medien, die katholische Kirche, die Oppositionsparteien und unzufriedene Offiziere.
Wo? : Venezuela
Wie? : Nutzen der Gewalt bei Oppositionsmärschen, Provokation militärischer Aktionen und Gefangennahme von Chávez und anderen hochrangigen Funktionären.

Dies sind viele Detail- und Hintergrundinformationen. Sehen wir uns an, was nach dem 6. April geschah.
Am 7. April 2002 kündigte Präsident Chávez die Entlassung von sieben PDVSA Managern an, die Zwangspensionierung von zwölf Managern und die Amtsenthebung von zusätzlich fünf Leuten. Die Kündigungsgründe waren hauptsächlich Misswirtschaft, Unterschlagung von Geldern und eine nicht mit der Chávez Regierung übereinstimmende Politik. Da PDVSA ein staatliches Unter-

---
[11] Siehe http://www.venezuelafoia.info

nehmen war, hatte Chávez volle Entscheidungskraft und Autorität über die Abläufe und Angestellten dort. Die Entscheidung entfachte sofort Proteste der Opposition. Die CTV rief zu einem Generalstreik auf, der am 9. April beginnen sollte – auch von „Fedecámaras" unterstützt. Die entlassenen PDVSA Leute riefen nach einem „unbefristeten Streik".

Bis zum 10. April hatten PDVSA Arbeiter einige Abläufe innerhalb der staatlichen Ölindustrie niedergelegt und damit den Lebensnerv des Landes gefährdet. Die Arbeitsniederlegungen betrafen vor allem den internen venezolanischen Markt für Öl und Gas. Damit wollte man Panik und Unruhen unter den Venezolanern auslösen und zu Protesten ermutigen. Alle Arbeiten bezüglich der Ölproduktion in der Puerto La Cruz Raffinerie wurden eingestellt. Eine „Operación Morrocoy" (Operation Schildkröte) setzte man im Jose Complex nah Puerto La Cruz ein, was die Produktion von Flüssiggas beeinflusste. Einige Raffinerien nahe Puerto Cabello hielt man an, einschließlich den größten Ölverteilungsplan in Venezuela, Yagua. Die El Palito Raffinerie, die den größten Teil des venezolanischen Marktes mit Öl belieferte. PDVSA Caracas wurde geschlossen.

Gelinde ausgedrückt befand sich das Land in einem Zustand des Aufruhrs und „die Teile setzten sich zusammen" wie geplant.

Am 10. April kündigten Pedro Carmona und Carlos Ortega in einer im Fernsehen übertragenen Pressekonferenz an, dass der „Generalstreik unbefristet" sein würde. Die von den USA finanzierten Oppositionsführer erklärten auch die „sofortige Einsetzung" eines „Koordinationskomitees für Demokratie und Freiheit". Es sollte „Venezuelas Freiheit und Unabhängigkeit retten und alle Oppositionsaktivitäten koordinieren." Das Komitee setzte sich aus folgenden politischen Parteien zusammen: AD, COPEI, MAS, „Proyecto Venezuela", „Primero Justicia" und „Alianza Bravo Pueblo" – alles NED und IRI geförderte Parteien. Sie kündigten einen Oppositionsmarsch für 9.00 Uhr am 11. April an. Man wollte vom „Parque del Este" im Osten von Caracas zur Hauptgeschäftsstelle der PDVSA in Chuano gehen.

Viel sollte an diesem 10. April 2002 und den folgenden Tagen geschehen. An jenem Tag war eine von der NED gesponserte Konferenz durch den „Grantee" „Consorcio Justicia" geplant, die

„Demokratie" in Venezuela „voranzubringen". Einer der Topredner, den man für diese Konferenz gewonnen hatte war Pedro Carmona, Präsident der Fedecámaras, ein ausgesprochener Gegner, Putschverschwörer und Liebling der US-Regierung. Doch die Konferenz, die von den 84.000 Dollar NED Mitteln für „Consorcio Jisticia" finanziert wurde, fand nie statt – wegen der Streiks und Proteste, die an diesem Tag in ganz Caracas stattfanden.[12]

Die privaten Fernsehkanäle zeigten die zunehmend angespannte Situation und brachten den hochrangigen General, Néstor González González,[13] wie er den Aufstand erklärte und öffentlich Präsident Chávez aufforderte, „sein Amt niederzulegen". Zwei Tage später kam live im Fernsehen heraus, dass General González González diesen Medienauftritt aufgezeichnet hatte, um Chávez daran zu hindern, an einem Treffen der OAS (Organisation Amerikanischer Staaten) in Costa Rica teilzunehmen – so dass der Präsident im Land bleiben würde und der Putschplan in Aktion gesetzt werden konnte. General González González war mit seinen Bemühungen erfolgreich.

6.6 Der Putsch

Am 11. April 2002 veranstalteten die CTV, Fedecámaras und die NED-finanzierten Oppositionsparteien eine der größten Kundgebungen, die Venezuela je gesehen hatte.

In der vorhergehenden Nacht sandte Botschafter Shapiro folgendes and Washington:

> *Fünf- bis siebentausend Oppositionsanhänger veranstalteten beim PDVSA-Hauptsitz bis spät in die Nacht hinein eine lautstarke und jubelnde Kundgebung ... Nahezu alle prominenten Oppositionsführer ein-*

---

[12] David Corn „Our Gang in Venezuela", *The Nation*, 5. August 2002.
[13] Dies ist der gleiche General González González, von dem auch in der Einleitung die Rede ist. Der US Militärattache James Rodgers verwechselte General González Cárdenas mit diesem General González González bei einem gesellschaftlichen Zusammentreffen und enthüllte dabei einen Teil der mysteriösen Zusammenarbeit des US Militärs mit Regimekritischen venezolanischen Militäroffizieren in den Tagen vor dem Putsch.

> *schließlich Pedro Carmona, Alfredo Peria und Carlos Ortega hielten ganz spontan Ansprachen ... Carmona schien durch die große Menge und die Stimmung besonders kampflustig ... Es herrschte Feststimmung – ähnlich wie nach dem Sieg der Venezolaner gegen Paraguay bei der Qualifikation zum World-Cup.[14]*

Shapiros Vergleich der Oppositionskundgebung in Vorbereitung auf den Putsch mit einem Fußballspiel demonstriert die herablassende und verharmlosende Art, die die USA im Vorfeld des Sturzes einer demokratisch gewählten Regierung in Südamerika eingenommen hatten.

Ungefähr am Mittag des 11. April begannen die Sprecher der Oppositionskundgebung – einschließlich Carmona und Ortega – mit dem Aufruf an die Menge, zum Präsidentenpalast „Miraflores" zu marschieren und den Rücktritt Chávez' zu fordern. Es wurde keine offizielle Erlaubnis oder Autorisierung für diese Änderung der Marschroute erfragt oder gegeben. Der Bürgermeister von Caracas, Freddy Bernal, bat über den staatlichen Fernsehsender „Channel 8" Carmona und Ortega die Märsche nicht in Richtung Palast zu lenken. Er befürchtete den Ausbruch von Gewalt.

Vor dem Miraflores Palast bildete sich eine pro-Chávez Kundgebung. Tausende von Chávez-Befürwortern waren durch die Aktionen und das Vorhaben der Opposition alarmiert. Die Leibwache des Präsidenten marschierte auf, um den Zusammenstoß zwischen den beiden Fronten zu verhindern. Noch bevor der Marsch der Oppositionsanhänger Miraflores, wo sich die Chávez-Befürworter versammelt hatten, überhaupt erreichte, wurden zwei Chávez-Gegner im Marsch erschossen. Die Schusswunden zeigten, dass die Schüsse aus dem Oppositionsmarsch selbst heraus kamen. Aber es gab keine Warnung an die anderen Marschteilnehmer, dass die Gewalt aus ihren eigenen Reihen kam.

Stattdessen bewegte sich der Marsch aggressiv auf den Palast zu. Die Menge schaffte es, einige Polizeisperren zu durchbre-

---

[14] Telegramm der US Botschaft in Caracas an den Außenminister in Washington D.C., April 2002, 01110482. Abrufbar bei der Autorin. Siehe Anhang Seiten 211-212.

chen, die man aufgestellt hatte, um ein Vordringen des Marsches zum Präsidentenpalast zu verhindern. Konteradmiral Carlos Molina Tamayo führte die Massen an. Er hatte schon Wochen vorher den Präsidenten öffentlich denunziert und mit einer Militärrevolte gedroht. Die Polizei der Hauptstadt stand unter dem Befehl des Oberbürgermeisters von Caracas, Alfredo Peria. Dieser hatte sich erst wenige Minuten zuvor an die anti-Chávez Kundgebung gewandt - mit dem Aufruf zum Marsch auf den Palast. Zusammen mit dem Expräsidenten der PDVSA, dem General a. D. Guaicapuro Lameda, konnte Molina eine weitere Polizeisperre im El Calavario Teil von Caracas durchbrechen – nahe des Palastes und der pro-Chávez Kundgebung. Die Nationalgarde eilte herbei, um eine Konfrontation der beiden Gruppen zu verhindern, und schließlich nahmen Molina Tamayo und Lameda ihren Aufruf zum Angriff auf die pro-Chávez Kundgebung zurück. Leider hatte der Plan schon seinen Lauf genommen - man konnte den Ausbruch der Gewalt nicht länger verhindern.

Um 14.15 Uhr versuchte das militärische Oberkommando über das nationale Fernsehen Gerüchte von Gewalt zu zerstreuen, die im ganzen Land zirkulierten. Vorher noch, am gleichen Tag, ließen zehn hochrangige Militäroffiziere den CNN Korrespondenten Otto Neustaldt an einen Ort in einem Wohngebiet im Osten der Stadt kommen. Er sollte zur späteren Ausstrahlung ein vorbereitetes Statement aufnehmen. Konteradmiral Héctor ramírez Pérez, der danach zum Verteidigungsminister der Putschregierung unter Carmona berufen wurde, verlas den Text. Er beklagte das Massaker an unschuldigen Zivilpersonen und gab bekannt, dass Chávez eine makabre Verschwörung angezettelt hätte, die den Tod von sechs Venezolanern zur Folge gehabt hätte – getötet von den Streitkräften der Regierung. Ramirez Pérez rief zu einer Militärrevolte auf und rechtfertigte es mit jener Gewalt. Neustaldt musste zwei Aufnahmen von der Ansprache des Konteradmirals machen. Die Aufnahmen erfolgten, noch ehe überhaupt Gewalt im pro-Chávez Lager ausgebrochen war.[15]

---

[15] Otto Neustadel bezeugte auf einer Konferenz an einer Universität Monate später, dass ihn die Militärfunktionäre zur Voranfertigung ihrer Mitteilungen in deren Privatwohnung geru-

Einige Monate später nahm Neustaldt bei der Zweihundertjahrfeier der Universität von Aragua an einem Forum teil mit dem Titel „Journalismus in Krisenzeiten". Dort eröffnete er, dass „ sie mich am 10. April in der Nacht anriefen und sagten ′Otto, morgen am 11ten wird es ein Video von Chávez geben, der Marsch wird Richtung Präsidentenpalast gehen, es wird Tote geben und 20 Militäroffiziere werden auftreten und sich gegen die Regierung Chávez aussprechen und seinen Rücktritt fordern.′ Dies sagten sie mir in der Nacht am 10ten."[16] Die Einbeziehung der Medien in den Putsch war also ganz klar vorsätzlich geplant.

Venevisión, der populärste Sender des Landes, hatte auf dem Dach eines Gebäudes nahe dem Präsidentenpalast einen Korrespondenten platziert – mit Blick auf Puente Llaguno, das Gebiet wo sich die pro Chávez Kundgebung konzentrierte. Dennoch übertrugen die privaten Medien zum Großteil nur Bilder vom Demonstrationsmarsch der Oppositionsbewegung. Die unausgeglichene Berichterstattung der Medien schien ein Teil des Planes zu sein. Erinnern wir uns, laut CIA SEIB waren auch die Medien in die Putschverschwörung verwickelt.

Bis 15.00 Uhr war in verschiedenen Gegenden entlang der Randgebiete des Palastes Gewalt ausgebrochen. Ungefähr zu dieser Zeit wurden Molina Tamayo, Guaicapuro Lameda, Pedro Carmona und Carlos Ortega zu einem Treffen im Venevisión-Hauptgebäude gerufen. Tatsächlich verließen die Führer der Opposition einer nach dem anderen den Marsch und überließen die Massen sich selbst. Kurz danach hörte man Schüsse von den Gebäuden rings um den Palast und von der Polizei, die in der Avenue Barak, gleich unter der Puente Llaguno stationiert war. Die ersten fielen im pro-Chávez Lager. Zwölf Menschen wurden in diesem Bereich getötet. Nach 15.10 Uhr waren es mehr als zwanzig Tote, und Verletzungen gab es alle 30 Minuten. Jedoch berichtete kein Fernsehsender von diesen Ereignissen.

Bald traf es Unschuldige aus beiden Lagern und bevor klar war, was eigentlich geschah, begannen die privaten Sender, das

---

fen hätten. Er bekräftigte, dass zur Zeit der Aufnahme, die explizit die Todesopfer durch Chávez′ Kräfte anprangert, noch gar keine Gewalt aufgetreten wäre.
[16] Zu sehen im Dokumentarfilm „Crónica de un Golpe de Estado", Venezolana de Televisión, 2002.

vorher aufgenommen Ramirez Pérez Statement auszustrahlen, das die Schuld an den Toten Chávez in die Schuhe schob und zur Militärrevolte aufrief.

Gerade als der Aufruf zur Militärrevolte begann (um 15.44 Uhr), initiierte Präsident Chávez eine Übertragung im nationalen Fernsehen, auf „Cadena".[17] Die privaten Fernsehsender schalteten sich aber illegal dazwischen und konnten so die Bildschirme teilen: den Präsidenten konnte man nur auf einer Seite sehen, auf der anderen Bildschirmhälfte sah man die Opposition. In manchen Fällen blockierte man die Rede des Präsidenten gänzlich und übertrug den Aufruf des Militärs zur Revolte.

Im Studio manipulierte man später die Aufnahmen des Venevisión Kameramannes und Korrespondenten auf dem Dach nahe bei der Puente Llaguno. Die volle Szene mit Polizei unter und Heckenschützen auf den Dächern über der Brücke wurde beschnitten. Das einzige Filmmaterial, das übrig blieb, war, dass pro-Chávez Demonstranten auf Ziele unter der Brücke feuerten. Der Begleitkommentar des Venevisiónsreporters behauptete, dass Anhänger von Präsident Chávez auf seinen Befehl hin von der Puente Llaguno aus auf friedliche, unbewaffnete Oppositionsdemonstranten schossen. Das Video zeigte nicht das ganze Bild und so sah man nicht, dass sich gar keine Oppositionsanhänger in dem Gebiet aufhielten. Das manipulierte Filmmaterial wurde herausgenommen und alle privaten Sender strahlten es immer und immer wieder aus – man schickte es sogar hinaus in alle Welt, um den Sturz von Präsident Chávez zu rechtfertigen.

Der Autor des Videos, Luis Alfonso Fernandez, von Venevisión gewann den obersten Journalistenpreis in Spanien (Premio Rey 2003) für eben dieses Nachrichtenvideo. Später gab er gegenüber der Zeitung Panorama zu: „in Wirklichkeit sah ich an diesem Tag die Chávez-Befürworter gar nicht auf den Marsch der Opposition feuern." Der Journalist Ricardo Marquez von Últimas noticias schrieb, dass Luis Alfonso Fernandez sagte, er könne nicht sehen, worauf die Chávez-Befürworter schossen. Man habe den Begleit-

---

[17] „Candena" ist eine per Erlass durchgesetzte Ausstrahlung der Regierung auf allen Fernsehsendern des Landes.

text auf dem Video nach den Ereignissen hinzugefügt. Ein anderer Journalist von einem Privatsender, Del Valle Canelon von Globovisión, bestätigte anfänglich, dass das Video eine Gruppe von Zivilpersonen schießend zeigte - aber gegen die Polizei der Hauptstadt.

Zu jener Zeit erfüllte das Video seinen Zweck. Man verwendete die manipulierten Bilder als Rechtfertigung. Die Militäroffiziere, die schon zusammen mit den Oppositionsführern den Aufstand gegen Chávez erklärt hatten, stürmten Miraflores und versuchten Präsident Chávez zur Aufgabe zu zwingen.[18]

Der Lagebericht über die Gewalt in der Avenue Baralt und der Puente Llaguno, den Botschafter Shapiro am 11. April nach Washington sandte, ist komplett zensiert. Aber das Telegramm bemerkte:

„Am Morgen des 11. April entschied das Koordinationskomitee für Demokratie und Freiheit der Opposition, den sofortigen Rückzug von Präsident Chávez durch eine Volksabstimmung zu erreichen...Die darauf folgende Oppositionskundgebung beim PDVSA Hauptgebäude in Chacao war ein überwältigender Erfolg...".[19]

Scheinbar hielt es Shapiro für einen „überwältigenden Erfolg", dass der Putsch wie geplant stattfand und die Opposition tatsächlich ihr Ziel durchsetzte.

In der Zwischenzeit war Präsident Chávez nach seiner Rücktrittsweigerung verhaftet worden und wurde in Fort Tiuna gefangen gehalten. Die Oppositionsführer übernahmen Fort Tiuna. Der staatliche Fernsehsender 8, der eine gänzlich andere Version der Ereignisse ausgestrahlt hatte als die Privatsender, wurde mit Gewalt geschlossen. Später an diesem Tag ernannte man Pedro Carmona, den Fedecámaras Chef, zum „Interimpräsidenten". Ein Übergangsteam sollte für die Regierungsarbeit der nächsten Wochen berufen werden.

Man verlor keine Zeit, die PDVSA Manager und den Vorstand wieder in ihren Positionen einzusetzen.

---

[18] Siehe bei „Panorama", 31.August 2003.
[19] Telegramm der US Botschaft in Caracas an den Außenminister in Washington D.C, 11.April 2002, 012034IZ. Abrufbar bei der Autorin. Siehe Anhang Seite 202.

6.7 "Kein Öl mehr für Kuba

Eines der ersten Telegramme von Botschafter Shapiro an Washington nach den bewegenden Ereignissen jenes Tages beginnt folgend: „Im Fernsehen zeigte man die Freude der Arbeiter von Petroleos Venezuela (PDVSA) bei ihrer Rückkehr zu ihrem La Campina Hauptgebäude... PDVSA Führungskräfte unterstreichen, dass das Unternehmen Anfang nächster Woche zur normalen Arbeit zurückkehren solle. Man erwartet, dass der Schiffstransport heute wieder aufgenommen wird. PDVSA Sprecher sagte öffentlich, dass kein Öl mehr an Kuba geliefert wird..."[20] Petroleos Venezuela (PDVSA). Offensichtlich berührte die US-Regierung die grobe Verletzung der konstitutionellen Ordnung durch den Staatsputsch nicht im Geringsten. Ihre größte Sorge schien der garantierte Ölfluss zu sein. Als einer der fünf größten Ölexporteure der Welt ist Venezuela auch gleichzeitig der am nähsten gelegene Hauptversorger der Vereinigten Staaten. Venezuela besitzt acht Ölraffinerien in den USA und die Citgo-Kette, die Verkaufskonzessionen im ganzen Land hat.

Venezuela unterhielt freundschaftliche Handelsbeziehungen mit Kuba. Es versorgte Kuba zu speziellen Tarifen mit Öl und bekam im Gegenzug Ärzte, Sporttrainer und andere Dienstleistungen von Experten zu Sonderpreisen. Das Telegramm der US-Botschaft bezüglich der Einstellung der Öllieferungen an Kuba ist stark zensiert unter der Überschrift „Kuba Verbindung beenden?". Das einzige, was nicht zensiert wurde war ein Zitat von dem wieder eingesetzten PDVSA Arbeiter Edgar Paredes: „Wir werden nicht einmal mehr auch nur einen Barrel Öl an Kuba schicken, was tosenden Applaus zur Folge hatte."

---

[20] Telegramm der US Botschaft in Caracas an den Außenminister in Washington D.C, 11.-12..April 2002. Siehe http://www.venezuelafoia.info. Siehe Anhang Seite 202.

6.8 Venevisións Beitrag

Einige Berichte weisen darauf hin, dass der multinationale Medienmogul und enge Familienfreund von Bush, Gustavo Cisneros, im Verlauf des 11. April Carmona, den CTV Führer Carlos Ortega und andere Oppositionsführer und Medienbesitzer in seinem Venevisión Fernsehhauptsitz für Besprechungen und Treffen zu Gast hatte. Es gab auch einige Telefongespräche und Besuche mit Otto Reich, Elliot Abrams, Botschafter Shapiro, Pedro Carmona und anderen Putschteilnehmern. All diese Kontakte wurden später nachgewiesen, aber als ganz „normale Kommunikation" in Zeiten erhöhten Risikos abgetan.

Am 12. April erwachten die Venezolaner mit der Erklärung des bekannten TV Moderators von Venevisións „24 Horas", Napoleón Bravo: „Guten Morgen, Venezuela! Wir haben einen neuen Präsidenten." Während der Sondersendung dankten die Gäste den privaten Medienkanälen für ihre eingreifende Rolle bei der Durchsetzung des Putsches und erklärten detailliert die Pläne, die zum Staatsstreich führten.[21] Im Besonderen unterstrichen sie die Schlüsselrolle der Privatsender bei der Ausstrahlung der Bilder die den Putsch rechtfertigen würden. In der selben Sendung bestätigte Napoleon Bravo in einem Interview mit Konteradmiral Carlos Molina Tamayo und Víctor Manuel García, Präsident von „Cifras Encuestadoras CA (CECA), dass er die Aufnahme mit dem Aufruf zur Militärrevolte von General González González am 10. April in seinem eigenen Haus ermöglicht hatte.

Ebenfalls auf diesem Programm zu einem späteren Zeitpunkt hatte Bravo Konteradmiral Carlos Molina Tamayo, Leopoldo López, Víctor Manuel García und andere Putschteilnehmer zu Gast. Sie gaben einen Tiefenbericht der Coupverschwörung und Pläne gegen Chávez. García machte deutlich, dass er das zivile Kommando in Fort Tiuna geführt hatte. Er war ständig in Kontakt mit den beiden militärischen Kommandos, ebenfalls in Fort Tiuna, die General Efraín Vásquez Velasco und General Néstor González

---

[21] Dokumentarisch festgehalten in dem Film „The Revolution Will Not Be Televised" von 2003. Dieser hielt jene Fernsehübertragung fest, bei der die Gastgeber Venevisión, Globovisión und RCTV für den Erfolg des Putsches danken.

González leiteten. García sprach von seiner konstanten Verbindung mit Konteradmiral Molina Tamayo und ihrer engen Koordination während des Oppositionsmarsches. Garcías live übertragener, unbesonnener Kommentar machte klar, dass die Ereignisse am Tag zuvor peinlich genau geplant worden waren. Doch die US-Regierung wusste das bereits. Fünf Tage zuvor hatte die CIA eine Lagebesprechung vorbereitet, bei der Regierungsangestellte auf oberster Ebene über die Details des Putschplanes informiert wurden. Das WAS, WANN, WER, WO und WIE, das man am 6. April besprach, war genauso in die Tat umgesetzt worden.

6.9 Die USA unterstützen den Putsch

Doch die Rolle der Vereinigten Staaten bei dieser Verschwörung war nicht, sich zurückzulehnen und ruhig zuzusehen. Deswegen verkündete am Morgen des 12. April Präsident Bushs Pressesprecher, Ari Fleisher, öffentlich die Unterstützung für die „Carmona Administration". Er verurteilte das Anzetteln der Gewalt durch „Ex-Präsident" Chávez, was jenen dann letztendlich dazu gezwungen hätte, „zurückzutreten". Tatsächlich formulierten das Weiße Haus, das Außenministerium und die US-Botschaft in Caracas alle ähnliche Statements. Sie machten Chávez für das Massaker verantwortlich und erkannten Carmona als legitimen Führer an:

Lassen Sie mich Ihnen die Gedanken der Regierung über die Vorkommnisse in Venezuela mitteilen. Es bleibt eine etwas unbeständige Situation. Aber die gestrigen Ereignisse resultierten in einem Regierungswechsel und der Übernahme durch eine vorübergehende Amtsgewalt bis neue Wahlen erfolgen können.
Die Einzelheiten sind noch immer unklar. Wir wissen, dass die von der Chávez Regierung geförderten Aktionen die Krise provozierten. Nach den Informatio-

nen, die verfügbar sind, unterdrückte die Chávez Regierung friedliche Demonstrationen. Regierungsanhänger feuerten auf Geheiß der Chávez Regierung auf unbewaffnete, friedliche Demonstranten – es gab 10 Tote und 100 Verletzte. Das venezolanische Militär und die Polizei weigerten sich auf friedliche Protestteilnehmer zu schießen und verweigerten die Unterstützung der Regierung bei solchen Menschenrechtsverletzungen. Die Regierung versuchte auch, die unabhängigen Nachrichtenmedien am Bericht über die Ereignisse zu hindern.
Das Ergebnis dieser Vorkommnisse ist nun die Amtsaufgabe von Präsident Chávez. Vor seinem Rücktritt entließ er den Vizepräsidenten und das Kabinett. Man setzte eine zivile Übergangsregierung ein. Diese Regierung versprach schnelle Wahlen.
Die Vereinigten Staaten werden weiterhin die Ereignisse überwachen. Das ist es, was stattfand. Das venezolanische Volk drückte sein Recht auf friedlichen Protest aus. Dieser Protest war sehr groß. Man begegnete diesem Protest mit Gewalt.[22]

Scheinbar schien die Rolle der USA darin zu bestehen, die Welt davon zu überzeugen, dass Chávez der Verursacher dieser Gewalt, und dadurch sein Sturz gerechtfertigt war. Tatsächlich gab es laut US-Außenministerium und Weißem Haus gar keinen Sturz. Chávez war zurückgetreten und hatte zuvor sein ganzes Kabinett entlassen. Wenn man bedenkt, dass die CIA dem Außenministerium, der Nationalen Sicherheitsagentur und anderen hochrangigen Funktionären in Washington mindestens fünf Tage zuvor von einem detaillierten Putschplan berichtet hatte, riecht die Reaktion der USA am 12. April nach Verschwörung. Das Weiße Haus wusste, dass die Opposition und kritische Militäroffiziere planten, Chávez durch die Ausnutzung von Gewalt in einem Oppositionsmarsch zu stürzen und zu verhaften. Die Tatsache, dass der Putsch

---

[22] Siehe http://www.whitehouse.gov/news/releases/2002/04/20020412-1.html.

fast identisch mit dem Plan verlief, zeigt, dass die USA ihre Antwort vorbereitet hatte, um den Staatsstreich zu legitimieren. Die USA sollten auch andere Nationen in der Region dazu bringen, die Carmona Regierung als legitim zu betrachten. Die Vereinigten Staaten – unterstützt durch Kolumbien und El Salvador – versuchten andere Länder auf einem Rio Gipfel dazu zu bringen, ein Statement zu entwerfen, das Carmona als Venezuelas neuen Präsidenten anerkannte. Nicht nur, dass sich die anderen Staaten weigerten, dem Druck der USA nachzugeben. Sie entschieden auch ein Statement zu formulieren, das den illegalen Sturz von Präsident Chávez („Venezuelas verfassungsmäßigen und legitimen Präsidenten") verurteilte und lehnten Carmonas Regierung als „eine Zerrüttung der konstitutionellen Ordnung" ab. Die „Organisation of American Status" folgte dem Beispiel.[23]

Die USA war eines der wenigen Länder der Welt, die eine Einschätzung der Lage um die verwirrenden Ereignisse des 11. April überstürzten und öffentlich Pedro Carmona als legitimen Präsidenten lobten und anerkannten. Wenn man bedenkt, dass Funktionäre der US-Regierung Herrn Carmona seit Monaten auf diesen Augenblick vorbereitet hatten, lässt sich die sofortige Vertrauensbasis zu ihm erklären. Auch die Tatsache, dass sie Vorkenntnisse der Putschpläne hatten erklärt ihre Bereitschaft.

6.10 Carmona, der Kurze

Kurz danach wurde Pedro Carmona, der Fedecámaras Führer als „Interimspräsident" vereidigt. Zum Erstaunen vieler erließ er in einem weit reichenden ersten Staatsakt am 12. April im Salon Ayacucho im Miraflores Palast eine Verordnung, durch die alle demokratischen Institutionen Venezuelas aufgelöst wurden – ein-

---

[23] Am 23.November 2004 erklärte der spanische Außenminister Miguel Ángel Moratinos, dass der vorhergehende spanische Botschafter in Venezuela von seinem Außenminister die Anweisung erhielt, den Putsch zu unterstützen. Nur einige Tage später beschuldigte der ehemalige mexikanische Außenminister, Jorge Castaneda, die Ex-Präsidenten von El Salvador und Kolumbien, den Putsch gegen Chávez unterstützt zu haben. Castaneda bekräftigte, dass Spanien und die USA auf dem Gipfeltreffen am 12. April 2002 in Rio die anderen Nationen überzeugen wollten, Carmonas Regierung zu stützen.

schließlich der Nationalversammlung, dem Obersten Gerichtshof, der Rechtsanwaltskammer, der Generalstaatsanwaltschaft, der Verfassung und der 49 Gesetze, die Chávez im Dezember erlassen hatte. Carmona änderte auch den Namen des Landes von „Bolívarische Republik Venezuela" wieder wie er früher war „Republik Venezuela".

Die Verlesung des „Carmona Erlasses" (wie man den Text später nannte), der jene undemokratischen Änderungen festsetzte, übertrugen die Privatsender. Mehr als 395 Venezolaner, die im Palast anwesend waren billigten den Erlass. In der Zwischenzeit wurden pro-Chávez Legislatoren wie Tarek William Saab brutal attackiert und von der Caracas Stadtpolizei festgenommen, die unter der Kontrolle des Oppositionsführers und Bürgermeisters Alfredo Pena stand. Ein Telegramm vom 13. April von Shapiro an Washington bestätigte: „Bis jetzt nahm die Polizei einige Mitglieder von Chávez MVR Partei fest – einschließlich MVR Stellvertreter William Tarek Saab und den ehemaligen Innenminister Rodriguez Chacin. Wir hörten auch Berichte, nach denen der Gouverneur von Tachira, Ronald Blanco La Cruz, und der Gouverneur von Merida, Florencio Porras, beide MVR Mitglieder, gefangen gehalten werden. Wir wissen nicht, welche Anklage - und ob überhaupt – gegen sie erhoben wurde."[24]

Obwohl also die US-Regierung genau informiert war, dass man ehemalige Mitglieder der Chávez Regierung, Gouverneure und Kongressmitglieder politisch verfolgte, formulierte man kein Statement, das solche Menschenrechtsverletzung verurteilte oder die sofortige Entlassung jener forderte. Stattdessen lobte man Carmona.

6.11 Verbindungen zur New Yorker Polizei

Mehr als 60 Venezolaner wurden bei den Gewaltausbrüchen nach dem Coup getötet – vor allem durch die Stadtpolizei. Das IRI hatte 2001 eng mit Peria zusammen gearbeitet, um sein „Image zu entwerfen", und die NED geförderte Organisation „Liderazgo y

---

[24] Siehe Anhang Seite 211.

Vision" 42.207 Dollar erhalten, um mit der Caracas Stadtpolizei zusammenzuarbeiten. Einige derer Mitglieder klagte man später des Mordes an pro-Chávez Anhängern an, die bei den Ereignissen des 11. April 2002 umkamen.[25] 2000 trat Pena in Kontakt mit dem ehemaligen Chef der New Yorker Polizeidienstbehörde (NYPD), William Bratton. Ihn brachte die NED unterstützte Oppositionsgruppe CEDICE nach Venezuela, um die Stadtpolizei zu trainieren und deren Kapazität und Qualität zu verbessern. Bratton war bekannt dafür, dass er New York City in den Jahren der Bürgermeisterschaft von Rudolph Giuliani gesäubert hatte. Brattons Erfolg in New York kam zum großen Teil durch sein hartes Durchgreifen bei der riesigen Obdachlosenbevölkerung der Metropole und der Straßenkultur. Unter Brattons Leitung, kam es notorisch zu Menschenrechtsverletzungen und vielen brutalen Tötungen von unschuldigen Opfern. Pena erneuerte Brattons Vertrag am Ende 2002.

6.12 Eine überraschende Wende

Die Ereignisse der folgenden vier bis acht Stunden veränderten den Putschplan der „alten Schule" drastisch, obwohl er anfänglich so erfolgreich war. Millionen von Chávez Anhängern gingen am 13. April auf die Straße und forderten die Wiedereinsetzung Chávez'. Zur gleichen Zeit hielt man Präsident Chávez in La Orchila gefangen. Dort sollte ihn vermutlich ein Flugzeug außer Landes bringen. Die Präsidentengarde und andere Teile des Militärs, die gegenüber Chávez loyal geblieben waren, verhafteten Carmona und seine Ratgeber und übergaben den Palast wieder den Kabinettsmitgliedern von Chávez, die dann die Rettung des verfassungsmäßigen Präsidenten, Hugo Chávez, in die Wege leiteten. Es existieren viele verschiedene Versionen der Ereignisse zwischen dem 11. und 14. April. Laut einem CIA Lagekommentar, der am 14. April 2002 um 2.00 Uhr nachts formuliert wurde, folgend:

---

[25] Siehe http://www.venezuelafoia.info.

> *Eskalierende öffentliche Proteste und Zeichen, dass seine militärische Unterstützung verebbte, veranlassten Interimspräsidenten Pedro Carmona dazu, Samstagnacht zurückzutreten... Carmonas Unterstützung ging gestern rapide zurück, als politische Parteien, Gewerkschaften und das Militär merkten, dass er zu schnell und ohne ihre Konsultation handelte. Die Auflösung des Kongresses und die Aufhebung der Verfassung ließen Carmona ohne rechtlichen Rahmen. Das Regieren auf Erlass wurde von vielen regionalen Führern und der internationalen Gemeinschaft verurteilt.*

Nur die USA hatten voreilig das Carmona Regime anerkannt – trotz der eklatanten Gesetzwidrigkeit.

Shapiros Telegramme nach Washington bestätigten auch die Unstimmigkeit innerhalb der Opposition über die Frage der Handlungsweise der Putschregierung. Das Politische Büro der Botschaft (POLOFF) schrieb:

> *POLOFF erhielt einige Telefonanrufe von Parteimitgliedern, die über den Handlungsablauf der neuen Regierung besorgt sind – besonders über die Auflösung des Kongresses. Sie wollen an der neuen Regierung beteiligt sein und befürchten, dass die Carmona Regierung weiterhin undemokratisch vorgeht. Obwohl viele Repräsentanten der Partei bei der Ernennung Carmonas zum Interimspräsidenten involviert waren, sagen die Parteivertreter, die jetzt ihre Bedenken ausdrücken, dass die Parteiführer selbst nicht konsultiert wurden.[26]*

Die Bedenken der Oppositionsparteien und die der US-Regierung waren nicht der Aufbruch der konstitutionellen Ord-

---

[26] Ein dringliches Telegramm von der US Botschaft in Caracas an den Außenminister in Washington D.C. vom 13. April 2002, 0131803Z. Abrufbar bei der Autorin. Siehe Anhang Seite 212.

nung, der Sturz eines demokratisch gewählten Präsidenten mit Gewalt. Die politischen Oppositionsparteien waren aufgebracht, weil sie keine größere Rolle in der Putschregierung spielten. Die Sorge um die Auflösung des Kongresses kam nicht deswegen auf, weil es sich um einen höchst undemokratischen Akt handelte, sondern weil viele ihrer eigenen Vertreter im Kongress durch die Maßnahme abgesetzt worden waren. Somit verursachte also Carmona in vieler Hinsicht seinen Misserfolg selbst. Nicht weil er undemokratisch gehandelt hätte, sondern viel mehr durch sein eigensüchtiges Handeln.

6.13 Waren die USA in die Bemühungen verwickelt, den venezolanischen Präsidenten Chávez zu stürzen?
-Natürlich nicht."

Botschafter Shapiro besuchte Carmona einige Male während des Putschverlaufs. Er behauptete, dass seine Besuche bei Carmona am 12. April dazu gedient hätten, jenen zur Wiederherstellung des Kongresses und anderer Institutionen zu bewegen, welche er aufgelöst hatte. Aber Shapiros Antworten auf Fragen nach seiner Beziehung zu Oppositionsführern und anderen Putschteilnehmern erschienen gekünstelt und höchst durchdacht.

Nicht von ihm natürlich.

Shapiro erhielt am 16. April 2002 ein Telegramm vom Außenministerium in Washington, das Richtlinien für Presseaussagen enthielt (Western Hemisphere Affairs Press Guidance), entworfen von L.S. Hamilton aus dem Außenministerium und von Richard Boucher, Sprecher des Außenministeriums, abgesegnet.

Auf die Frage: „Trafen sich US-Vertreter vor dem Sturz von Präsident Chávez am 11. April mit venezolanischen Oppositionsfunktionären?" war die vorgesehene Antwort: „Vertreter der USA trafen sich über die letzten Monate mit verschiedenen Venezolanern sowohl in Caracas als auch in Washington. US-Vertreter trafen sich mit Repräsentanten der Geschäftswelt, Gewerkschaftsfunktionären, katholischen Kirchenführern, politischen Oppositionsführern und einer Bandbreite von venezolanischen Regierungsbeamten." [27]

Im Verlauf normaler diplomatischer Kontakte trafen sich US-Beamte mit Pedro Carmona, dem Präsidenten der Venezolanischen Vereinigung der Wirtschaftskammern (FEDECÁMARAS – Venezuelan Federation of Chambers of Commerce). Unsere Aussage bei allen venezolanischen Kontakten war gleich bleibend. Die Venezolaner sollen die politische Situation in Venezuela friedlich, demokratisch und verfassungsrechtlich lösen. Wir sagten allen unseren venezolanischen Gesprächspartnern ganz deutlich bei zahlreichen Gelegenheiten und auf vielen unterschiedlichen Ebenen, dass die Vereinigten Staaten unter keinen Umständen undemokratische und nicht verfassungsmäßige Bemühungen, wie einen Putsch, unterstützen würden, um Präsident Chávez seiner Macht zu entheben." [28]

Es wurde also die Botschaft „Kein Putsch" ganz deutlich dargelegt, während die US-Regierung zur gleichen Zeit einige Millionen Dollar in die Taschen der Putschverschwörer leitete und sich mit ihnen regelmäßig traf, um ihre Pläne zu diskutieren.

Daher erstaunt es auch nicht, wenn die Antwort auf die Frage: „Waren die USA in die Bemühungen verwickelt, den venezolanischen Präsidenten Chávez zu stürzen?" – „NATÜRLICH NICHT" war.

6.14 Blackout der Medien

Die Rückkehr Chávez' an die Macht in den frühen Morgenstunden des 14. April kam zu spät, um die Überschriften und Leitartikel in der New York Times, Chicago Tribune und anderer in-

---

[27] Siehe Anhang Seite 219.
[28] Siehe Anhang Seite 219.

ternationaler Presse zu stoppen. Sie alle priesen den undemokratischen Sturz des venezolanischen Präsidenten im gleichen Tonfall wie die Bush Administration.[29] Die venezolanischen Tageszeitungen waren alle bemerkenswert still geworden, obwohl einige veraltete Überschriften trugen wie El Universal „Ein Schritt in die richtige Richtung!". Nach vielfachen Ausbrüchen der Freude und Erleichterung über Carmonas Übernahme und Chávez' gewaltvollen Sturz, verstummten die Medien am 13. und 14. April. Sie verhängten einen Blackout bei Informationen und Nachrichten über die weiteren Ereignisse.

Andres Izarra, ehemaliger leitender Regisseur von „El Observador", ein Nachrichtenprogramm des Privatsenders RCTV, bezeugte vor der venezolanischen Nationalversammlung, dass er von Marcel Granier, dem Besitzer von RCTV klare Instruktionen erhielt, am Tag des Putsches und den folgenden „Keine Informationen über Chávez, seine Anhänger, seine Minister und alle anderen, die mit ihm irgendwie in Verbindung gebracht werden könnten" zu senden. Weiterhin bekräftigte Izarra, am Ende des Putschtages habe RCTV von CNN einen Bericht gehabt, dass Chávez nicht zurückgetreten, sondern entführt und gefangen genommen worden sei. Dennoch weigerte sich der Eigentümer des Senders, die Story zu senden.[30] Tatsächlich verbreiteten alle Privatsender

---

[29] „Fairness in Accuracy and Reporting" (Fairness bei der Berichterstattung) formulierte eine Medienberatung, „US Zeitungen loben venezolanischen Putsch als pro-demokratische Maßnahme"; Zeitungen wie The New York Times hätten triumphierend erklärt, dass die „Abdankung" Chávez' bedeute, die venezolanische Demokratie sei nicht länger durch einen „Möchtegerndiktator" bedroht. The New York Times ging so weit zu schreiben, dass „Chávez zurückgetreten sei, nachdem das Militär eingeschritten wäre und habe die Macht an einen respektierten Führer der Geschäftswelt übergeben." Nachdem Chávez am 13/14 April die Macht wieder übernommen hatte, veröffentlichte The New York Times ein zweites Editorial am 18. April 2002, in dem sie sich für den Ton vom 13. April zu entschuldigen scheint, das da lautete: „In den drei Jahren seiner bisherigen Amtszeit war Herr Chávez ein solch Uneinigkeit stiftender und demagogischer Führer, dass sein erzwungener Rückzug von letzter Woche Beifall sowohl zuhause als auch in Washington hervorrief. Diese Reaktion, die wir teilten, ließ die undemokratische Art und Weise außer Acht, in der der Rückzug erfolgte. Einen demokratisch gewählten Führer mit Gewalt zu beseitigen kann niemals befürwortet werden, egal wie schlecht er sich betrug." 18. April 2002.
[30] Naomi Klein „The Media Against Democracy: Venezuela Highlights the Threat to Freedom from Corporate Control", The Guardian 18. Februar 2003. Siehe auch http://www.asambleanacional.gov.ve.

die Nachricht, Präsident Chávez sei zurückgetreten, obwohl ihnen das Gegenteil bekannt war. Eben diese Privatsender die gerade noch eine rund um die Uhr Berichterstattung für die Opposition dargestellt hatten, sendeten nun „Tom und Jerry" mit gelegentliche Filmen wie „Pretty Woman", während Chávez' Anhänger in Massen auf die Straßen strömten, um seine Wiedereinsetzung zu fordern. Die Medien berichteten nicht über die weit verbreiteten Aufstände zur Unterstützung von Chávez im ganzen Land. Der Blackout war international. Die Medien trauerten.

6.15 Mehr Geld im Sack

Da sich in den folgenden Tagen Ruhe und Normalität in Venezuela wieder einstellten, war die US-Regierung gezwungen, ein Statement zu formulieren, das die Legitimität der Chávez Regierung wenigstens geringfügig anerkannte. Aber die USA zogen nie ihre Version über die Ereignisse am 11. Aipril 2002 zurück. Sie blieben bei ihrer Behauptung, dass Chávez die Gewalt gegen „friedliche Oppositionsdemonstranten" anordnete – trotz hinreichender Beweise des Gegenteils (einschließlich freigegebener Dokumente der US-Regierung).

Noch am 17. April 2002, als klar war, dass die Mehrheit der Venezolaner Präsident Chávez unterstützten und dass ein illegaler Putsch stattgefunden hatte, blieb die US-Regierung bei ihrer „Story". Lino Gutierrez (damaliger „Principal Deputy Assistant Secretary for Western Hemisphere Affairs") bemerkte bei einem Runden Tisch der Carnegie Stiftung für den Internationale Frieden:

Wir wissen, dass Anhänger von Präsident Chávez auf anti-Regierungsprotestanten schossen, was mehr als 100 verletzte oder getötete Personen zur Folge hatte... Wir wissen, dass die Regierung fünf unabhängige Fernsehsender von der Berichterstattung über die Ereignisse abhielt... Präsident Chávez trat angeblich zurück... Die Wurzeln der momentanen Krise liegen, wie wir denken, bei der Polarisation, die unter Präsi-

dent Chávez auftrat und seiner konfliktgeladenen Politik. Präsident Chávez griff die Pressefreiheit an, mischte sich in Wahlen der Gewerkschaft ein, kritisierte die Kirche und versuchte, die Opposition einzuschüchtern ... Lassen sie mich nun kategorisch sagen: Die Vereinigten Staaten nahmen nicht an der Anregun, Ermutigung oder dem Aufhetzen zum Putsch teil, sie nickten nicht, sie blinzelten nicht und schlossen nicht die Augen oder hinterließen den Eindruck, dass sie einen Putsch irgendeiner Art in Venezuela unterstützen würden. Die Akte ist kristallklar....

Die CIA SEIB Akten zeigen nicht nur, dass die USA von den genauen Putschplänen wusste, sondern dass sie auch in den Wochen und Monaten zuvor die Finanzierung der Opposition anhoben – und jener, die speziell in die Putschverschwörung verstrickt waren. Diese Art von Unterstützung läuft ganz eindeutig unter Teilnahme an Ermutigung und Hetze zum und Augen verschließen vor dem Putsch. Darüber hinaus stellt die anschließende Bestätigung der Carmona Regierung und die Versuche, andere Regierungen dazu zu bringen, Carmona als legitimen Führer anzuerkennen die klare „Unterstützung" des Putsches dar.

Gutierrez' Statement, „Anhänger von Chávez" hätten auf „anti-Regierungsprotestanten" geschossen, „was mehr als 100 verletzte und getötete Personen zur Folge hatte" war absichtlich ungenau. Während des Putsches und danach war ziemlich klar, dass die Mehrheit der Getöteten und Verletzten auf der Chávez Seite zu beklagen waren. Das Filmmaterial unabhängiger Journalisten vom 11. April in dem besagten Gebiet zeigt die Opfer. Die meisten Toten dieses Tages gab es bei der pro-Chávez Demonstration. In den Tagen nach dem Putsch tötete die Stadtpolizei mehr als 60 Chávez Anhänger bei Aufständen in den Barrios (Wohnviertel) – bei Protesten gegen Chávez' Festnahme. Berichte der Polizei, der Leichenschauhäuser und die Zeugenaussagen bestätigen diese Tatsache.

Für die Behauptung, Chávez' Anhänger hätten auf anti-Regierungsprotestanten geschossen, erbrachte man jedoch nie einen Beweis – außer ein manipuliertes Video, das sich später als komplette Farce herausstellte. Das Band wurde von Venevisión gefilmt und produziert. Dessen Besitzer, Milliardär Gustavo Cisneros ist ein glühender anti-Chávist. Man schnitt absichtlich Filmmaterial heraus und fügte im Studio kurz nach den Ereignissen einen Begleitbericht hinzu. Der Text behauptete, dass die Chávez Anhänger auf „friedliche" Oppositionsgegner geschossen hätten, obwohl jene „Chavistas", die an diesem Tag schossen das Feuer der Stadtpolizei und Heckenschützen erwiderten, die auf sie schossen.

Die Stadtpolizei unter dem Befehl des Oppositionsbürgermeisters Alfredo Peña, war bei diesem Putsch ein Hauptakteur. Später deckten gerichtliche Untersuchungen auf, dass Heckenschützen von den Dächern der umliegenden Gebäude der Puente Llaguno und dem Präsidenten Palast geschossen hatten.

An diesem Punkt war die US-Regierung gezwungen, Chávez als „rechtmäßigen Führer" von Venezuela anzuerkennen. Jedoch kündigte sie auch an, dass die USA ihn „scharf im Visier" behalten würde. Aber das hinderte sie nicht an weiteren Bemühungen, Chávez auf andere Weise loszuwerden.

Im April 2002, kurz nach dem missglückten Putsch, erteilte das US-Außenministerium der NED einen „Spezial Venezuela Fond" von 1 Million Dollar.

Falls die NED wirklich zur Unterstützung der Demokratie eingerichtet wurde, erscheint das Erhalten von Extrageldmitteln für venezolanische Oppositionsgruppen sonderbar. Gerade zu jener Zeit hatten die Venezolaner gezeigt, dass sie Meister der Demokratie sind – sie hatten einen Putsch rückgängig gemacht. Dies ist eine olympische Leistung in den Analen der Demokratie. Doch anstatt Venezuelas immense Demokratiefortschritte anzuerkennen und die „Unterstützung der Demokratie" durch die USA einzustellen, vergrößerte die US-Regierung ihre Präsenz in Venezuela.

Die Tatsache, dass die NED an diesem kritischen Punkt erhebliche, neue Geldmittel bekommt zeigt deutlich, dass ihre wirklichen Ziele nicht dazu passen. Darüber hinaus beweist die Wahl der Geldmittelempfänger ganz klar das Desinteresse der NED an Demokratie.

Die NED verteilte weiterhin Extramittel an eben die Gruppen, die gerade Schlüsselrollen im Putsch gegen Präsident Chávez gespielt hatten. „Asamblea de Educación", deren Präsident Leonardo Carvajal man zum Bildungsminister von Carmona ernannt hatte, bekam eine neue Unterstützung von 57.000 Dollar. „Fundación Momento de la Gente", dessen Direktorin Mercedes de Freitas ihr bestes versuchte, der NED zu erklären, dass ein Putsch nie stattgefunden hatte, indem sie behauptete, Carmona wäre ein „rechtsmäßiger Führer, von der Gesellschaft eingesetzt", erhielt 64.000 Dollar. „Asociación Civil Liderazgo y Vision" ist eine Gruppe, die sich mit der Promotion alternativer Modelle zur Chávez Regierung beschäftigt und Ausbildungen zum Führungsverhalten anbietet. Zu jener Zeit leitete Oscar García Mendoza diese Gruppe, der nicht nur am 12. April zwei Glückwuncherklärungen an Carmonas Regierung in den nationalen Zeitungen veröffentlichte, sondern auch ein Gesellschaftsdekret unterschrieb, das die Legitimität von Carmona als Präsident anerkannte. Diese Gruppe erhielt 42.000 Dollar.

CEDICE sprach man über den NED „Core Grantee" CIPE 116.525 Dollar zu, trotz der Tatsche, dass Direktor Rocío Guijarro einer der ersten Unterzeichner und Befürworter des „vom Unglück verfolgten" Carmona Erlass war. Das IRI, das ein Lobesstatement für den Putsch und Carmonas Übernahme am 12. April formuliert hatte, bekam 116.000 Dollar, um seine Arbeit mit „Primero Justicia" fortzusetzen – obwohl einige der Parteimitglieder den Carmona Erlass unterschrieben hatten und einer, Leopoldo Martínez, zum Finanzminister unter Carmona ernannt worden war. Dem ACILS gab man zusätzliche 116.525 Dollar, um CTV zu finanzieren, trotz der offensichtlichen Beteiligung der Gewerkschaft an dem Putsch.

Die Ausrichtung der NED gegen Chávez war ziemlich klar. In einem Memorandum im Juni 2002 von Christopher Sabatini, dem Direktor der NED für Lateinamerika heißt es:

Chávez zeigte wenig Vertrauen in eine oder den Wunsch nach einer vermittelnden Lösung und schürte weiterhin die öffentliche Wut.... Es gibt Gerüchte... , dass die Regierung Uzis an die Bolívarischen Kreise verteilte... die meisten Menschen, mit denen ich sprach, sehen die Regierung als anti-demokratisch an und meinen, dass sie das Land in den Ruin treibt, durch einen törichten und revolutionären Plan und schiere Inkompetenz...

Sabatini gab die Angehörigkeit der NED finanzierten Gruppen im Oppositionslager zu: „Mein genereller Eindruck ist, dass das Programm der NED mit den ernsthaftesten zivilen Gruppen des Landes zusammenarbeitet... Viele von ihnen stehen in eindeutiger Oppositionshaltung zu Chávez..."[31]

Der Fehlschlag des Putsches ging der US-Regierung sehr zu wider. Die 1 Million Dollar Spezialfundus vom Außenministerium für die NED Projekte in Venezuela reichten natürlich nicht, um zukünftige Bemühungen für einen Regimewechsel in Venezuela abzudecken. Eine neue Strategie musste her, die sich an die speziellen Umstände in dem südamerikanischen Land anpasste. Daher ordnete das Außenministerium die Einrichtung einer „USAID Office of Transition Initiatives" (OTI) in Venezuela an.

---

[31] Siehe Anhang Seiten 184-186.

7 Ein Büro für eine Übergangsregierung

„Wir brauchen kein Büro für Übergangsinitiativen, weil dies keine Regierung für den Übergang ist", sagte Tarek William Saab, damals Mitglied der Nationalversammlung bei der MVR Partei, als er von der Einrichtung eines Büros für Übergangsinitiativen (OTI) in den USA hörte.

Botschaft Caracas, Juli 2002.

Das Konzept der OTI hatte die USAID 1994 eingerichtet, „um besser auf Ländern reagieren zu können, die einen bedeutenden und manchmal schnellen politischen Wechsel durchmachen, den eventuell eine soziale und/oder wirtschaftliche Krise begleitet." Das OTI bewertet, entwirft und setzt Programme um, die das Problem der Krise an den Wurzeln packt und sich durch Schnelligkeit, Flexibilität, Innovation, Handfestigkeit, Zielrichtung, Katalysierung und offene Politik auszeichnen."[1] Laut Jahresberichten der USAID setzte man OTIs kürzlich unter anderem im Kosovo, Haiti, Indonesien, Peru, Guatemala, den Philippinen und Kolumbien ein.

In Bolivien sollte das OTI „Boliviens zerbrechliche Demokratie unterstützen" und „einen friedlichen und sachkundigen Dialog zwischen der Regierung und dem Volk fördern". In Haiti wurde das OTI im Februar 2004 als Reaktion auf die politischen Unruhen eingerichtet, die in und von dem Rücktritt des Präsidenten Jean-Bertrand Aristide entstanden."

Während jene Anstrengungen im Falle von Haiti zunächst als nobel erscheinen mögen, war es weithin bekannt und anerkannt, dass Aristide nicht „zurückgetreten" war. Es fand vielmehr

---

[1] Der von USAID selbst erstellten Beschreibung der OTI entnommen. Es handelt sich um einen Vertrag zwischen USAID und Development Alternatives, Inc. über 10 Millionen Dollar für Projekte in Venezuela im Zeitraum von August 2002 bis August 2004. Siehe http://www.venezuelafoia.info. Siehe auch http://www.usaid.gov/our-work/cross-cutting-pro-grams/transition-initiatives.

ein Staatsstreich statt, den die US-Regierung ermöglichte und unterstützte. Die Darstellung, das OIT wäre zur Hilfe geeilt, nachdem der „Rücktritt" Aristides eine politische Krise ausgelöst hatte, ist eine eindeutige Verzerrung. Wenn das OIT tatsächlich die Demokratie unterstützte, hätte es die Rückkehr Aristides in sein verfassungsmäßiges Amt gefördert, anstatt den „Wechsel" zu einer nicht gewählten Putschregierung zu erleichtern.[2]

Im Allgemeinen setzt die USAID das OIT ein, um vor Ort Beziehungen mit politischen Organisationen, Medien und NGOs aufzubauen. Zur Beeinflussung der Ergebnisse in die gewünschte Richtung stellt sie notwendige Mittel und Ausbildungsmöglichkeiten zur Verfügung. Als eine Operation mit schneller Handlungsfähigkeit untersteht das OTI der besonderen Autorität der „International Disaster Assistance" (Internationalen Katastrophenhilfe) zur Mittelzuteilung. „Jede Minute zählt" in einer OTI Operation und ihr allgemeiner Zeitraum liegt bei zwei Jahren. Venezuela war da keine Ausnahme. Ronald Ulrich, Leiter des OTI in Venezuela bekräftigte am Anfang öffentlich: „Wir werden das Programm in zwei Jahren beendet haben, wie schon bei ähnlichen Initiativen in anderen Ländern, wird das Büro nach der angegebenen Zeitspanne schließen."[3]

Nach den Berechnungen des OTI wäre der Termin seiner Schließung August 2004 gewesen, zwei Jahre nach seiner offiziellen Einsetzung. Präsident Chávez siegte bei der Wahl am 15. August 2004 bei einem Widerrufsreferendum um sein Mandat ganz klar. Auch erreichte seine Partei MVR am 31. Oktober 2004 21 von 23 Gouverneurssitzen bei regionalen Wahlen und die Mehrheit der Bürgermeisterämter im ganzen Land. Dies bestätigte eigentlich die demokratische Stabilität der Nation und dennoch verlängerte das OTI sein Bleiben auf unbestimmte Zeit.

Die weitere Präsenz des OTI in Venezuela machte man nicht öffentlich. Tatsächlich hielt man sich bei den Operationen des OTI und der USAID in Venezuela ziemlich bedeckt. Venezuela ist das einzige Landesprogramm auf der Website des OTI, das

---

[2] Siehe http://www.africaspeaks.com/haiti2004/.
[3] Karenina Velandia Resales, „EE.UU. invertirá 7 millones en programas para fortalecer la democracia en Venezuela," El National, 2. März 2003.

Ein Büro für eine Übergangsregierung

überhaupt keine Links oder Informationen über die Ziele, Aktivitäten oder Projekte aufzeigt. Das Ausmaß der Aktivitäten des OTI in Venezuela sah man erst bei der Veröffentlichung des Budgets für dieses Land – es belief sich auf 5 Millionen Dollar. Die USA sieht also die Notwendigkeit, Millionen von Steuergeldern in ein Land zu investieren, das in den letzten fünf Jahren neun Wahlprozesse durchlief, die immer die Autorität seiner momentanen Regierung bestätigten. Dies könnte man als verdächtiges Zeichen dafür sehen, dass weitere Bemühungen im Gange sind, die Regierung zu stürzen – mit Hilfe der USA.

Botschafter Charles Shapiro beschrieb 2002 in einem Pressebulletin den Zweck des OTI. Er verharmloste die Bedeutung der Bezeichnung „Büro für Übergangsinitiativen" und schrieb:

Ich weiß, ich weiß, der Name dieser Einrichtung ruft Kontroversen hervor ... Ich kann erklären, wir hatten nie die Absicht, den Namen in Venezuela formell zu gebrauchen, da wir genau wussten, dass das Wort „Übergang" Missverständnisse hervorrufen könnte... Einige werden mir glauben, einige nicht... Ich habe nur eine Bitte: Vergessen Sie den bürokratischen Namen, den man in Washington benutzt und konzentrieren Sie sich auf unsere Bemühungen.[4]

Hier ruft also Botschafter Shapiro die Venezolaner zur Ignorierung der Tatsache auf, dass die USA in ihrem Land eine Initiative starteten, so also ob es mit anderen Krisenländern wie dem ehemaligen Jugoslawien, dem Kongo und Osttimor zu vergleichen wäre. Hier ruft er sie also dazu auf, die „Absichten" der Einrichtung voll zu akzeptieren.

Was genau waren jene Absichten? Ein Dokument, das die Operationen des OTI in Venezuela festlegt, zeigt ganz klar das Verständnis derjenigen, die es entwarfen:

---

[4] Charles S. Shapiro, „La Oficina", Press Briefing of the U.S. Embassy in Caracas Informative and Cultural Office, 2002.

> *In den vergangenen Monaten ging die Popularität von Präsident Chávez zurück und politische Spannungen nahmen dramatisch zu. Er hatte einige umstrittene Reformen eingeführt. Die Spannungen erreichten im April ihren Höhepunkt als Protestanten vor dem Präsidentenpalast erschossen wurden ... Die momentane Situation verlangt nach einem schnellen Eingreifen der US-Regierung.[5]*

Man bemerke, dass das Wort „Putsch" nicht verwendet wurde. Laut dieses Statements, das mit allen anderen der US-Regierung vergleichbar ist, war der Putsch und die daraus erwachsende Gewalt alles Chávez' Schuld. Aber noch bezeichnender ist die platte Bemerkung, dass Venezuela das „schnelle Eingreifen der US-Regierung" brauche. Dafür gibt es keine andere Bezeichnung als „Intervention".

„Diese Programme existieren dort, wo Konflikte auftreten, wie in Burundi und dem Kongo", bestätigte Ronald Ulrich und Jack McCarthy, beides Repräsentanten des OTI Programms in Venezuela.[6]

Offensichtlich hatten die Programmdirektoren keinerlei Probleme damit, die wahre Absicht oder den Ursprung des Büros darzulegen.

Da keine wirkliche Krise in Venezuela bestand, die mit dem Horror im Kongo vergleichbar wäre, wo Tausende dahingemetzelt wurden, musste die US-Regierung eben nachhelfen.

Bis dahin konnten ganze Oppositionsorganisationen und -führer nur durch die Millionen der USA zur „Demokratieförderung" bestehen. Die einzige Sicherheit, dass diese Mittel weiter fließen würden war, einen Konflikt heraufzubeschwören und eine beständige Krise zu inszenieren. Nach dem US-Interesse sollte dieser Konflikt und diese „Krisensituation" die Glaubwürdigkeit der Chávez Regierung verringern und den Sturz des Präsidenten unterstützen und schließlich herbeiführen.

---

[5] Vertrag zwischen USAID und Development Alternatives, Inc. Obtained under FOIA. Erliegt der Autorin vor.
[6] Siehe Fußnote 3 dieses Kapitels.

Mit einem fünfmal so hohen Budget wie die NED war das OTI bei der Durchdringung der Gesellschaft noch effektiver.[7] Sein Erscheinen im Juni 2002 war kein bloßer Zufall. Das OTI war in Venezuela eigentlich für März 2002 vorgesehen, aber die Putschaussichten hielt man die Einrichtung zunächst zurück. Wenn der Putsch Erfolg gehabt hätte, wäre das OTI nicht mehr vor Nöten gewesen. Denn sein Ziel war immer, den Sturz von Präsident Chávez zu ermöglichen.

Aber Shapiros Bitte schien ein offenes Ohr bei der Mehrheit der Venezolaner und der Regierung zu finden – einschließlich bei Präsident Chávez, der das OTI und seinen Vorschlag beim Wort nahm.

7.1 „Development Alternatives INC."

Das OTI eröffnete in der US-Botschaft in Caracas im Juni 2002. Das Programm wurde in enger Zusammenarbeit mit der US-Botschaft koordiniert. Der OTI Programmdirektor unterstand der Autorität und Überwachung des US-Botschafters. Mit 7 Millionen Dollar Zuteilung für das Zwei-Jahres-Programm bekam es im ersten halben Jahr 2.197.066 Dollar – mehr als doppelt soviel wie die NED, und das für nur ein halbes Jahr. Bald nach seiner Gründung in Venezuela vergab das OTI einen 10.061.062 Dollar Vertrag an die private US-Konsultingfirma „Development Alternatives, Inc.". Sie sollte einen 7 Millionen Dollar Mittelfond einrichten und überwachen – die „direkte Reaktion auf die zunehmende politische Polarisation in Venezuela."

OTI benutzt oft Vertragsnehmer zur zusätzlichen Unterstützung und Verwaltung der Mittel. Diese gründen als schützende Maßnahme ein Parallelbüro, stellen Personal an, richten ein Kommunikationssystem ein, wählen und überwachen die „Grantees". Laut USAID tragen diese Vertragsnehmer „entscheidend zum Erfolg der OTI Programme bei. Man erwartet von ihnen die Bewältigung der besonderen Herausforderungen, die in

---

[7] Siehe Tabelle S. 76.

'kriegsgeplagten' und durch andere Gegebenheiten instabilen Ländern, in denen das OTI operiert, herrschen."[8]

7.2 War Venezuela ein „kriegsgeplagtes" oder „durch andere Gegebenheiten instabiles" Land?

Trotz des getrennten Status' des Vertragsnehmers von dem OTI, unterstehen alle seine Operationen und Angestellten der Autorität des OTI Bereichsleiters und des US-Botschafters. Laut Vertrag „wird der Bereichsleiter bei der Erstellung der Möglichkeiten und Auswahl der Partner eng mit anderen Botschaftsbeamten zusammenarbeiten, um sicher zu gehen, dass das Programm im Sinne der US-Außenpolitik abläuft." In anderen Worten war die US-Botschaft gänzlich am Entscheidungsprozess und den Operationen des OTI und seinem privaten Vertragsnehmer beteiligt.

„Development Alternatives, Inc." (DAI) richtete unverzüglich sein Büro im mondänen Viertel „El Rosal" in Caracas ein – ganz in der Nähe des venezolanischen Hauptsitzes der IRI. DAI kam auch sofort seinen vertraglichen Verpflichtungen nach und kündigte die Gründung der „Venezuela: Iniciativa para la Construcción de Confianza" (Venezuela: Initiative zum Aufbau des Vertrauens) (VICC) an. Deren Zweck war, zusammen mit dem OTI, den „Venezolanern bei der Förderung politischer Konditionen zu helfen, die gewaltvollen Konflikten und einem systematischen Zusammenbruch vorbeugen würden."[9]

Doch die Operationen von OTI, USAID und DAI liefen völlig im Verborgenen. Als das OTI gegründet wurde, nahm man zwar in der venezolanischen Politik davon Notiz, aber von der DAI hatte noch nie jemand zuvor gehört. Daher wusste die venezolanische Regierung auch nicht von der Finanzierung politischer Aktivitäten im Lande durch die NED und die USAID. Dies ist erstaunlich, wenn man bedenkt, dass die USAID seit Mitte 2002 mehr als 20 Millionen Dollar in Venezuela investierte und die

---

[8] Siehe Fußnote 5 dieses Kapitels.
[9] Joel M. Jutkowitz, „Building Confidence out of Discord in Venezuela," DAI News.

NED seit 2001 mehr als 4 Millionen Dollar ausgegeben hatte – ausschließlich für Oppositionsgruppen.[10]

Die Beziehung zwischen USAID und DAI war eine ganz besondere. Zu dem Zeitpunkt des Vertragsabschlusses zwischen den beiden Organisationen hatte die USAID bereits alle Spitzendirektoren und leitenden Angestellten des Programms bestimmt, die die DAI in Venezuela einstellen sollte. Die DAI unterstand den Entscheidungen der USAID. Daher war die Wahl des Personals kein Gegenstand von Verhandlungen. Andere Angestellte auf tieferer Ebene, die die DAI vor dem Projektbeginn einstellte, musste zunächst der OTI Bereichsleiter in der US-Botschaft in Venezuela bestätigen. USAID hatte immense Kontrolle über ihren privaten Vertragspartner.

Die vorbestimmten Angestellten wurden nur mit den Initialen des Vornamens und dem Familiennamen im Vertrag aufgelistet:

> *J. McCarthy: Chief of Party H. Mendez: Program Development Officer L. Blank: Program Development Officer G. Díaz: Program Development Officer G. Fung: Financial Management Specialist J. Jutkowitz: Local Program Manager*

Die Ernennung und Auswahl dieser Leute durch eine Regierungsinstitution für die Einstellung bei einem privaten Vertragsnehmer war ziemlich ungewöhnlich. Offensichtlich mussten sie bestens ausgebildet sein und umfangreiches Wissen über die politische Situation in Venezuela und die Absichten der US-Außenpolitik in dieser Region haben. Höchstwahrscheinlich waren die ausgewählten Personen ehemalige Angestellte (oder noch im Amt) der USAID oder der US-Regierung, spezialisiert auf diese Art von Operationen.

Aus den Erfordernissen auf der Liste des 40 Seiten Vertrages mit der DAI war klar ersichtlich, dass die USAID wesentliches Interesse daran hatte, ihre OTI Angestellten und die des privaten

---

[10] Siehe Tabelle S. 76.

Vertragsnehmers zu schützen – ebenso wie ihr Vermögen im Lande. Der Vertrag verpflichtete die DAI, Büros und Wohnungen für die Angestellten zu mieten, die den Anforderungen des OTI entsprachen: „der nötige Abstand von öffentlichen Durchgangsstraßen, vergitterte Fenster im Erdgeschoss, Umzäunung um das Gelände und gesicherte Parkplätze mit Flutlicht für die Fahrzeuge." Vor Anmietung der Büros oder Wohnungen und dem Einrichten von Sicherheitsmaßnahmen musste die DAI den OTI Bereichsleiter konsultieren. Es musste dann vor der Zustimmung inspiziert und dokumentiert werden. Darüber hinaus musste die DAI nach OTI Vorschriften ihre Angestellten mit dem globalen Orientierunssystem (GPS) und anderer 'high-tech' Sicherheitsausrüstung versorgen. Solche Anforderungen erscheinen etwas umfangreich und ungewöhnlich für einen privaten Vertragsnehmer, der mit der Verteilung von Mitteln an lokale Gruppen betraut war, die „Demokratie fördern und den Dialog unterstützen" sollten.

Wenn aber das OTI erhöhte Sicherheitsforderungen an ihre Operationen mit der DAI stellt, so scheint doch die eigentliche Mittelübergabe seltsamer Weise einfach und ohne Beschränkungen abzulaufen. „Jene, die uns um Hilfe bitten, müssen nur einen Antrag stellen, der ein oder zwei Programmziele beinhaltet ... Die Anforderungen sind nicht hoch ... Zwei Seiten reichen aus, um die Beschreibung und die Details der Organisation auszuführen, die um die Mittel ersucht – zudem noch den Zweck, das Ziel und die Art und Weise der Durchführung des Antrags ...", bestätigte Ronald Ulrich, OTI Programmmanager in einem Statement vor der venezolanischen Presse.

Ein zweiseitiger Antrag mit Informationen von und über die Organisation reichte aus, um 100.000 Dollar US-amerikanischer Steuergelder zu bekommen? Solch niedrigen Richtlinien sind unvorstellbar bei der Vergabe von Mitteln in den Vereinigten Staaten. Darüber hinaus erforderte der USAID-DAI Vertrag „sofort zur Verfügung stehende Finanzmittel", da man lokale Mittel „auf dringlichen Ausgangsebenen" vergeben muss.

Es ist schwer zu verstehen, warum ein Forum mit dem Titel „Lösung der Politischen Krise in Venezuela über politische Wahlen" im Nobelhotel „J. W. Marriot" in Caracas „dringlich" die sofortigen Mittel der Vereinigten Staaten benötigte, wenn dort die reichsten und einflussreichsten Mitglieder der venezolanischen Geschäftswelt anwesend waren – ohne auch nur einen Chávez Anhänger in Sichtweite. – Besonders dann, wenn man bedenkt, dass die nächsten verfassungsmäßigen Wahlen erst in vier Jahren in Venezuela stattfinden sollten. USAID Operationen sind im Allgemeinen höchst geheim. Kein DAI oder USAID Repräsentant oder Arbeiter würde je auf Fragen nach der Arbeit in Venezuela beantworten. Die USAID Website erwähnt das Programm in Venezuela nicht, obwohl dort Informationen über ihre Arbeit in allen anderen Ländern zu finden sind. Auch die OTI Website verschweigt ihre Arbeit in Venezuela. Man muss eine Suche auf der Seite nach „Venezuela" erst starten und erhält dann ein kleines bisschen Information. Es gibt keinen Link zu einer Programmbeschreibung der OTI Operationen in Venezuela, obwohl alle anderen 28 OTI Ämter weltweit Links und Programminformationen auf der Seite anzeigen.[11]

Auf der OTI Website änderte man das Enddatum für das Venezuelaprogramm von August 2004 auf TBD (To Be Determined – steht noch zur Entscheidung aus). Andere OTI Programme mit der Bemerkung TBD beim Enddatum sind Sudan, Afghanistan, Irak, Haiti und Bolivien. Alles Länder mit starker US-Präsenz und – außer Bolivien – mit schweren kriegsbedingten Krisen.

Im August 2004 stellte ein Reporter im DAI Büro in Caracas Nachforschungen über Finanzmittelprogramme in Venezuela an. Ein DAI Repräsentant sagte ihm: „Ich kann Ihnen keinerlei Informationen darüber geben, da wir wegen unserer Arbeit mit „Súmate" vorsichtig sein müssen."

Die DAI hatte guten Grund zur Vorsicht. Die von der NED finanzierte „Súmate" (geführt von Maria Corina Machado) war auch in die Herausgabe falscher Umfrageergebnisse verwickelt – neben anderen Verletzungen der venezolanischen Gesetzgebung. Dieser Punkt wird in Kapitel neun noch eingehend betrachtet.

---

[11] Siehe http://www.usaid.gov/ourwork/cross-cuttingprograms/Transitioninitiatives/country/indet.html.

April 2005

Solidaritätstreffen in Caracas

8 Streik im Erdölsektor: Sabotage durch die Ölindustrie

8.1 Millionen von Dollars - Milliardenverlust

Nach dem Start ihres VICC Programms wählte die DAI viele jener Gruppen, die einige Monate zuvor öffentlich am Putsch gegen Chávez teilgenommen hatten – und ihn sogar anführten – zur Unterstützung aus. Eine der ersten Aktionen in Venezuela unter dem VICC Programm diente dem Zweck der „Förderung des sozialen Dialogs und Bildung der Bürger" durch die Massenmedien. Das Projekt beinhaltete den Entwurf von Fernseh- und Radiowerbung, um die „demokratischen und modernen Werte" zu fördern, die sich mit „Bevormundung und Populismus nicht deckten."[1] Das Projekt versicherte sich der Zusammenarbeit mit dem Fedecámaras Präsidenten Carlos Fernández.

Nach dem fehlgeschlagenen Putsch im April war Carmona geflohen. Er ersuchte im angrenzenden Kolumbien um politisches Asyl und erhielt es auch. Die kolumbianische Regierung hatte Carmona während des Putsches voreilig als „Interimspräsidenten" anerkannt. Laut eines stark zensierten Telegramms vom 12. April 2002 von der US-Botschafterin Ann Patterson in Kolumbien, „sprach" die damalige kolumbianische Außenministerin Clemencia Forero „herzlich von Venezuelas Interimspräsidenten Pedro Carmona. Forero sagte, sie kenne Carmona schon jahrelang, Carmona wäre in der kolumbianischen Geschäftswelt gut bekannt, an regionaler Integration interessiert und ein großer Freund Kolumbiens."[2]

Einige Tage später, nachdem der Putsch zusammenbrach, leugnete Außenministerin Forero, sich je öffentlich für Carmona ausgesprochen zu haben. Doch als Carmona im Mai 2002 Asyl

---

[1] DAI Zuwendung, G-3822-101-008. Siehe http://www.venezuelafoia.info. Man beachte, dass die USAID und die DAI die Namen aller Empfänger des venezolanischen Projektfonds gestrichen haben. Als Grund dafür gab man die „Angst vor Verfolgung" der finanzierten Gruppen durch die venezolanische Regierung an.

[2] Siehe Anhang, S. 208

beantragte, empfing ihn Kolumbien mit offenen Armen. Von dort aus konnte er häufige Reisen nach Washington und Miami unternehmen – bis die USA keine Ausreden mehr gegen die Proteste der venezolanischen Regierung und der Medien fanden. Im August 2002 entzogen sie ihm sein Visum. Von Bogotá aus arbeitete Carmona weiterhin eng mit Fedecámaras und der Opposition zusammen. Man bemerke die Ironie: die USA hatten kurz zuvor Chávez - als er noch ein Kandidat für das Präsidentschaftsamt war - auf Grund seiner Verwicklung in die Revolte gegen Carlos Andrés Pérez nicht einreisen lassen. Doch die offene Politik gegenüber Carmona machte deutlich, dass die Vereinigten Staaten gegen Chávez waren und nicht allgemein gegen Staatsstreiche. Für die USA hatte Chávez an der falschen Revolte teilgenommen, während Carmonas Versuch in Ordnung war.

In Venezuela befand sich aber noch Carlos Fernández und hielt die Fäden des mächtigsten Interessenverbandes des Landes in der Hand – und er setzte Carmonas Bemühungen fort, Präsident Chávez vorzeitig von seinem Amt zu beseitigen.

8.2 Der Medienkrieg gegen das Volk

Die Zeitwahl des auf Radio- und Fernsehwerbung konzentrierten Projektes von DAI und UDAID war ausschlaggebend. Am 2. Dezember 2002 starteten Fedecámaras, die CTV und die Oppositionsparteien – jetzt als „Coordinadora Democrática" (Demokratischer Koordinator) (CD) bekannt – einen nationalen „Generalstreik", der die Wirtschaft Venezuelas destabilisieren und Präsident Chávez zum Rücktritt zwingen sollte. Zur Unterstützung der Oppositionsziele traten die privaten Medien symbolisch in den Streik ein, indem sie alle regulären Programme und Werbungen strichen und der Opposition sozusagen 100 % ihrer Sendezeit gaben.

Obwohl die Mehrheit der Venezolaner den Streik nicht unterstützte, wurden viele gezwungen, zuhause zu bleiben, da Geschäftsinhaber und „Chefs" Geschäfte und Unternehmen schlossen. So hinderten sie die Arbeiter daran, ihre Pflicht zu erfüllen. 64 Tage lang litten viele Venezolaner unter den Auswirkungen des erzwungenen „Chef-Streiks". Insbesondere das Zurückfahren der Ölproduktion durch hochrangige Industriemanager und Angestellte auf ein Niedrigniveau, erlegte eine „Öl- und Gasdürre" auf, die den Transportverkehr nahezu lahm legte. Die privaten Medien berichteten den ganzen Tag nur über den Streik und applaudierten dazu. Damit zwangen sie quasi die Venezolaner, sich ständig negative anti-Chavez Nachrichten anzuhören.

Die „Coordinadora Democrática" produzierte mit der Hilfe von Venezuelas besten Unternehmen für Öffentlichkeitsarbeit und der USAID einige der ausgefeiltesten anti-Chávez Spots, die Venezuela je gesehen hatte. Von diesen Werbespots sendete man oft bis zu zehn während einer Berichterstattung von Oppositionsmärschen, Reden und Interviews. Sie enthielten wechselweise Nachrichten über das Versagen von Chávez, angebliche Menschenrechtsverletzungen, über die allgegenwärtige politische Krise und die schlechte Situation des Landes. Einige der Werbefilme benutzen sogar Kinder, die singend rote Hände auf Mauern drückten (Symbol für Blut) – mit Botschaften wie die „Zukunft des Landes", die „Sicherheit der Kinder" und der „Notwendigkeit eines neuen Venezuelas".

Das Folgende ist eine Beschreibung einer TV-Werbung auf einem privaten Kanal während des Streiks im Dezember 2002. Der Spot war eingebettet in zehn aufeinander folgende, ähnliche Propaganda. Die Werbefilme spielte man während der Pausen einer 24 Stunden-Berichterstattung über Oppositionsmärsche, Reden und Interviews. Während des 64-Tage-Arbeitsstopps sendete man annähernd 700 ähnliche und doch unterschiedliche Spots täglich.[3]

Werbespot:
Ein großes „NO" erscheint in roten Buchstaben. In kleineren Buchstaben heißt es: „Lasst euch nicht betrügen" und eine männliche Stimme intoniert es. Die gleiche Stimme fährt fort, als die Worte erscheinen: „In diesem Land, unserem Land, ist nur ei-

---

[3] Ich gebe hier mein persönliches Zeugnis ab. Die Beschreibung nehme ich von meinem eigenen Filmmaterial der privaten Kanäle in Venezuela während Dezember 2002 und Januar 2003, da ich Zeuge dieser historischen und verwerflichen Zeit war.

ne Person verantwortlich für so viel Missbrauch, Straflosigkeit, Anarchie und fehlende Leitung" (Hektische Musik baut sich im Hintergrund auf). Eine Frauenstimme sagt als der Schriftzug über einem Bild von tausenden Oppositionsprotestanten in den Straßen erscheint: „Venezuela, lass dich nicht betrügen". Wieder die Männerstimme: „Der einzige, der für den Verfassungsbruch verantwortlich ist" (die Worte stehen über Szenen von Repressionen und Gewalt durch die Nationalgarde). Frauenstimme: „für die Finanzierung der Terrorkreise, die im Schatten seiner Regierung entstanden" (Szenen von Gewalt in den Straßen, Tränengas in der Luft, flüchtende Menschen, Mitglieder der „Bolívarischen Kreise" im Gespräch und gestikulierend). Männerstimme: „der unser Öl fort gibt" (Bild von PDVSA, des staatlichen Ölunternehmens). Frauenstimme: „der unsere Handelsflotte den Söldnern übergibt" (Szenen, wie Bewaffnete einen Öltanker besteigen). Männerstimme: „für die Folter der PDVSA" (Bilder von Gewalt in den Straßen, Tränengas, schreiende, flüchtende Menschen). Frauenstimme: „für die Politisierung unserer Armee" (Streitkräfte in den Straßen, Gewalt). Männerstimme: „Missachtung unserer Einrichtungen" (Streitkräfte feuern Tränengas auf Zivilisten, Chaos in den Straßen). Frauenstimme: „für die Arbeitsniederlegung im Land" (Szenen von Straßenmärschen, mit Steinen und Stecken bewaffnete Menschen kämpfen gegeneinander). Männerstimme: „für den Bruch in Venezuela" (gewalttätige Straßenprotestanten schreien und kämpfen). Frauenstimme: „für den Hass unter Brüdern" (weiterhin Straßenkämpfe, Gewalt, Chaos). Männerstimme: „Venezuela, lass dich nicht betrügen" (Bild einer riesigen venezolanische Flagge, die ein Oppositionsprotestant hält). Frauenstimme: „In diesem Land, unserem Land, ist nur eine einzige Person verantwortlich für diesen Horror" (Oppositionsprotestanten im Hintergrund, die schreien und „raus hier" signalisieren). Männerstimme: „für so viel Traurigkeit" (Venezolaner tragen einen Sarg durch die Menge). Frauenstimme: „für diesen Terror" (Eine Person, die auf Oppositionsprotestanten geschossen hatte, blutverschmiert, halb nackt, wird von der Polizei weggetragen). Männerstimme: „für so viel Gewalt" (ein Mann schwingt einen Stock in den Straßen). Frauenstimme: „für diese Unnachgiebigkeit" (bewaffnete Schutztruppen und Polizei jagen Zivilisten durch die Straßen). Männerstimme: „für so viel Gleichgültigkeit" (gleiche Szene). Frauenstimme: „Ihr, die ihr in zwei Jahren fünfmal gewählt habt, warum fürchtet ihr euch noch einmal zu wählen?" (im Hintergrund, Auszählapparate, Wähler bei der Wahl, Wahlhelfer mit Wahlurnen). Schnitt zu einer Landkarte Venezuelas mit einem großen „HIER" darauf. Männerstimme „Hier ist nur einer verantwortlich ... Schnitt, gelber Bildschirm, die Worte erscheinen: „Nicht einen Schritt zurück, RAUS, RAUS-HIER JETZT", gleichzeitig intoniert durch einen ärgerlichen Chor. Endet mit dem Logo der „Coordinadora Democrática".[4]

Das DAI Werbeprojekt in Radio und Fernsehen in Zusammenarbeit mit Carlos Fernández begann am 9. Dezember 2002 – nur sieben Tage, nachdem der Streik und der Propagandakrieg begonnen hatte.

Missinformation, Darstellung negativer Bilder, Angst und Stress erzeugende Techniken, fast hypnotische Suggerierung, exzessive Widerholung, Verzerrung und Verfälschung sind nur einige der schockierenden Techniken, die man ganz bewusst verwendete – nicht nur in politischen Werbespots, sondern auch im regulären Programm... . Betäubende Wiederholungen, unablässige Verleumdungen und das Verteufeln der Chávez Anhänger. Übertreibung, Negativwiederholung und Ausnutzung in der Berichterstattung jeder kleinen Begebenheit oder Tatsache, durch die man auch nur annäherungsweise die Chávez Regierung in einem schlechten Licht erscheinen lassen konnte. Laute, ausnahmslos negative Interviews im Staccato. Exzessiver Gebrauch von Panik erzeugenden Worten wie „Castro-Kommunismus" - ein Lieblingswort bei Venevisión – ebenso „der Mob" als Bezeichnung der Chávez Anhänger. Vorsätzliche Verwendung von negativen Schlagworten wie „Verbrechen gegen die Menschlichkeit" oder „Völkermord" im falschen Kontext, um die Situation in Venezuela zu beschreiben. Ausnutzung von Kindern in Interviews, um Stimmung gegen Chávez zu machen... Die Venezolaner waren einem massiven anti-Chávez-Therapie Programm ausgesetzt – 24 Stun-

---

[4] „Coordinadora Democrática" ist die Dachorganisation der Oppositionsbewegung. Sie repräsentiert die verschiedenen Fraktionen und politischen Parteien der venezolanischen Opposition.

den am Tag, sieben Tage die Woche, Monat für Monat, bis zum Erbrechen. Die Menschen standen damit auf und gingen damit zu Bett...[5]

In Nicaragua und Chile mussten die USA die Presse kaufen. Die CIA finanzierte kräftig und kontrollierte *El Mercurio* in Chile und *La Prensa* in Nicaragua. In Venezuela jedoch hatte man mehr Glück. Mit wenig Investitionen und Einsatz von Seiten der US-Regierung sprangen die venezolanischen Medienbesitzer freiwillig auf den anti-Chávez Zug auf.

Die bloße Existenz dieser Werbespots spricht Bände. Ein wirkliches Auflehnen der Öffentlichkeit, wie z.B. das der Philippiner gegen Ferdinand Marcos, hat im Allgemeinen nicht die Mittel, Sendezeit in Radio oder Fernsehen zu kaufen. Solche massiven Werbekampagnen kosten richtig Geld und Mittel – das lässt vermuten, dass das Programm denjenigen hilft, die es bezahlen. Im Fall Venezuela bedeutete also die Dreingabe von Sendezeit, dass die Medienbesitzer zusammen mit den Werbespotschöpfern ihre Vorteile aus diesen Bemühungen ziehen wollten.

In Venezuela kontrollieren fünf private Fernsehnetze mindestens 90% des Marktes, kleinere Privatsender weitere 5%. Diese 95% des Sendemarktes begannen schon 1999 - kurz nach Beginn der ersten Amtsperiode von Präsident Chávez – ihre Opposition zu ihm deutlich zu machen. Nachdem er 1998 an die Macht kam, bezogen die fünf privaten TV Hauptsender (Venevisión, Radio Caracas Televisión, Globovisión, Televen und CMT) und neun der zehn wichtigsten nationalen Tageszeitungen (einschließlich *El Universal, El Impulso, El Nuevo País* und *El Mundo*) Stellung für die traditionellen Parteien AD und COPEI. Die Berichterstattung, Interviews, Nachforschungen und Kommentare dieser Massenmedien verfolgten in den letzten fünf Jahren alle das gleiche Ziel: die

---

[5] Carlos Rensseler „Venezuela´s Media Mindshock", 20. Dezember 2002. Siehe http//www.thegully.com/essays/venezuela/021220-media-mindshock.html. Carlos Rensseler ist das Pseudonym für einen Geschäftsmann aus Maracaibo, dessen Familie nach Venezuela einwanderte als er ein Kind war. Zum Schutz für sich und seine Familie zieht er es vor, nicht seinen richtigen Namen zu verwenden.

Untergrabung der Rechtmäßigkeit der Regierung und die Beeinträchtigung der Popularität des Präsidenten.[6] Einer kleinen Gruppe von Geschäftsmännern gehören 15 TV Sender in Venezuela. Nur sechs davon sind nationale, der Rest sind lokale Kanäle. Drei der lokalen, *Televisora, Andina de Mérida, Canal de los Niños Cantores del Zulia* und *Vale TV* gehören der katholischen Kirche an. Es gibt nur einen öffentlichen TV Kanal mit nationaler Sendefrequenz, *Venezolana de Televisión* (oder *Kanal 8*). Ein weiterer mit UHF Frequenz, *VIVE TV*, und wachsende gemeindliche Fernsehsender wie *Catia TVe* und *Boconó* haben eine extrem kurze Reichweite.[7] In den letzten Jahrzehnten besaß ein Oligopol von zwei Familien, die Cisneros (*Venevisión*) und die Bottome & Granier Gruppe (*Radio Caracas Televisión* und *Radio Caracas Radio*) das Werbefernsehen in Venezuela. Gegen den entschlossenen Widerstand dieser beiden Familien konnten *Televen, Globovisión, CMT* und *La Tele* in den privaten Medienmarkt einsteigen, obwohl die letzten beiden nur auf VHF Frequenz senden (mit eingeschränkter Reichweite).

Dieselbe kleine Gruppe von Medieneigentümern sind nicht nur Inhaber von Sendekreisen, sondern besitzen auch eigene Werbeagenturen und Büros für Öffentlichkeitsarbeit. Diese operieren im Sinne der Sender. Auch sind sie für Schallplattenmarken und andere kulturelle Industrie tätig. Deren Material wird durch die Sender beworben, herausgegeben und gesendet. Cisneros gehört zusätzlich zu Venevisión (größter venezolanischer Sender) über 70 Medienvertriebsstellen in 39 Ländern, einschließlich *DirecTV Latin America, AOL Latin America, Caracol Televisión* (Kolumbien), das *Univisión Network* in den USA, *Galavisión* und *Playboy Latin America*, ebenso wie Getränke- und Lebensmittelvertrieb (Coca Cola Abfüllung, Regional Beer, Pizza Hut in Venezuela, Milchprodukte und andere lokale Lebensmittel) und kulturelle

---

[6] Präsident Chávez gewann die Wahlen 1998 mit mehr als 57% der Stimmen und schlug damit die sechs anderen Kandidaten der traditionellen Parteien. Siehe auch „How Hate Media Incited the Coup Against the President: Venezuela's Press Power", *Le Monde Diplomatique*, August 2002

[7] Luis Britto García, *Venezuela golpeada*. Mediocracia contra democracia (País Vasco: Editorial Hiro. Colección Sediciones, 2003). Siehe auch
http://www.analitica.com/biblioteca/britto/investigación medios-asp.

Einrichtungen wie das *Los Leones* Baseballteam von Caracas und der Miss Venezuela Schönheitswettbewerb. Das ist genau die Art von Monopolen, die einige Industrienationen zu verhindern suchen. Diese Medienmonopole erreichen mehr als vier Millionen Fernsehschirme in Venezuela – und damit Abermillionen von ganz gewöhnlichen Venezolanern.[8]

Die gedruckten Medien sind ähnlich konzentriert in der Hand von nur ein paar reichen Familien. Zum Beispiel besitzen spezielle Familiengruppen die sechs größten Tageszeitungen. Es zirkulieren 200 Zeitschriftenmagazine und 50 Tageszeitungen in Venezuela. Eigentümer von Boulevardzeitungen sind sind auch Besitzer von Magazinen, Tageszeitungen und Büros zur Öffentlichkeitsarbeit.[9] Einer der ursprünglichen Oppositionsführer gegen Präsident Chávez, Teodoro Petkoff, gründete später die Tageszeitung *Tal Cual*, eine weitere Druckmechanik der Oppositionspropaganda, die eine Schlüsselrolle im Medienkrieg gegen Chávez spielte.[10]

Mit den Privatmedien so willig und bestimmt auf der Seite der Opposition war es kein Wunder, dass der Streik 64 Tage dauern konnte.

Der Medienmogul Cisneros trug zum Streik sogar noch mehr bei als bloße TV Berichterstattung. Er befahl die Schließung seiner Vertriebsunternehmen für Getränke und Lebensmittel. Somit waren keine Waren mehr in den Märkten vorhanden. Durch die Lebensmittelknappheit würden die Venezolaner früher oder später verzweifeln und gezwungen sein, Chávez' Rücktritt zu fordern. Bei der Molkerei von Cisneros im Staat Mérida sahen Augenzeugen, dass Arbeiter Milch in den Fluss leiteten, anstatt sie für den Verkauf abzufüllen. Cisneros hatte entschieden, dass die Zurückhaltung der Milch für Venezuelas Kinder ein gerechtfertigtes Mittel wäre, um Chávez loszuwerden.

Trotzdem der Streik eigentlich eine Aussperrung war, auferlegt durch die Chefs, Besitzer und Manager, nicht durch die Arbeiter verursacht, stellten ihn die Privatsender als einen massiven Ge-

---

[8] *Ebenda*
[9] *Ebenda*
[10] *Ebenda*

neralstreik der Arbeiter dar. Diese Nachricht durchlief die ganze Welt und wurde fälschlicher Weise als ein Streik der Ölindustriearbeiter ausgelegt – unterstützt von Arbeitern und Geschäftsleuten im ganzen Land. In Wirklichkeit sabotierten hochrangige Manager und Angestellte in der Ölindustrie die Anlagen, veränderten die Zugangscodes und schlossen so die Arbeiter vom Computerinformationssystem aus – und brachten damit die Produktion zum Stillstand. Arbeiter konnten nicht arbeiten, Geschäfte keine Geschäfte machen. Die Sabotage in der Ölindustrie führte zur schwersten Ölknappheit in Venezuelas Geschichte. Für mehr als drei Monate wurde die Wirtschaft schwer in Mitleidenschaft gezogen und das Land destabilisiert.

Millionen von Venezolanern konnten nicht arbeiten und hatten kein Benzin, um zu reisen. So mussten sie zuhause bleiben. Die einzige Beschäftigung, die noch kostenlos für viele zur Verfügung stand, war das Fernsehen. Die privaten Medien ergriffen die Gelegenheit beim Schopfe und starteten den größten Informationskrieg der heutigen Zeit. Die vier Hauptsender setzten für die Dauer des 64-tägigen Streiks alle regulären Programme aus: keine Produktwerbung, keine Seifenopern, keine Spielfilme, keine Zeichentrickfilme, keine Fernsehkomödien. Laut Medienexperten Luis Britto García:

Nicht weniger als vier TV Sender (ganz zu schweigen von Radio und den gedruckten Medien) taten sich im Dezember 2002 und Januar 2003 zusammen und übertrugen 24 Stunden jeden Tag Propaganda gegen die Regierung. Sie opferten alle ihre Sendezeit, jede Sekunde, um die Regierung durch die Regenbogenpresse schlecht zu machen, um alle Art von Unruhe und Gerüchten zu säen – genauer gesagt, um Terror heraufzubeschwören.[11]

Die Situation war so ernst während dieser 64 Tage, dass die Bürger Venezuelas nicht wussten, welchen Informationsquellen sie trauen konnten – den Privatsendern oder der Regierung. Auf dem staatlichen „Kanal 8" gab der Bildungsminister auf einer Pressekonferenz bekannt, dass die öffentlichen Universitäten und

---

[11] Roberto Hernández Montoya, „El terrorismo considerado como una de las bellas artes", *Question*, März 2003, S. 9

Schulen geöffnet seien und normal arbeiteten, während die privaten Medien bekannt gaben, dass sich alle öffentlichen Universitäten und Schulen im Streik befänden und geschlossen seien. Letztendlich blieb den Venezolanern eine Regierung, der man den Zugang zu den Medien verweigerte und Privatmedien, die als *de facto* Regierung handelten.[12]

Am fatalsten war die Übertragung von Gewalt und Oppositionspropaganda aller Privatsender in der Zeit, in der auch Kinder vor den Fernsehern saßen – eine ausgesprochene Verletzung venezolanischer Gesetzgebung.[13] Ein Venezolaner bezeugte, wie dramatisch der Medienkrieg sein Kind betraf:

Letzten Abend machte ich den Fehler, nicht zu überprüfen, ob mein Sechsjähriger fernsah. Er wachte mitten in der Nacht nass geschwitzt auf, hyperventilierte, bekam fast keine Luft. Er flehte uns an, bei uns schlafen zu dürfen. Er hatte Angst, die „Chavistas" kämen mitten in der Nacht und würden ihn töten.[14]

Eine weitere erfolgreiche und effektive Verwendung von US-Steuergeldern.

8.3 „Demokratischer Koordinator"

Nach dem Fehlschlag des Putsches im April und der Einrichtung des OTI im Juni tauchte die „Coordinadora Democrática" auf. Interessante zeitliche Koordinierung, bekannter Name. Ihren

---

[12] Dies alles basiert auf meinen eigenen Erfahrungen in Venezuela während des Streiks im Dezember 2002 bis Januar 2003. Ich nahm die privaten und die staatlichen Kanäle auf und interviewte zahlreiche Venezolaner über den Medienkrieg in Venezuela.
[13] Siehe La Ley Orgánica de Protección al Nino y al Adolescente, Artículos 38 (Derecho al Libre Desarollo de la Personalidad), 32 (Derecho a la Integridad Personal), 35 (Derecho a la Libertad de Pensamiento, Conciencia y Religión), 63 (Derecho al Descanso, Recreación, Esparcimiento, Deporte y Juego), 65(Derecho al Honor, Reputación, Propia Imagen, Vida Privada e Intimidad Familiar), 68 (Derecho a la Información), 71 („Durante el horario recomendado o destinado e publico de ninos y adolescentes o a todo público, las emisoras de radio y televisión solo podrán presentar o exhibir programas, publicidad y propagandas que hayan sido consideradas adecuadas para ninos y adolescentes, por el órgano competente"), 74 (Envoltura para los Medios que Contengan Informaciones Inadecuadas para Ninos y Adolescentes), und Artikel 79 (Prohibiciones para la Protección de los Derechos de Información y a un Entorno Sano).
[14] Carlos Rensseler, „Venezuela's Media Mindshock", 20. Dezember 2002. Siehe http://www.thegully.com/essays/venezuela/021220-media-mindshock.html.

Ursprung findet die venezolanische CD in der „Coordinadora Democrática Nicaragüense". Die CD in Venezuela setzte sich zusammen aus Fedecámaras, der CTV, zahlreichen zivilen Sozialorganisationen und ungefähr zehn politischen Parteien, von denen viele NED Mittel erhalten. Statt die Ereignisse des 11. bis 14. April zu reflektieren, die die Nation lahm gelegt und verändert hatten, konzentrierte sich die CD sofort auf die nächste Phase. Die OAS (Organisation der amerikanischen Staaten) schickte sogar eine Delegation unter Generalsekretär César Gaviría, um bei der Aushandlung einer Lösung zu helfen. Doch die Opposition setzte nur auf einen einzigen Weg aus der Krise: die Amtsenthebung von Chávez.

Im Oktober 2002 erklärten regimekritische Militäroffiziere eine Plaza im wohlhabenden Viertel von Caracas zur „befreiten Zone". Viele von ihnen hatten Schlüsselrollen beim Putsch im April gespielt. Die CD und die privaten Medien, die diese Militärrevolte öffentlich unterstützten, nutzten das wachsende Chaos und riefen Anfang Dezember zum „Nationalstreik" auf.

Am zweiten Streiktag traf sich Außenminister Colin Powell in Bogotá, Kolumbien, mit dem ehemaligen „Putschpräsidenten" Pedro Carmona, der sich kolumbianischen Tageszeitungen zufolge dort häufig mit der US-Botschafterin für Kolumbien, Ann Patterson, getroffen hatte.[15] Carmona stand auch immer noch in Kontakt mit seinem Fedecámaras Gegenpart. Wenn man bedenkt, dass der Arbeitgeberverband der Hauptanstifter und Förderer des Streikes war, erscheint das Treffen zwischen dem US-Außenminister und einem im Exil lebenden Putschführer, der immer noch an der Destabilisierung eines demokratischen Landes arbeitete, ziemlich deplaziert. Aber offensichtlich war ein solches Verhalten für die US-Regierung die Norm. Tatsächlich war Pedro Carmona nach dem Putsch im April häufig ungehindert in die USA eingereist. Erst

---

[15] Gina María Ramírez „Powell en Bogotá con golpistas venezolanos", *Indymedia Colombia*, 21. Dezember 2002. Siehe http://www.colombia.indymedia.org/news/2004/05/12839.php.

nachdem der internationale Druck zunahm, zog das Außenministerium sein Visa zurück.[16] Der von der CD angeführte Streik dauerte bis in den Februar 2003. Der wirtschaftliche Schaden überschritt die 10 Milliarden Dollargrenze. Der Streik, der in vielen Gebieten eher eine Aussperrung war, hatte sich auf die Ölindustrie konzentriert – Venezuelas Lebensader und Haupteinnahmequelle. Eine Fraktion von Arbeitern der PDVSA, vor allem hochrangige Angestellte im Management geführt von Juan Fernández, gründete eine Beschaffungsstelle genannt „Gente de Petróleo", die man der CD angliederte. „Gente de Petróleo" erhielt indirekt Mittel sowohl von der NED als auch von der USAID.

8.4 Intesa: Ein Schlechter Handel

Die hochrangigen Manager und anderen Arbeiter der PDVSA, die sich im Streik befanden, verletzten nicht nur ihre Verträge, sondern hinderten auch weitere Arbeiter am Zugang zu Codes und Autoritätsbereichen, um die Raffinerien am Laufen zu halten. Ein wenig bekanntes, aber strategisch wichtiges Projekt zwischen dem US-Unternehmen „Science Applications International Corporation" (SAIC) mit CIA Verbindungen und der PDVSA – genannt INTESA – spielte eine Schlüsselrolle bei der Lähmung der venezolanischen Ölindustrie.

INTESA ist das Informations- und Technikunternehmen, das man für die Ausführung aller elektronischen Operationen und die Modernisierung vieler alter, analoger Systeme gründete. Dieses Unternehmen schloss sich nicht nur sofort dem Streik an, sondern sabotierte absichtlich wichtige Anlagen und Netzwerke. Von außen änderten INTESA Angestellte Zugangscodes und Programme. So konnten die verbleibenden PDVSA Arbeiter die Computer, Maschinen und Anlagen nicht bedienen. Das Ergebnis war der Stillstand der venezolanischen Ölproduktion mit vernichtenden Verlusten. Nicht nur venezolanische Bürger bekamen kein

---

[16] Telegramm von der US Botschaft in Caracas vom 14. August 2002. Siehe http://www.venezuelafoia.info.

Öl und Gas mehr, auch internationale Verträge waren ernsthaft gefährdet. Der Vorteil für die Opposition durch den Zusammenbruch der Ölgeschäfte liegt klar auf der Hand. Für Außenstehende musste es so aussehen, als ob Präsident Chávez keine Kontrolle mehr habe und folglich die Situation durch einen neuen Führer geregelt werden müsse. Tatsächlich aber war der Streik ziemlich geregelt – eigentlich sollte er ja ein Chaos hervorrufen. Als Entschädigung für die kurzfristigen Verluste hofften die Opposition und Washington für die Industrie ein neues Staatsoberhaupt zu bekommen, das ihren Zielen geneigter gegenüberstand.

Venezuela musste Erdöl von anderen Staaten kaufen, um seinen vertraglichen Verpflichtungen auf minimaler Basis nachkommen zu können. In manchen Teilen des Landes waren die Schlangen für Benzin mehr als fünf Meilen (acht Kilometer) lang. Ende Dezember verbrachten viele Taxifahrer und Autobesitzer ihren Weihnachtsabend in den Warteschlangen für Benzin. Millionen von Bürgern ohne elektrische Versorgung mussten mit Holzfeuern kochen – sogar mitten in Caracas, über die ganzen 64 Tage des Streiks hinweg.

INTESAs Hauptaktionär SAIC ist auch der wichtigste Vertragsnehmer der US-Regierung. SAIC gehörten 60% der Anteile, der PDVSA 40%. Nicht nur durch Verträge ist die SAIC mit der US-Regierung eng verbunden. Ihr Vorstand besteht aus ehemaligen Stabsführern, ex CIA-Agenten und hochrangigen Regierungsangestellten. Telegramme von der US-Botschaft während der Gründungsverhandlungen zu INTESA zwischen der PDVSA und der SAIC, maßen dem Gemeinschaftsunternehmen „entscheidende Bedeutung" für die Vereinigten Staaten bei.

Kurz bevor Präsident Chávez 1998 sein Amt antrat, stand die SAIC mit dem venezolanischen Verteidigungsministerium in Verhandlung wegen eines ähnlichen Unternehmens. Ein solcher Vertrag hätte dieser Firma, geführt von ehemaligen CIA-Funktionären und hochrangigen US-Regierungsbeamten, totale Kontrolle über Venezuelas Verteidigungssystem und die nationale Sicherheit gegeben. Präsident Chávez lehnte den Handel ab, bevor er festgelegt werden konnte. Aber INTESA bestand bereits und die Regierung konnte nur darauf warten, dass der Vertrag Ende 2002 auslaufen würde.

Der damalige PDVSA Präsident Alí Rodríguez versuchte während des Streiks die Situation im Guten mit INTESA zu lösen. Er informierte das Unternehmen von seinen vertraglichen Verpflichtungen, die Dienstleistungen weiterhin auszuführen, unabhängig von äußeren Umständen. Als das INTESA Management sich weigerte, den Forderungen der PDVSA nachzukommen, verlangte Rodríguez die Übergabe der Zugangscodes für die Anlagen, so dass PDVSA Angestellte die Maschinen bedienen und die Industrie wieder in Gang bringen konnten. Diese Auseinandersetzung ging einige Wochen hin und her. INTESA verweigerte die Zusammenarbeit mit der PDVSA und schließlich mussten PDVSA Angestellte in die INTESA Hauptstelle eindringen und sich die notwendige Betriebsausrüstung holen, um Venezuelas Ölindustrie wieder zum Laufen zu bringen.

SAIC verklagte später die PDVSA auf „Zwangsenteignung" von Ausrüstung und gewann. Der Fall wurde vor dem OPIC (Overseas Protection for International Companies – Auslandsschutz für internationale Unternehmen) verhandelt, einer Behörde der US-Regierung, die Versicherungen für US-Firmen im Ausland anbietet. Es erstaunt nicht, dass eine Behörde der US-Regierung für ein ebenfalls mit der US-Regierung verbundenes Unternehmen entschied. PDVSA wurde zu einem Schadensersatz von ungefähr 6 Millionen Dollar an die SAIC verurteilt.

8.5 „Vorgezogene Wahlen" – Verfassung, welche Verfassung?

Als der Streik seinen Höhepunkt erreicht hatte, forderte das Weiße Haus „vorgezogene Wahlen" in Venezuela, um die politische Krise zu beenden. Die US-Regierung, die den Putsch vor gerade mal neun Monaten unterstützt hatte, verlangte jetzt wieder nach einer verfassungswidrigen Lösung in Venezuela. Die venezolanische Verfassung sieht keine „vorgezogenen Wahlen" vor, wenn politische Krisen auftreten – ebenso wie die US-Konstitution keine vorgezogenen Präsidentschaftswahlen vorsieht. Dennoch erklärte das Weiße Haus am 13. Dezember 2002: „Die

Vereinigten Staaten sind überzeugt, dass der einzig friedliche und politisch praktikable Weg aus der Krise die Abhaltung vorgezogener Wahlen ist."[17] Am gleichen Tag gab Richard Boucher, Sprecher des Außenministeriums, in einer Information an die Tagespresse einen aufschlussreichen Kommentar ab: „... eine vorgezogene Wahl ist, wie wir denken, die Art von Lösung, die wir brauchen. Und ich denke, man kann sagen, das ist unser Ziel ..."[18] Natürlich hatten die USA ein Ziel: die Unterminierung der venezolanischen Konstitution, indem man nach verfassungswidrigen Wahlen rief, um Chávez loszuwerden – unter dem Deckmantel eines demokratischen Wahlprozesses.

Für die Darstellung in der Öffentlichkeit war das geschickt eingefädelt. Da Wahlen nun mal für eine Demokratie notwendig sind entstand durch den Ruf nach vorgezogenen Wahlen der Eindruck, als ob man die Demokratie retten wollte. Indem man sowohl die Verfassungswidrigkeit als auch den Versuch, Chávez aus dem Amt zu zwingen, außer Acht ließ, schien es eine Stärkung der Demokratie zu sein – obwohl es genau das Gegenteil war.

Zur gleichen Zeit schickte das Verteidigungsministerium gefälschte Informationen nach Washington. Man versuchte Chávez als Geächteten darzustellen, um die Aktionen gegen ihn zu rechtfertigen. In einem Telegramm vom Dezember 2002 heißt es fälschlicher Weise, Chávez habe „die Zerstörung der TV Sender 'Globovisión', 'Televen', 'Canal Dos' und vielleicht noch anderer Medienstellen befohlen. Diese Angriffe sollen am Abend des 12. Dezember stattfinden." Diese Behauptungen waren gänzlich falsch. Präsident Chávez hatte nie solche Übergriffe befohlen, noch wurden diese Sender jemals zerstört. Tatsächlich strahlten eben diese Medienstellen 24 Stunden am Tag unzensierte anti-Chávez Botschaften aus, die in vielen Fällen gewaltvoll und aggressiv waren. Der Staat hatte aber keine Maßnahmen zur Einschränkung des Rechtes auf Meinungsfreiheit unternommen.

---

[17] Siehe http://www.whitehouse.gov/news/releases/2002/12/20021213.html.
[18] Siehe http://www.state.gov/r/pa/prs/dpb/2002/15976.html.

Aber jene, die die Informationen in Washington erhielten, wussten nicht, dass sie falsch waren. Derselbe Bericht diskutierte über kubanische Truppen und Guerillas der „Revolutionary Armed Forces of Columbia" (Bewaffnete Revolutionskräfte) (FARC) in Venezuela - zur Unterstützung von Chávez. So wollte man den venezolanischen Präsidenten mit den kolumbianischen Guerillas in Verbindung bringen und damit die Türe für internationale Interventionen öffnen.[19]

Demonstration gegen die Intervention der USA, Caracas 2002

---

[19] Telegramm vom Verteidigungsministerium. Siehe http://www.venezuelafoia.info. Siehe Anhang, Seite 188

9 Wahlintervention: Die letzte Hoffnung der USA

9.1 Die Entstehung von Súmate

In einem seltsamen Zufall von Zeit, Ort und Gegebenheiten entstand in Venezuela ein neues Gebilde. Als die SAIC aus der PDVSA gedrängt wurde und ihren Einfluss auf die wichtigste Ölindustrie der westlichen Hemisphäre verlor, entstand „Súmate" – eine technisch hoch entwickelte, auf Wahlen konzentrierte, gemeinnützige Einrichtung. Mit der Opposition verbundene, reiche Venezolaner etablierten sie.[1] Súmates Premiere kam an Ende des Streikes, der wieder nicht sein Ziel erfüllt hatte, Chávez loszuwerden. Allerdings hatte er bei der Verschlechterung der Lebensbedingungen der Venezolaner durch die Wirtschaftsverwüstung Erfolg. Die Opposition wäre gerne auf die Forderung nach „vorgezogenen Wahlen" der USA eingegangen, aber die venezolanische Regierung weigerte sich, einen solch verfassungswidrigen Weg zu beschreiten. Súmate bot der verzweifelten Oppositionsbewegung und der US-Regierung eine Alternative: ein Referendum.

Die venezolanische Verfassung von 1999 sieht in Artikel 72 die Möglichkeit eines Widerrufreferendums für jedes Beamtenmandat nach der Hälfte der Amtszeit vor. 20% der Wähler müssen das Referendum anfordern. Danach müssen mehr Wähler für einen Widerruf stimmen, als der Prozentsatz, mit dem der Beamte gewählt wurde. Diese Widerrufsstimmen müssen die Mehrheit gegenüber denen ergeben, die das Bleiben des Beamten wollen. Es ist ein komplizierter Prozess. Leider saß „Súmate" wegen ihres cleveren Einfalls mit dem Referendum auf einem solch hohen Ross, dass man vergaß, den Artikel 72 richtig durchzulesen. Anfang Februar 2003 begann man mit einer Unterschriftensammlung für ein Referendum.

---

[1] Eine interessante Bemerkung: SAIC hatte kurz zuvor die Entwicklung von Sicherheitssystemen und Datenbanken für elektronische Wahlmaschinen auf dem US Markt übernommen.

Zu Beginn des Jahres 2003 waren schon mehr als 3000 Laptops aus unbekannten Quellen in den USA bei der „Súmate" Hauptgeschäftsstelle in Caracas eingegangen. Am Tag des Petitionseingangs entdeckten venezolanische Behörden einige hundert Laptops mit PDVSA Kennzeichnungen im Besitz von „Súmate" Angestellten – sie waren während des Streiks aus den Büros des Ölunternehmens gestohlen worden.

Mit der Behauptung, sie habe 27 Millionen Unterschriften[2] für ein Referendum über Präsident Chávez' Mandat gesammelt, forderte „Súmate" die Regierung auf, sofort Wahlen einzuberufen. „Súmates" Verlangen stieß bei der venezolanischen Regierung auf taube Ohren, da die Hälfte von Chávez' Amtszeit noch gar nicht erreicht war.

Bei einer anderen Regierung fand man aber sehr wohl Gehör: die US-Administration belohnte „Súmate" für ihr mutiges Eintreten. Sowohl NED als auch USAID sicherten „Súmate" Mittel für die Fortsetzung des Kampfes um das Referendum zu.[3]

„Súmate", wie schon „Vía Cívica" in Nicaragua, stellte die US-Regierung als eine neutrale Einrichtung dar. Sie wolle nur Hilfestellung bei Wahlen leisten. Doch „Súmates" eigene Website legte die Ziele der Organisation offen – „die Unterstützung eines Widerrufreferendums gegen Präsident Chávez."[4] Zusätzlich hatte „Súmates" Vizepräsidentin und Schatzmeisterin María Corina Machado den berüchtigten „Carmona Erlass"[5] während des Putsches unterzeichnet. Damit bewies sie eine klare Linie gegen Chávez und undemokratische Tendenzen. Außerdem war „Súmates" Präsident, Alejandro Plaz, auch Direktor der „Andean Office of Mc.Kinsey & Company", einer Beratungsfirma, die notorisch mit der CIA in Verbindung stand.

---

[2] Venezuela hat nur 24,5 Millionen Einwohner.
[3] Siehe http://www.venezuelafoia.info. Siehe Anhang S. 235
[4] Siehe http://www.Súmate.org.
[5] Siehe *Semanario Quinto Día*, 7. November bis 31. Dezember 2003, S. 19.

9.2 Das Referendum

Für das Finanzjahr 2003 verlangte USAIDs OTI für seine Operationen in Venezuela 5.074.000 Dollar. NED gab mehr als 1 Million Dollar an ihre venezolanischen „Grantees" und Pendants. Es waren eben jene, die kurz zuvor den illegalen 64-Tage-Streik angeführt hatten, der Venezuelas Wirtschaft zerstörte. Auch DAI gab weiterhin Mittel an Projekte, die unter das VICC Programm fielen.

Nach dem Fehlschlag des Streiks kristallisierte es sich für die Opposition heraus, dass sie sich auf eine „reelle" Lösung konzentrieren musste - eine Lösung über Wahlen, die für den Rest der Welt legitim erscheinen würde. Die Verfassung ebnete den Weg für die Möglichkeit eines Widerrufreferendums. Nach mehr als neun Monaten Vermittlung durch die OAS stimmte die Opposition im Mai 2003 einer „friedlichen und verfassungsmäßigen" Lösungsfindung der Krise zu. Da vorgezogene Wahlen nicht verfassungsmäßig waren, wäre das Referendum der einzig mögliche Weg, Chávez vorzeitig aus dem Amt zu bekommen.

„Súmate" begann sofort eine Kampagne, um die Regierung zur Anerkennung der Unterschriften zu zwingen, die man im Februar 2003 gesammelt hatte. Die private und internationale Presse unterstützte diese Forderung – ermutigt durch die US-Regierung. Sprecher der US-Regierung behaupteten immer wieder, die Chávez Regierung verhindere ein verfassungsmäßiges Referendum obwohl die Bedingungen von Artikel 72 gar nicht erfüllt waren. Venezuelas „National Electoral Council" (Nationaler Wahlrat) (CNE), eine autonome Regierungseinrichtung, betonte, dass er keine Unterschriften anerkenne, die die Referendumsbedingungen ganz eindeutig verletzten. Man legte einen Termin Ende November für die Durchführung einer Petition für ein Widerspruchreferendum vor. Danach gab der CNE klare Regelungen und Richtlinien heraus, die den Referendumsverlauf regeln würden. Falls die benötigten 20% Unterschriften von registrierten Wählern, ca. 2.4 Millionen, zusammenkämen, würde man das Referendum über Präsident Chávez´ Mandat abhalten.

"Súmate" startete prompt eine massive Medien- und Propagandakampagne für die Petition, genannt „Reafirmazo". Mit NED Und USAID Mitteln brachte „Súmate" massenhaft anti-Chávez und pro-Referendum Material heraus, das man im ganzen Land verteilte. Die Organisation produzierte auch kleine, blaue Karten, die bestätigten, dass ein Wähler die Petition für ein Widerrufreferendum unterschrieben hatte. Die Karten verteilte man an den Unterschriftstischen. Man sagte den Wählern, sie müssten die Karten bei ihren Arbeitgebern abgeben, ansonsten würde ihnen gekündigt. Es war glatte Erpressung – finanziert durch die US-Regierung.

Im Herbst 2003 beantragte das OTI weitere 6.345.000 Dollar für Venezuela für das Jahr 2004 – und bekam sie auch.

USAID gab ebenfalls 1,775 Millionen Dollar zur Beobachtung und Vermittlung des Referendums an das „Carter Center", das der ehemalige US-Präsident Jimmy Carter leitete. Trotz dieser Finanzspritze würde jenes später den Ausgang des Referendums für Chávez bestätigen.

Ungefähr zu dieser Zeit bewilligte USAID dem IRI und dem NDI mehr als 2 Millionen Dollar für die „Sicherstellung eines glaubhaften Wahlablaufs" und die „Stärkung politischer Parteien" in Venezuela während des Zeitraums 2003 bis 2004.

Bei einer Zuweisung von insgesamt 769.000 Dollar an das NDI wollte USAID 300.000 Dollar an lokale „Sub-Grantees" verteilt wissen. „Súmate" war die Hauptguppe, auf die man sich hierbei bezog. Mit diesen Mitteln sollten sich lokale Organisationen an der Wahlbeaufsichtigung, der Aufzeichnung der Wählerregistrierung und der Ausbildung von Wahlhelfern beteiligen – Aktivitäten, die wenn sie zur Überwachung einer anderen Regierung dienen sichere Zeichen von Intervention sind. Darüber hinaus glaubt man kaum, dass ein Finanzprogramm fair und ausgeglichen sein würde, das „vor, während und nach dem Wahltag Aufzeichnungen vornehmen soll, einschließlich einer schnellen Auszählung" des Widerrufreferendums gegen Präsident Chávez' Mandat – mit der Prämisse, dass Chávez „populistisch", „autoritär" und „umstritten" sei.

Mit USAID Geldern half das NDI „Súmate", die Organisation und Struktur (auf ehrenamtlicher Basis) aufzubauen. Die 796.000 Dollar Zuweisung erlaubte der NDI, „Handbücher für

Beobachter" zu entwerfen, die speziell auf den venezolanischen Kontext zugeschnitten waren. So konnte man mit Gruppen arbeiten, um eine „train the trainers"-Strukturpyramide herzustellen. Die Gruppen sollten sich mit anderen Institutionen und Bereichen zusammentun, um ihre ehrenamtliche Basis zu stärken." NDI half „Súmate" Trainingsmaterial zu entwickeln: „Formulare für Beobachter, Software, Informationen für die Öffentlichkeit usw.". Eigentlich alles, was „Súmate" brauchte, um die Kampagne für das Widerrufreferendum zu führen – bezahlt von den Vereinigten Staaten.

Während sich das NDI auf „Súmate" konzentrierte, verwendete das IRI ihre 450.000 Dollar USAID Mittel, um politische Oppositionsparteien auf die Wahlen vorzubereiten, die nach der Referendumsniederlage von Chávez anstehen würden. Das IRI arbeitete mit Parteien wie „Primero Justicia", „Proyecto Venezuela", AD, COPEI, MAS, „Alianza Bravo Pueblo" und anderen zusammen. Es stellte die Ausbildung zur Wahlkamporganisation und -struktur zur Verfügung, zum Mitteilungsablauf, zur Frage „Wie gewinnt man die Massen?", zu Mitgliedschaft und Mittelbeschaffung und anderen Aspekten der professionellen Wahlkampfführung.

Wenn man die hohen Vorbereitungs- und Trainingsinvestitionen sieht, ist klar, dass die US-Regierung fest mit Chávez´ Amtsenthebung rechnete. Wie Roger Noriega (Assistant Secretary of State fort he Western Hemisphere Affairs) kurz vor dem Referendum bekräftigte: „Wir haben viel Geld in diesen Ablauf investiert..."[6]

9.3 Die „Venezuela-Terror-Connection"

Genau um die Zeit des „Reafirmazo" im Herbst 2003 starteten die USA eine weitere Attacke gegen die Regierung Chávez. Dieses Mal behauptete man, Venezuela gewähre „Terroristen" und ihren Ausbildungslagern Unterschlupf und arbeite mit der kolum-

---

[6] Siehe http://www.bogota.usembassy.gov.

bianischen FARC und ELN zusammen – beides Gruppen, die auf der US-Liste für internationale Terrororganisationen stehen. In einem Artikel „Terror Close to Home" in *US-News and World Reports* gab Linda Robinson an, dass Al Kaida, die FARC und ELN Terroristen Trainingslager in ganz Venezuela verteilt aufgebaut hätten. Der Artikel beinhaltete eine große Landkarte von Venezuela, auf der die Terroristencamps markiert waren.

Das ölreiche, aber politisch instabile Venezuela entwickelt sich zu einer Drehscheibe des Terrorismus der Westlichen Hemisphäre. Sie unterstützt islamistische Radikale aus dem Mittleren Osten und andere Terroristen, sagen leitende US-Militär- und Nachrichtenfunktionäre... Terroristengruppen aus dem Mittleren Osten sind Unterstützungszellen bei Operationen in Venezuela und anderen Gegenden der Andenregion...Venezuela unterstützt bewaffnete Oppositionsgruppen aus dem benachbarten Kolumbien; diese Gruppen sind auf der offiziellen US-Liste der Terrororganisationen und werden auch des Drogenhandels bezichtigt...."[7]

Die Anschuldigungen basierten auf der Stellungnahme eines „anonymen US-Beamten" und einer „eingehenden" Untersuchung des Magazins. Es wurden nie Beweise erbracht.

Tatsächlich bestätigte später Brigadegeneral Benjamin R. Mixon, Operationsleiter des „Southern Command" des Pentagon in Miami: „...das „Southern Command" hat keine Informationen darüber, dass Venezuela Terroristen unterstützt."[8]

Ein Artikel der *United Press International* (UPI) behauptete auch, es gäbe Verbindungen zwischen der venezolanischen Regierung und islamistischen Terrornetzwerken. Der UPI Artikel ging in seiner Darstellung sogar so weit, dass Chávez Al Kaida Selbst-

---

[7] Linda Robinson „Terror Close to Home", *U.S. News and World Reports*, 6. Oktober 2003.
[8] Juan O. Tamayo „U.S. Split Grows over Chávez Links do Rebels", *The Miami Herald*, 28. Dezember 2003, Seite 21A.

mordattentätern der Anschläge vom 11.September 2001 in den USA Unterschlupf gewähre:

> *Fahnder benannten zwei Al Kaida Verdächtige in Venezuela: Hakim Mamad Al Diab Fatah, den die USA wegen des Verdachts der Teilnahme am Attentat des 11. September 2001 deportierten und Rahaman Hazil Mohammed Alan, der in England einsitzt wegen Zündstoffschmuggels in einem Flieger der British Airways. Amerikanische und britische Beamten beklagen, die Regierung von Präsident Hugo Chávez behindere ihre Nachforschungen, da sie Nachrichteneinheiten der USA aufdeckte, die terroristische Verbindungen innerhalb der eine halbe Million starken arabischen Gemeinde in Venezuela untersuchte...Chávez wandte sich amerikanischen, britischen und anderen europäischen Diplomaten in Caracas zufolge zur Abdeckung seines Sicherheitsdienstes stattdessen an kubanische und libysche Berater.*[9]

Der UPI Artikel benennt weder offiziellen Quellen, noch bringt er irgendwelche substantiellen Beweise für seine Behauptungen. Darüber hinaus verlor man nach dieser Runde von Artikeln mit ungeheuerlichen Anschuldigungen über Venezuelas vermeintliche Verbindungen mit Al Kaida und anderen Terrorgruppen kein Wort mehr über das Thema. Letztendlich waren die Behauptungen bloße Verängstigungstaktik und Teil der Strategie, die Regierung von Chávez in der internationalen Gemeinschaft zu isolieren und eine Rechtfertigung für Interventionen zu haben.
Doch diese Strategie schlug fehl.

---

[9] Martín Aróstegui „Analysis: Venezuela's Islamic Links" *United Press International*, 1. September 2003

9.4 Guarimba

Trotz dieses internationalen Drucks verlief die Unterschriftensammlung für das Referendum reibungslos. Der CNE erklärte später 1.9 Millionen Unterschriften für gültig, während man eine Million weitere wegen Betrugsverdachtes nicht wertete. Mehr als 800 000 Unterschriften waren in doppelter Ausführung erbracht worden, was die Vorschriften des CNE verletzte. Die Opposition reagierte auf diese Nachrichten mit Gewalt.

Im Februar 2004 starteten neu formierte Fraktionen der CD „Guarimba" - einen Plan, den angeblich der kubanisch-venezolanische Robert Alonso entwarf. „Guarimba" rief rechtsgerichtete Gruppen auf, Gewalt und zivilen Ungehorsam in den Straßen von Caracas und anderen Ballungsgebieten zu verbreiten. So wollte man repressive Reaktionen des Staates provozieren, die dann Beschuldigungen von Menschenrechtsverletzungen und fehlender verfassungsmäßiger Ordnung rechtfertigen würden.

„Guarimba" dauerte vom 27. Februar bis 1. März 2004. In dieser Zeit wurden viele venezolanische Bürger verletzt und wegen Gesetzesverletzungen festgenommen. „Guarimba" Provokateure verbrannten Müll in den Straßen, blockierten Fahrbahnen und warfen Molotow Cocktails und andere selbst gebastelte Bomben nach Sicherheitskräften. Die von der Opposition gesteuerten Medien vermittelten der Welt eine vorgefertigte Version der Ereignisse, die die Regierung als „Unterdrücker" anführte. Jene, die wegen Gewaltanwendung in dieser Zeit verhaftet worden waren, stellte man als „Opfer von Folter und rechtswidriger Verhaftung" dar. „Guarimba" ähnelte sehr der „Chileanisations" Strategie, die man in Chile und Nicaragua anwandte - gleiche Taktiken hatten gleiche Folgen.

Als eine Folge der Gewalt und Instabilität, die die Opposition zu verantworten hatte, stimmte die venezolanische Regierung zu, die „Betrugsunterschriften" von den Unterzeichnern innerhalb einer vier Tagesperiode (durch den CNE geregelt) „nochmals bestätigen" zu lassen. So hatte also die Opposition eine weitere Möglichkeit, auf rechtlichem Weg die nötigen 2,4 Millionen Unterschriften zu bekommen, die für die Durchführung eines Referendums nötig waren. „Reparo", die Zeitspanne der Unterschriftennachbesserung, fand Ende Mai 2004 statt. Das „Carter Center" und die OAS stellten die internationale Überwachung sicher – mit den Geldern der USAID. Mit ungefähr 100.000 Unterschriften erhielt die Opposition die nötigen 2,4 Millionen, und man legte den Termin für das Referendum auf den 15. August 2004 fest.

9.5 "Plan Consenso Pa'Bush" – "Plan Consensus für Bush"

Ca. fünf Tage nach der Ankündigung, die das Referendum bestätigte, brachte die Opposition einen Alternativplan für eine Interimsregierung nach Chávez heraus. Genannt „Plan Country Consensus" erschien das Projekt als erster Versuch der Opposition, den Venezolanern etwas Weiterführendes zu bieten. Es hatte heftige internationale Kritik an der Opposition gegeben, dass sie keine konkreten Pläne, keine brauchbaren Kandidaten, keine Plattform habe, um Chávez entgegentreten zu können. Da erschien der „Plan Country Consensus" als eine magische Lösung. Doch die ausgefeilten Angebote des Plans entstanden nicht aus einer unabhängigen Oppositionsbewegung heraus. Tatsächlich waren sie das Ergebnis einer NED Zuwendung an CIPE-CEDICE im Jahr 2003 – zusammen mit USAID Mitteln, die über die DAI und einige andere Oppositionsgruppen, einschließlich „Liderazgo y Visión" und „Queremos Elegir" liefen.

Zusätzlich hatten auch das IRI und das NDI eine Rolle bei der Finanzierung und dem Entwurf der „alternativen Agenda" gespielt. Das Ziel der USA war, das Referendum zu gewinnen und eine Übergangsregierung einzusetzen, die sich nach ihren Interessen richtete. So wurde sowohl die Referendumskampagne (über „Súmate" und CD) als auch die „alternative Agenda"(über die NED und USAID „Grantees") von US-Regierungsvertretern finanziert und überwacht.[10]

Die NED wählte CEDICE zum Hauptverfasser eines Programms für eine „Übergangsregierung" – trotz der Tatsache, dass CEDICEs Präsident Rocío Guijarro als einer der ersten den „Car-

---

[10] Siehe http://www.venezuelafoia.info. Siehe auch Anhang Seiten 182-183.

mona Erlass" unterzeichnet hatte. Auch hatte ihn Carmona ausgewählt, die NGOs bei seiner „Vereidigungszeremonie" zu repräsentieren. CEDICE war auch eine der heftigsten anti-Chávez Gruppen in Venezuela. Ihre Führer versuchten einige Male den NED Programmdirektor Christopher Sabatini davon zu überzeugen, dass am 11. April 2002 gar kein Staatsstreich stattgefunden hatte, sondern es mehr ein Aufbäumen der Bevölkerung gegen einen „Diktator" war.[11]

Aber das „Plan Consensus" Projekt hatte den Venezolanern nicht mehr zu bieten als sie schon die ganze Zeit gehört hatten: leere Versprechen und eine neo-liberale Zielsetzung. Das von der NED geförderte Projekt brachte Repräsentanten von fast allen Organisationen und politischen Parteien zusammen, die mit der Dachorganisation der Opposition „Coordinadora Democrtatica" in Verbindung standen. Es schloss sogar Mitglieder der katholischen Kirche und ehemalige PDVSA Führungskräfte mit ein. Viele eben dieser hatte sich gerade an zwei illegalen und zerstörerischen Aktivitäten gegen die Demokratie beteiligt: an dem Putsch und an dem Streik.

Der CEDICE „Plan Consensus" basierte auf folgender Voraussetzung:

Momentan ist eine nationale Zielsetzung, die die Verabschiedung von Reformen für den freien Markt einleitet besonders wichtig...Das einzige, was das Land von der totalen revolutionären Kontrolle trennt ist die Tatsache, dass die Chávez Regierung sich aus freien Wahlen ergab, so wie das Nazi Regime bei seinem Beginn...[12]

Die US-Regierung unterstützte eine Organisation, die ganz lässig die Chávez Administration mit dem Naziregime verglich. Sie arbeitete an der Einsetzung der Reformen für den freien Markt, für deren Verhinderung die venezolanische Regierung gewählt worden war. Darüber hinaus las sich die Liste der Organisationen

---

[11] Siehe http://www.venezuelafoia.info.
[12] Siehe http://www.venezuelafoia.info.

in dem Projekt wie eine Aufreihung der Putschisten und Organisationen, die Chávez mit allen Mitteln loswerden wollten. Mitglieder im „Plan Consensus" Komitee wie Maxim Ross von „Asamblea de Ciudadanos" und Domingo Alberto Rangel von „Resistencia Civil" waren Unterzeichner des „Carmona Erlasses" neben Rocío Guijarro, dem Direktor von CEDICE und Leiter des Projekts. Cipriano Heredia, der „Visión Emergente" repräsentierte, Tomás Páez von „Red Universitaria" und Elías Santana, Führer der „Alianza Cívica", unterschrieben ein öffentliches Dokument, das die Rechtmäßigkeit von Carmonas Putschregierung anerkannte. Mitglieder im Beratungskomitee des Projekts wie Hugo Fonseca Viso, Jorge Botti und Albis Munoz vertraten Fedecámaras, die sowohl den Putsch als auch den Streik angeführt hatte. Beratungskomiteemitglieder Jesús Ubieta[13] und Nelson Landaez repräsentierten die CTV – die Gewerkschaft, die während des Putsches und des Streiks für die Zusammenarbeit mit Fedecámaras verantwortlich war. Nelson Benítz vertrat „Gente de Petróleo", die PDVSA Arbeiterorganisation, die den illegalen Streik in der Ölindustrie anzettelte. Ebenfalls bei dem Projekt dabei waren Repräsentanten der Oppositionsparteien COPEI, AD, „Un Solo Pueblo", „Alianza Bravo Pueblo" und „Prima Justicia".[14]

Als öffentlich wurde, dass die US-Regierung „Plan Consensus" finanziert hatte, empörte sich Chávez über alle Maßen. „Plan Consenso Pa´ Bush" („Plan Consensus für Bush") nannte er ihn – „Made en USA" („Made in USA"). Diego Urbaneja, Repräsentant der „Coordinadora Democrática" und Sprecher für das „Plan Consensus" Projekt räumte fast augenblicklich die Niederlage ein. Obwohl die Opposition das Projekt anfangs mit großem Enthusiasmus begonnen hatte, war innerhalb einer Woche keinerlei Rede mehr von dem berüchtigten „Plan Consensus". Die eigene Fehleinschätzung der Opposition und die der US-Regierung hatte sie wieder einmal scheitern lassen.

---

[13] Es erscheint in dem Dokument als Urbieta. Siehe Anhang Seiten 193-194.
[14] Siehe Anhang Seiten 182-183: vollständige Liste von involvierten Personen und Organisationen

9.6 Das Petare Experiment

Zwischenzeitlich hatte DAI über die vergangenen Monate 67 Unterstützungen im Gesamtwert von 2,3 Millionen Dollar verteilt – mehr als die Hälfte davon hatten sich auf das Referendum und das Venezuela nach Chávez konzentriert.

FOIA forderte bei der USAID Informationen über ihre Projekte in Venezuela an. Bei der Antwort vermied man vorsätzlich die Nennung der Namen aller Organisationen und Empfänger von US-Steuergeldern in Venezuela. In einigen Fällen machte man verwaltungstechnische Fehler und Nutznießer wie „Súmate", Carlos Fernández und „Mirador Democrático" kamen ans Licht. Aber bei der Mehrheit der 67 Mittelzuweisungen blieben neben der Beschreibung der Programme nur die Projektnamen unzensiert. Einige Projekte konnte man leicht entschlüsseln, wie „Un Sueno Para Venezuela" (Ein Traum für Venezuela), ein Vorschlag von der NED unterstützten Organisation „Liderazgo y Visión" als eine weitere Alternative für Chávez. Aber die meisten waren nur durch den Projektnamen nicht zu identifizieren.

Von den 67 Mittelzuweisungen von 2003-2004 war eine Sache besonders bemerkenswert: sechs konzentrierten sich auf die Gemeinde Petare, eines von Venezuelas dicht besiedelsten Stadtvierteln und eine Chávez Hochburg.

Petare gehört zum erweiterten Caracas. Im Stadtbezirk „Sucre" des Staates Miranda gelegen, ist Petare hauptsächlich ein armes Arbeiterviertel mit ein paar Mittelklasse- und Oberschichtbereichen. Obwohl es als Chávez Bollwerk gilt, fand das Widerrufreferendum am 15. August 2004 gegen Präsident Chávez dort einen überraschenden Ausgang: die „SÍ" Oppositions-Stimmen waren mehr als erwartet im Gegensatz zu den „NO" Stimmen zur Unterstützung Chávez'.

Die sechs USAID-DAI Zuwendungen für Petare waren hauptsächlich auf „Bürgerentfaltung und politische Gestaltung" konzentriert und darauf, die Beziehungen innerhalb der Gemeinde zu verbessern. Eine Zuweisung von 22.081 Dollar mit dem Titel „Tendiendo Puentes Comunitarios para Fortalecer la Vida Democrática en Nuestras Comunidades" (Brücken schlagen in der Gemeinde, um das demokratische Leben in unseren Gemeinden zu stärken) sollte angeblich die Beziehungen zwischen der Mittel- und Oberschicht in Petare mit der überwiegenden Unterschicht verbessern. Eine weitere Zuwendung von 53.000 Dollar „Mi Barrio: Un Espacio Democrático para el Consenso y el Desarrollo" (Meine Nachbarschaft: ein demokratischer Ort für Konsens und Entwicklung) richtete sich vordringlich darauf, armen Gemeindemitgliedern bei der Entwicklung von demokratischen Werten zu helfen.

„Diálogo y Resolución de Conflictos" (Dialog und Konfliktlösung) war eine weitere USAID-DAI Bemühung in Petare, die den Armen angeblich den Umgang mit der Demokratie beibringen sollte. Die „Acciónes Vecinales para la Armonía y el Entendimiento" (Nachbarschaftliche Unternehmung für Harmonie und Verständnis) war ein 34.215 Dollar Projekt, um Gemeindemitgliedern zu helfen. Die eher undurchsichtige „Experiencia Local de Negociación y Legitimación de Consensos. Los Derechos de la Infancia en Sucre" (Praxis vor Ort bei Verhandlungen und Konsens bei der Legitimierung der Rechte der Kinder in Sucre) brachte weitere 6000 Dollar in das Viertel ein und die bekanntere „Prevención de la Violencia Cotidiana" (Vorbeugung gegen Alltagsgewalt) noch den Riesenbetrag von 49.830 Dollar.

Zwei Dinge fallen bei diesen Zuwendungen für Petare auf. Sie waren zum Einen nicht nur herablassend in der Behandlung der Gemeindemitglieder, indem man jene alle als arme, ungebildete und wertlose Bürger betrachtete. Sondern man wollte demokratische Werte und Entwicklungsmethoden unterrichten, die sich gar nicht in Venezuela entwickelt hatten. Die Zuschüsse sollten Werte und Vorstellungen der USA vermitteln, um Einfluss auf die öffentliche Meinung zu haben. Der Gedanke hinter diesen Zuwendungen, die sich auf die „Gestaltung" konzentrierten, war die Beeinflussung der Ideologie und die Bildung der venezolanischen Basis: die riesige, arme Mehrheit, die gleichzeitig Chávez' stärkste Grundlage war. In Petare fand der wahre „Kampf um die Ideologien" statt – und wenn man sich die Referendumsergebnisse betrachtet, gewann dabei die USA.

Der zweite bemerkenswerte Aspekt bei diesen Mitteln war die Tatsache, dass die Mehrheit der Gemeindemitglieder von Petare niemals davon gehört hatte. Mehr als 200.000 Dollar wurden in ihrer Kommune für demokratische und politische Bildung und Konfliktlösung investiert, und die meisten Einwohner hatten nie an solchen Projekten teilgenommen. Aber noch verblüffender sind Augenzeugenberichte, dass der Abgeordnete des Staates Miranda, Carlos Oscariz, von der Oppositionspartei „Primero Justicia" (das Pendant zum IRI in Venezuela) in den Wochen vor dem Referendum mit seinen Helfern in Petares' ärmsten Vierteln von Haus zu Haus ging und 150.000 Bolívar (ca. 75 Dollar) und eine Tasche voll Lebensmittel für eine „SÍ" Stimme bot. Man kann sich leicht vorstellen, dass der Hunger über die Prinzipien siegte – sogar in einem politisch vorbelasteten Umfeld.

Die Mehrheit der Einwohner von Petare hatte also nichts von den Zuwendungsprojekten und Programmen gehört. Es würde also Sinn machen, dass ein Teil der 200.000 Dollar der USAID-DAI Mittel für Petare in den Monaten vor dem Referendum für das Angebot von Carlos Oscariz an die armen Gemeindemitglieder von Petare Verwendung fanden.

Letztendlich kam es auf das Gleiche heraus – legitime Zuwendungsprogramme oder politische Bestechung: man wollte das Widerrufreferendum gewinnen und Chávez loswerden. In Petare wählte man den einfachen Weg: Ausnutzen der Armut.

Zum Glück für Chávez und seine Anhänger gewann die „NO"-Seite im Staat Miranda mit ein paar Prozentpunkten. Somit hatten die Verluste in Petare keine ernsthaften Auswirkungen auf den Ausgang der Wahl. Dennoch wirkte es sich auf die Stabilität der mehr als eine Million starken Gemeinde aus. Das Petare Experiment erlitt am 31. Oktober 2004 bei den regionalen Wahlen eine weitere Niederlage durch die pro Chávez Kräfte. Der damalige Regierungschef des Staates Miranda, Enrique Mendoza, verlor an den pro Chávez Kandidaten Diosdado Cabello. Dies zeigte, dass Chávez dort immer noch große Popularität besaß.

Zeugen in Petare sagen, dass seit der Wahlschlappe von Mendoza „Primero Justicia" verdächtig abwesend in dem Wohnviertel sei.

9.7 Penn, Schoen & Berland – Stimmabgabe auf US-Art

Trotz der von der Opposition investierten Millionen von Dollars[15] bestätigten am 15. August 2004 mehr als 59% der Stimmen Chávez' Mandat – er blieb im Amt. Obwohl sowohl das Carter Zentrum als auch die OAS die offiziellen CNE Referendumsergebnisse beglaubigten, schrie die Opposition Wahlbetrug – angeführt durch die US-finanzierte „Súmate".

„Súmate" behauptete, man habe zusammen mit dem US-Unternehmen „Penn, Schoen & Berland" eine Wählerbefragung nach dem Verlassen des Wahllokals („exit poll") durchgeführt, die genau das Gegenteil aussagten. Über 59% forderten Chávez Rücktritt.[16] Jene Firma benutzte man schon vorher bei Wahlinterventionen in Nicaragua, Panamá und Jugoslawien. Eine andere „exit poll" von „Primera Justicia" durchgeführt, zeigten dasselbe Ergebnis. Alle anderen Wählerbefragungen nach Verlassen des Wahllokals, die internationale Firmen und unabhängige Beobachter anstellten, bestätigten die offiziellen CNE Ergebnisse. „Súmate" und CD jedoch wollten die Ergebnisse nicht anerkennen.

Ein paar seltsame Dinge passierten am 15. August 2004. Die britische Zeitung *The Independent* veröffentlichte in der Nacht des 15. August noch vor Ende der Wahl einen Artikel mit der Überschrift „Venezuelas Chávez am Rande der Referendumsniederlage". Der Artikel behauptete folgendes: „Es sah aus, als ob der venezolanische Präsident Hugo Chávez seine Macht letzte Nacht verlieren würde. Wählerbefragungen nach Verlassen des Wahllokals zeigten, dass er mit fast einer Million Stimmen hinter der Opposition lag … Die Morgenergebnisse zeigten, dass die Oppositi-

---

[15] Am Freitag, den 4. August 2004 sagte Roger Noriega, Stellvertretender Sekretär für „Western Hemisphere Affairs of the State Dempartment": „Wir haben viel Geld in den demokratischen Prozess investiert weil wir Vertrauen in die Zivilgesellschaft haben, die die Stütze der repräsentativen Demokratie ist. Durch das Außenministerium und die USAID verteilten wir Geld an ähnliche NGOs in Venezuela. Zivile Gruppen, die ihre demokratischen Einrichtungen verteidigen und Grundrechte für die Venezolaner fordern sind auch eine gute Investition." Siehe http://usaembassy.state.gov/posts/co1/wwwsrno7.shtml.
[16] „U.S. Firm Embroiled in Venezuela Referendum Controversy Defends Its Exit Poll", Associated Press, 19. August 2004. Siehe http://www.sfgate.-com/cgi-bin/article.cgi?file=/news/archive/2004/08/19/inter-natio-nal2018EDT0734.DTL&type=printable.

on, die schon enorme 1.758.000 Stimmen hatte und Chávez nur 798.000, auf dem besten Weg ist, das Ziel von 3,76 Millionen Stimmen zu erreichen, die sie zum Sieg über den autoritären, linken Präsidenten braucht..."

Morgenergebnisse? „Exit polls"? *The Independent* berichtete über den Sieg der Opposition um 10.49 Uhr EST (Eastern Standard Time – Zeitverschiebung um 6 Stunden), gerade mal drei bis vier Stunden, nachdem die Wahl begonnen hatte. Nicht einmal die schlimmsten, parteiischsten venezolanischen Journalisten berichteten einen solchen „Sieg" vor Mittag. Die Wahllokale waren am 15. August bis Mitternacht geöffnet. Durch CNE Anordnung war die Herausgabe von Daten aus „exit polls" vor der Angabe der öffentlichen Auszählung verboten. Damit wollte man Unruhen oder Gewalt verhindern, die man wegen der polarisierten und delikaten politischen Situation des Landes befürchtete. Aber „Súmate" und der U.S. Gegenpart „Penn, Schoen & Berland" gaben die Informationen im Internet heraus – eine klare Verletzung der CNE Regeln.

Das Durchsickern der „exit poll" Ergebnisse sollte eine Stimmung erzeugen, dass die Opposition am Gewinnen sei. Den ganzen Tag lang berichteten die privaten Medien über das Referendum. Doch die Sender übertrugen vorrangig Eindrücke von anti Chávez Wählern. Man interviewte Oppositionspolitiker und -führer in den Nachrichten der Privatmedien – ihre Überzeugung darlegend, dass Chávez verlieren wird.

Um ca. 21.00 Uhr zeichnete sich ab, dass die Opposition verloren hatte. Die privaten Kanäle wechselten von der Berichterstattung über anti Chávez Wählerschlangen zu alten Spielfilmen und Informationssendungen. Trotz der kilometerlangen Schlangen vor den Wahllokalen in pro Chávez Gegenden bis Mitternacht hatten die privaten Medien das Ende der Wahl beschlossen. Sie konnten nicht zeigen, was wirklich geschah, dass mehr „Chavista" Wähler unterwegs waren als die Opposition dachte. Andererseits hätten Millionen von Venezolanern vor den Fernsehern gemerkt, dass sie über die letzten Monate hinweg betrogen worden waren. Nein, es war für oppositionelle Venezolaner das Beste mit dem Gedanken ins Bett zu gehen, sie hätten das Referendum gewonnen. So würden sie die Betrugsanschuldigungen, die die Opposition für den nächsten Tag nach der offiziellen Bekanntgabe der Ergebnisse durch den CNE vorbereitete, am ehesten schlucken. Nachdem gegen Mitternacht die Wahllokale schlossen, war das Ergebnis ziemlich klar: die „NO" Seite führte mit etwa 20 Punkten gegenüber der „SÍ" Seite. Chávez wurde bestätigt. Noch bevor der CNE die offiziellen Ankündigungen machen konnte, entschied „Coordinadora Democrática", dass man die Ergebnisse nicht anerkennen würde. Man informierte den CNE von dieser Entscheidung, ebenso das Carter Zentrum und die OAS. Obwohl dies die offizielle Entschlossenheit des CNE nicht beeinflussen hätte sollen, wurde die Ankündigung verschoben. Das Carter Zentrum und die OAS wollten sich die Betrugsanschuldigungen des „Coordinadora Democrática" zunächst anhören.

9.8 César Gavirías lange Nacht

Gegen 1.00 Uhr nachts gab es einen Zusammenbruch. César Gaviría, der die OAS in Venezuela repräsentierte, schlug sich auf die Seite der Opposition: die OAS würde per Gavirías Entscheidung die Referendumsergebnisse nicht bestätigen. Das Carter Zentrum jedoch glaubt nicht an die Betrugstheorie – besonders deswegen, weil die Opposition keinerlei Beweise für Betrug oder anderes Fehlverhalten während des Referendums erbracht hatte. Carter würde bestätigen.

In den Tagen vor dem Referendum hatte sich Jimmy Carter um ein privates Treffen mit Präsident Chávez bemüht. Bei diesem Treffen sagte Carter Chávez, er glaube an seinen Sieg des Referendums. Carter war sich sicher, dass Chávez die Wähler auf seiner hatte. Er bat den venezolanischen Präsidenten nur, den Sieg locker und versöhnlich und nicht mit Vorwürfen anzunehmen.

César Gaviría allerdings unterstützte die Opposition schon immer stillschweigend. Er hielt Chávez für autoritär und versuchte beständig, mit Statements und auf andere Art und Weise, weitere OAS Mitglieder gegen die venezolanische Regierung einzunehmen. Nachdem Fernando Jaramillo im Mai 2004 von Venezuela abgezogen worden war, weil er einen Hang zur Opposition zeigte, entschloss sich Gaviría, die OAS Mission in Venezuela zu leiten. Weniger als einen Monat vor dem Referendum ernannte man Walter Moreira, den Botschafter der OAS in Brasilien, zum Hauptgesandten in Venezuela. Da Gaviría die meiste Zeit der vergangenen zwei Jahre in Venezuela verbracht hatte, blieb er im OAS Überwachungsteam für das Referendum.

Am frühen Morgen des 16. August trafen sich Jimmy Carter und César Gaviría persönlich. Gaviría änderte seine Meinung nicht, er stimmte nicht mit Carter überein. Wenn Gavirías Entscheidung auf Beweisen und Tatsachen beruht hätte, wäre Carter ihm vielleicht bei der Ablehnung der offiziellen CNE Ergebnisse gefolgt. Aber da Gavirías Meinungsänderung in letzter Minute auf seiner Sympathie mit der Opposition beruhte, war Carter entschlossen, ihn vom Gegenteil zu überzeugen. Nach dreistündigen Verhandlungen wollte Gaviría um 4 Uhr morgens immer noch nicht die Ergebnisse anerkennen.

Sogar als CNE Präsident Francisco Carrasquero die offiziellen Ergebnisse um 4.35 Uhr verlas, hallte das Unbehagen über Gavirías Entscheidung im Mirafloraspalast mit. Die breite Öffentlichkeit aber war darüber nicht informiert und die Chávez Anhänger konnten ihren Sieg ausgelassen feiern.

Bis zum Nachmittag des 16. August hatte Gaviría seine Meinung geändert. Moreira war in Caracas und hatte offensichtlich eine entscheidende Rolle dabei gespielt. Die OAS und das Carter Zentrum gaben um 13.00 Uhr eine gemeinsame Pressekonferenz, bei der sie die offiziellen CNE Ergebnisse bestätigten. Mit Moreira an seiner Seite verlas Gaviría das OAS Statement. Unter Moreiras strengen Blicken konnte er keine Bemerkungen über die Betrugsanschuldigungen der Opposition einflechten.

Im nördlichen Amerika hatte die US-Regierung die Ergebnisse des Referendums noch nicht verkraftet. Trotz zahlreicher Versicherungen, dass die Vereinigten Staaten die Entscheidung des Carter Zentrums und der OAS hinsichtlich des Referendums akzeptieren würde, gab es keine offizielle Ansage am 16. August. Die USA brauchten einen ganzen Tag, um alles zu verarbeiten. Am 17. August formulierte dann der Sprecher des Außenministeriums, Adam Ereli, eine Annahme der Referendumsergebnisse mit Vorbehalt:

> *Wir werden uns der Gruppe der Freunde Venezuelas anschließen, indem wir die vorläufigen Ergebnisse des Referendums anerkennen und nehmen zur Kenntnis, dass sie zeigen, dass Präsident Chávez die Unterstützung der Mehrheit der Wähler bekam...Wir rufen internationale Beobachter auf, bei der Durchführung einer transparenten Nachprüfung behilflich zu sein, die sich als Teil einer nationalen Aussöhnung an jene weiterhin bestehenden Zweifel richten – ....*

Die USA stuften die offiziellen Ergebnisse als „vorläufig" ein und forderten eine „Nachprüfung" der Stimmen. Wie Noriega kurz vor dem Referendum erklärte: „Die USA haben viel Geld in das Referendum investiert." Das ist richtig und sie würden jetzt nicht einfach die Hände in den Schoß legen.

Die Nachprüfungen führte man unter der Überwachung und Zertifizierung der OAS und des Carter Zentrum durch und das Ergebnis war dasselbe: Chávez gewann 59 zu 41.

Die Ergebnisse waren ein schwerer Rückschlag für die Vereinigten Staaten. Jahrelang hatten sie an der Destabilisierung und der Ablösung Chávez gearbeitet, unterstützten in einer letzten Anstrengung das Referendum. Doch die Ergebnisse waren eine riesige Bestätigung für Chávez; Jahre vor Ende seiner Amtszeit, konnte er letztendlich einen unvorhergesehenen Wahlsieg davontragen.

10 Die „Wir haben noch etwas in Petto-Strategie" und Drohungen

10.1 Der Fall Súmate: Die NED in der Offensive

Súmate weigerte sich, die Referendumsergebnisse zu akzeptieren. Die Besuche in Washington häuften sich und man versuchte die Welt davon zu überzeugen, dass während des Widerrufreferendums ein „Megabetrug" gelaufen war. „Man involvierte Hacker aus Russland", um Stimmen zu stehlen, heulte Súmate auf. „Die Auszählmaschinen wurden vom CNE zu Gunsten der „NO" Stimmen manipuliert", schwor man. Aus aller Welt ließ man „Experten" kommen – und dennoch konnte man keinen substanziellen oder glaubwürdigen Beweis erbringen.

Im Mai 2004, einige Monate vor dem Referendum klagte der venezolanische Justizminister Súmates Direktoren, María Corina Machado und Alejandro Plaz, der Verletzung des Artikels 132 des Strafgesetzbuches an. Dieser weist die „Verschwörung zur Zerstörung der Regierung" als Verbrechen aus, ebenso das „Nachsuchen um internationale Intervention bei innenpolitischen Angelegenheiten" oder „die Anstiftung zum Bürgerkrieg oder die Verleumdung des Präsidenten oder diplomatischer Repräsentanten in der ausländischen Presse". Der Justizminister beschuldigte Súmate, ein Verbrechen begangen zu haben, indem sie Mittel von der NED – dem verlängerten Arm der US-Regierung – erbat. Vor allem, da sie mit diesen Zuwendungen eine Kampagne für ein Referendum gegen Präsident Chávez durchführen wollte. Darüber hinaus erklärte der Generalstaatsanwalt, Súmate habe durch die widerrechtliche Aneignung der „Wahlmacht" – das Einsetzen eines parallelen Wahlregisters und das Zählen der Unterschriften während des Referendumsablaufs - die Verfassung verletzt. Zwei weitere Súmate Mitglieder, Luis Enrique Palacios und Ricardo Ludwig Estévez Mazza, waren der Beihilfe und des Anstiftens der Verschwörung angeklagt. Eine vorausgehende Anhörung war in den venezolanischen Gerichten am 2. November 2004 vorgesehen.

Als man die Vorwürfe gegen die Súmate Direktoren im Mai 2004 das erste Mal erhob, wurde Luisa Ortega Díaz, die Staatsanwältin, die den Fall leitete, gekidnappt. Staatsanwältin Ortega Díaz wurde mit vorgehaltener Waffe in einen Wagen gezerrt, von der Seite eines Begleiters weg. Hätte sie jener nicht aus dem anfahrenden Auto gerissen, hätte Luisa diese Attacke höchst wahrscheinlich nicht überlebt. Nach dem Entführungsversuch brachte man sie auf einen Militärstützpunkt und sie bekam Personenschutz rund um die Uhr. Sie führte dennoch weiterhin den Vorsitz über die Verhanglungen.

Die Vorwürfe gegen den NED „Grantee" Súmate erzeugte in den Rängen des US-Außenministeriums und der NED einen Aufschrei. Die NED muss jedes Jahr dem Kongress Rechenschaft über ihre Aktivitäten und die Verwendung der Geldmittel ablegen. In den Wochen nach dem Referendum startete das US-Außenministerium eine massive Kampagne zur Verteidigung von Súmate. Sprecher des Außenministeriums forderten wiederholt die venezolanische Regierung auf, den Fall aufzugeben und das Ganze unter „politischer Verfolgung" laufen zu lassen. María Corina Machado wurde zum „Covergirl für die Demokratie". Sie jettete im Sekundentakt nach Miami, New York und Washington, um an Konferenzen, Foren und Gesprächen über Súmates Sache und die politische Krise in Venezuela teilzunehmen. Ihre häufigen Besuche in Washington riefen auch in der Opposition Verwunderung hervor.

Der neue US-Botschafter in Venezuela, William Brownfield, ging sogar den Vorsitzenden des Obersten Gerichts, Richter Iván Rincón, an. Er wollte eine Intervention in dem Fall erreichen, um die Vorgänge zu stoppen. Rincón war sich im Klaren über die korrekte Abwicklung des Prozesses und die Rechtsprechung des Generalstaatsanwaltes. Doch ein anderer Richter der Strafkammer des Obersten Gerichts entschied, Brownfields Antrag Beachtung zu schenken. Er ließ den Fall zurückstellen – zur „Klärung". Die Anhörung vom 2. November wurde auf unbestimmte Zeit verschoben.

Am 8. November 2004 statte der NED Präsident Carl Gershman Venezuela einen historischen Besuch ab – mit einer bestimmten Absicht. Gershman reiste in die südamerikanische Nation, um Präsident Chávez zu bitten, Einfluss auf den Ausgang des Falles gegen Súmate zu nehmen – obwohl dies in der Hand des unabhängigen Generalstaatsanwaltes lag. Doch sehr zu Gershmans Erstaunen empfingen ihn weder der venezolanische Präsident, noch andere Kabinettsmitglieder. So konnte er den Druck der von den USA unterstützten NED an dieser Stelle nicht ausüben. Gershman traf sich mit Generalstaatsanwalt Isaías Rodríguez und dem Präsidenten des Obersten Gerichtshofs Venezuelas, Iván Rincón.

Bei dem Treffen mit Richter Rincón drohte Gershman damit, die Auszahlung eines Weltbankkredites zu verhindern, der für das Programm der Rechtsreform des Obersten Gerichts über die letzten Jahre ausgeführt worden war. Um diesen Fall nicht eintreten zu lassen, sollte Rincón alles in seiner Macht stehende tun, dass die Klage im Fall Súmate abgewiesen würde. Rincón beugte sich den Drohungen Gershmans nicht, und so strich die Weltbank einige Wochen später den Kredit für das Oberste Gericht Venezuelas.

Bei dem Generalstaatsanwalt Rodríguez gab sich Gershman etwas bedeckter. Er drängte ihn, den Fall nicht weiter zu verfolgen – mit dem Hinweis, dass die Beziehung zwischen den beiden Staaten anderenfalls in Mitleidenschaft gezogen werden könnten.

Rodríguez wusste das Gesetz hinter sich und weigerte sich, auf Gershmans drohende Forderung einzugehen.

Gershmans Besuch – der erste Besuch eines NED Präsidenten, der in einem ausländischen Staat die NED Interessen durchsetzen sollte – war offensichtlich ein „letzte Chance" Angebot an die venezolanische Regierung: Beendigung des Falles Súmate, oder Folge von Konsequenzen aus den USA. Sogar der Präsidentschaftskandidat John Kerry sprang auf den Zug zur Verteidigung Súmates auf. In den Tagen vor der US-amerikanischen Präsidentschaftswahl am 2. November 2004 kritisierte er Chávez wegen „politischer Verfolgung" und warf ihm vor, sich einer Diktatur zu nähern. Andere Súmate Verteidiger schlossen US-Kongressmitglieder wie Christopher Cox und Gregory Meeks ein, beide im NED Vorstand. Ebenso Senator John McCain und die ehemalige Außenministerin Madeleine Albright, die den Vorsitz von NED „Core Grantee" Organisationen hatten – des „Internationalen Republikanischen Instituts" (IRI) bzw. des „Nationalen Demokratischen Instituts" (NDI). Die oben genannten unterzeichneten alle Briefe, die die Arbeit der NED in Venezuela verteidigten – trotz ihres notorisch verfassungswidrigen Verhaltens während des Putsches und des Streiks.

Obwohl NED Repräsentanten und Sprecher ihre Arbeit in Venezuela immer wieder als „unparteiisch" und „Demokratie fördernd" bezeichneten, zeigte Gershmans Statement an die Presse das Gegenteil. Nachdem ihm der Generalstaatsanwalt und der Oberste Richter des Obersten Gerichtshofes eine Abfuhr erteilt hatten, erklärte Gershman verärgert den venezolanischen Medien: „Venezuela ist weder eine Demokratie, noch eine Diktatur, sondern irgendetwas dazwischen." Im gleichen Atemzug behauptete Gershman, dass die NED in Venezuela „nur demokratische Gruppen finanziert", was voraussetzt, dass die Gruppen, die am Putsch beteiligt waren aus Sicht der NED demokratisch sind. Er versuchte auch einen schwachen Vergleich zwischen der venezolanischen Regierung und dem chilenischen Diktator Augusto Pinochet zu ziehen: „In den 80er Jahren wurden wir von der Pinochet Regierung angegriffen, der die Tatsache nicht passte, dass wir die Gruppen der demokratischen Umwandlung in Chile unterstützten."

Wenn ein Repräsentant einer Gruppe, die angeblich die Demokratie fördert in einem Land gegen die Einhaltung der Gesetze des Landes plädiert, ist dies eigentlich zutiefst beunruhigend. Die USA haben verschiedenste Regelungen über Geld in Verbindung mit Wahlen – wie viel darf man geben, Veröffentlichung des Namens und der Adresse des Förderers usw. Man sähe es als Verletzung der Souveränität der Vereinigten Staaten an, wenn jemand käme und die Verletzung solcher Gesetze forderte.

Gershman drohte nicht nur der venezolanischen Regierung, er verstärkte auch den internationalen Druck in Verteidigung der Súmate Angelegenheit und versuchte Chávez international als „geächtet" und „Verletzer der Menschenrechte" zu brandmarken. Nur 24 Stunden nach der Abreise Gershmans von Venezuela veröffentlichte eine Gruppe von vermutlich 70 „internationalen Demokraten" einen Brief, der den venezolanischen Präsidenten aufforderte, in der Súmate Sache tätig zu werden und dem Generalstaatsanwalt bei dem Fall Einhalt zu gebieten. Der Brief war gespickt mit falschen Informationen und Fehlern über Venezuelas Rechtssystem und Gesetze. Er forderte seltsamer Weise Respekt der Demokratie gegenüber, während er den venezolanischen Präsidenten dazu ermunterte, die gesetzmäßige Gewaltenteilung aufzuheben, indem er sich in einen Fall einmischen sollte, der der Autorität des Generalstaatsanwaltes unterlag. Der Brief wollte eine Preisgabe des Gesetzes und für die Súmate Direktoren die Garantie eines „straffreien" Status – und das nur, weil sie von der NED und ihren 70 prominenten, „internationalen Demokraten" Unterstützung erhalten hatte.

Obwohl der Brief wie ein unabhängiges Statement von 70 anerkannten „Demokraten" aussehen sollte, war seine Verknüpfung mit der NED nur zu offensichtlich. Er wurde der Öffentlichkeit durch das NED Pressebüro zugängig gemacht und von den 70 Unterzeichnern waren mehr als die Hälfte entweder mit dem NED Vorstand verbunden oder sie hatten finanzielle Unterstützung von ihr erhalten.

In den folgenden Wochen stellte der US-Kongressabgeordnete Tom Lantos (D-CA) eine Resolution im Kapitol vor, die Unterstützung für die Nationale Stiftung für Demokratie ausdrückte. Jene Resolution forderte ebenfalls die venezolanische Regierung auf, den Fall Súmate fallen zu lassen:

(Auszüge)

108. KONGRESS 2. Sitzung H. RES. 867
RESOLUTION
Das Abgeordnetenhaus
   (1) drückt der Nationalen Stiftung für Demokratie seine starke Unterstützung aus, die Demokratie in der Welt zu fördern;
   (2) empfiehlt allen Venezolanern, die friedlich ihre politischen Rechte, die ihnen unter der Verfassung Venezuelas zustehen, ausüben, ihre Unstimmigkeiten mit demokrati-

schen Mitteln zu lösen und vor jeglicher politischer Gewalt zurückzuschrecken;
(3) betrachtet Vorwürfe als politisch motiviert, die man gegen Mitglieder der venezolanischen zivilen Organisation „Súmate" wegen der Verschwörung mit der Nationalen Stiftung für Demokratie zum Umsturz der Regierung Venezuelas erhebt; und
(4) würde die Entscheidung der Regierung der Bolívarischen Republik Venezuela begrüßen, venezolanische Bürger wegen Aktivitäten, die bei der Ausführung unter dem Schutz der Gesetze und Verfassung Venezuelas standen, nicht zu verfolgen – einschließlich Bürger die mit Súmate in Verbindung stehen.

Die Resolution spendet nicht nur der Arbeit der NED in Venezuela ihren Beifall, ohne die
tausende von Dollars zu erwähnen, die den Putschisten zukamen, sondern fordert die venezolanische Judikative ganz nebenbei auf, den Rechtsstreit gegen Mitglieder von Súmate fallen zu lassen. Im Gleichschritt mit Gershman und Brownfield versucht die Lantos Resolution, die venezolanische Gesetzgebung zu unterminieren. Zum Leidwesen Súmates und des Abgeordneten Lantos ging der Kongress in die Sommerpause, bevor die Resolution verabschiedet werden konnte. Doch das Abgeordnetenhaus bestätigte ein anderes Gesetz, das die NED Aktivitäten in Venezuela betraf. Der New Yorker Abgeordnete José Serrano (D-NY) benutze eine spezielle Ausdrucksweise in dem Allgemeinen Gesetzesentwurf FY2005, alias das „Budget", der klar aufzeigte, dass die Aktivitäten der NED in Venezuela fragwürdig waren.

Das Komitee bestätigt die Rolle, die die NED bei der Stärkung demokratischer Institutionen in der ganzen Welt spielt. Alles was darauf hinweist, dass Zuwendungen direkt zur Unterstützung von bestimmten Parteien oder Kandidaten oder zum Sturz eines gewählten Führers durch verfassungswidrige Mittel verwendet werden, untergräbt die Glaubwürdigkeit und Effektivität von NED Programmen. Das Komitee erwartet von der NED alle notwendigen Maßnahmen zu ergreifen, um sicher zu stellen, dass alle bezuschussten Aktivitäten den Kernprinzipien der NED entsprechen. Das Komitee weist die NED an, dem Komitee einen umfassenden Bericht über ihre Aktivitäten in Venezuela vom Finanzjahr 2001 bis zum 15. Dezember 2004 zukommen zu lassen.[1] Zum ersten Mal in der Geschichte, verwendete man in der Gesetzgebung bezüglich der NED eine Ausdrucksweise, die Zweifel an ihren Programmen und ihrer Verpflichtung der Demokratie gegenüber aufkommen ließ.

10.2 Miami: Eine Drehscheibe des Terrorismus

Miami wurde zu einem Zufluchtsort für Venezolaner, die neue Wege suchten, Präsident Chávez aus seinem Amt zu bekommen, für das er demokratisch gewählt worden war. Im Oktober 2004 tauchte der „Guarimba" Verfasser Roberto Alonso in Miami auf – nachdem in Venezuela ein Haftbefehl gegen ihn ergangen war. Im Mai 2004 hatte man ungefähr 80 Paramilitaristen auf seiner Farm außerhalb Caracas' aufgetan, die ganz offensichtlich in eine Verschwörung zur Ermordung von Chávez verwickelt waren. Der ehemalige venezolanische Präsident Carlos Andrés Pérez hatte sich in den letzen Monaten ebenfalls in Miami niedergelassen. Im Juli 2004 erklärte Carlos Andrés Pérez der Tageszeitung *El Nacional*, dass Chávez es verdiene „wie ein Hund zu sterben" und Gewalt die einzige Möglichkeit wäre, ihn loszuwerden.[2]

Am 25. Oktober 2004 tauchte der venezolanische Schauspieler Orlando Urdaneta in Miami auf. Auch er war auf der Flucht vor einem Haftbefehl. An jenem Tag trat er in einer lokalen Miami TV Show auf: „María Elvira Confronta" (María Elvira konfrontiert). Er befahl die Ermordung von Chávez und anderen einflussreichen Mitgliedern seiner Regierung. Orlando sagte:

---
[1] Hausbericht, 108-576 to bill H.R. 4754, *National Endowment for Democracy*. Man beachte, dass in dieser Gesetzesvorlage eben das zum Ausdruck kommt, was meine Nachforschungen aufdeckten.
[2] „Gewalt wird uns ermöglichen, ihn loszuwerden. Das ist der einzige Weg, den wir haben.... (Chávez) muss sterben wie ein Hund, weil er es verdient...." Interview der venezolanischen Tageszeitung *El Nacional* mit Expräsident Carlos Andrés Pérez vom 26. Juli 2004. Siehe auch http://perso.wanadoo.es/camilofidel/2004/JULIO/26-07-04carlosandresperez.html.

> *...von den 150.000 uniformierten Männern in Venezuela muss doch ein hoher Prozentsatz an ehrbaren Menschen sein, die sich im richtigen Moment erheben.... Aber dies wird nur mit dem „physischen" Verschwinden des „Leithundes" und einem beträchtlichen Teil seiner Meute passieren. Es gibt keinen Zweifel: es gibt keinen anderen Weg. Endgültiges körperliches Verschwinden.*

Von der Moderatorin gefragt, wie das wohl ablaufen würde, antwortete Urdaneta: „Dies geschieht durch ein paar Männer mit langen Gewehren mit Teleskopen, die ihr Ziel nicht verfehlen werden...Dies ist ein Befehl, den ich jetzt und hier gebe: Lasst uns keine Zeit verlieren, beeilt euch..."[3]

Wochen später, am 18. November 2004 wurde der Staatsanwalt Danilo Anderson mit einer Autobombe in Caracas ermordet. Zwei C4 Sprengstoffe waren an seinem Auto befestigt und durch Fernzündung zur Detonation gebracht worden. Anderson war zu jener Zeit der bekannteste Ankläger des Staates in Venezuela. Er behandelte politische Fälle, bei denen mächtigen Interessen im Hintergrund standen.

Danilo hatte gerade die fast 400 Unterzeichner des „Carmona Erlasses" vor Gericht geladen – als Teil einer laufenden Untersuchung des Putsches im April 2002. Obwohl noch keiner angeklagt worden war, flohen einige nach Miami.

Der Staatsanwalt hatte auch kurz zuvor Anklage erhoben gegen Henry Vivas und Lázaro Ferero, ehemalige Polizeipräsidenten der „Metropolitan Police", und den Exbürgermeister von Caracas, Alfredo Pena, auf Grund ihrer Verwicklung in den Putsch. Pena kreuzte in Miami direkt nach der Veröffentlichung der Anklage auf. Anderson war auch der Ankläger im Fall des Bürgermeisters von Baruta, Henrique Capriles Radonski, den man beschuldigte, den Anschlag auf die kubanische Botschaft während des Putsches 2002 ermöglicht zu haben.

---

[3] „Orlando Urdaneta llama al magnicidio desde Miami," Temas, 2. November 2004. Siehe http://www.temas.com.ve/modules. php?name=News-&new -topic=9.

Andersons Ermordung war der erste politische Mord im heutigen Venezuela. Er war genau geplant und ausgeführt und glich auffällig der Ermordung von Orlando Letelier und Ronni Moffitt 1976 – einer der schrecklichsten Terrorakte, die je auf US-Boden vor den Attentaten auf das World Trade Center am 11. September 2001 geschahen. Letelier war der Verteidigungsminister unter der demokratischen Regierung von Salvador Allende gewesen, bevor diese 1973 in einem Putsch durch den chilenischen Diktator Augusto Pinochet und der Nixon Regierung gestürzt worden war. Letelier und Moffitt wurden auf der „Embassy Row" in Washington mit einer Autobombe getötet – hingerichtet auf Pinochets Geheiß, durch die CIA betreut und von Washington abgesegnet.

Ende 2004 kannte man diejenigen, die Anderson ermorden ließen noch immer nicht.

10.3 Terroristenlager

Einige der Exmilitäroffiziere, von deren Beteiligung am Putsch man wusste, tauchten in Miami auf - neben Carlos Fernández, dem ehemaligen Fedecámaras Präsidenten und Carlos Ortega, dem Ex-CTV Präsidenten, dem Costa Rica politisches Asyl gewährt hatte. Man hob es jedoch später wieder auf, da Ortega klammheimlich für eine TV Kundgebung vor dem Referendum nach Venezuela zurückkehrte. Die venezolanische Regierung formulierte 2003 sowohl für Ferández als auch für Ortega Haftbefehle wegen ihrer Führerrolle bei dem illegalen 64 Tage Streik, der Milliarden von Dollar Verluste für Venezuelas Wirtschaft zur Folge hatte. Für zwei Militäroffiziere, Germán Rodolfo Varela und José Antonio Colina, sind noch Auslieferungsgesuche der venezolanischen an die US-Regierung anhängig. Sie waren vermutlich die Drahtzieher hinter den Bombenanschlägen auf die kolumbianische und die spanische Botschaft in Caracas im Herbst 2003. Das Amt für Innere Sicherheit versagte den Offizieren ihr Gesuch für politisches Asyl in Miami. Dennoch erlaubte man ihnen, sich weiterhin in den USA aufzuhalten – im Schwebeverfahren.

Das „Comandos F-4", eine kubanische, militärische anti Castro Gruppe, die in Miami agierte, tat sich Ende 2002 mit der „Junta Patriótica Venezolana" (Venezolanische Patriotische Junta) zusammen. Diese leitete der regimekritische venezolanische Militärfunktionär Capitán Luis García Morales. Geführt von zwei erklärten „Freiheitskämpfern" hatten die beiden Organisationen terroristische Trainingslager im Großraum Miami – für jene, die Chávez und Castro stürzen wollten.[4]

Ein Artikel im *The Wall Street Journal* mit dem Titel „Miami's Little Havana Finds New Foe in Venezuelan Leader" (Miamis Klein-Havana findet neuen Feind in venezolanischem Führer) zeigt die Absichten dieser in Miami angesiedelten Exilgruppe: „Capt. García sagt, er bilde auf einem Schießplatz nahe der Everglades einige 50 Mitglieder des „Comandos F-4" militärisch aus. 30 davon sind Kuba-Amerikaner, der Rest Venezolaner. „Wir bereiten uns auf Krieg vor", sagt er. Dennoch ist seine Bewegung gegen militärische Staatsstreiche. „In unserm Kampf wollen wir der Welt zeigen, dass Chávez der Feind der Demokratie ist."[5]

Trotz Forderungen der venezolanischen Regierung diese Lager zu untersuchen, unternahm die US-Regierung keine Schritte in diese Richtung.

10.4 Beziehungen für die Zukunft

Die neu gewählte Außenministerin Condoleeza Rice legte den Ton in den zukünftigen Beziehungen mit der venezolanischen Regierung fest. In einem Statement im Oktober 2004 erklärte sie, dass Chávez ein „wirkliches Problem" für die Region sei. Andere Nationen der Halbkugel sollten „gewappnet sein, ihn zu beobachten und wachsam zu sein."[6]

Die mehr als sechs Millionen bewilligten Dollar für die Interventionen im Jahr 2005 zeigen ganz deutlich, dass die US-Regierung mit Venezuela noch lange nicht fertig ist. Doch mit der

---

[4] Siehe http://www.comandosf4.org.
[5] José Córdoba „Miami's Little Havana Finds New Foe in Venezuelan Leader", *The Wall Street Journal*, 29. Januar 2003.
[6] *Pittsburgh Post Gazette*, 22. Oktober 2004

Stärkung der Bolívarischen Revolution Venezuelas und der zunehmenden Unterstützung in der Welt stellt sich folgende Frage: Wie weit wird die US-Regierung in ihrem verdeckten Kampf gegen Chávez gehen?

Mit der Wiederwahl Bushs und Rice als Außenministerin scheint die Antwort fast sicher „so weit wie notwendig" zu sein. Wie weit das sein wird, lässt die außerordentliche Widerstandsfähigkeit von Chávez und Venezuela in den letzten Jahren nur erahnen.

Um mit den Worten von Präsident Hugo Rafael Chávez Frías zu sprechen: „Wir werden nicht ruhen, bis wir alle Ketten zerrissen haben, die unser Volk einengen, die Ketten von Hunger, Elend und Kolonialismus. Dieses Land wird frei sein, oder wir werden bei dem Versuch es zu befreien zu Grunde gehen."[7]

Präsident Hugo Chávez auf einer Solidaritätskundgebung

---

[7] Hugo Chávez Frías, *Speech to the Guarniciones Militares* in dem „Patio de Honor" der „Academia Militar" in Fort Tiuna, Caracas den 27. Dezember 2004.

Dokumentenanhang
Flow of U. S. $$ in Venezuela

Dept of State
- **USAID** ($5 million/year)
  - OAS
  - Development alternatives Inc. (DAI)
    - Convive Campaign
    - Los Del Medio
    - Petare
  - Carter Center
- **US Embassy** Caracas
  - IRI
    - Primero Justicia
    - MAS, COPEI, AD
  - NDI
    - Proyecto Venezuela
  - ACILS
    - CTV
  - CIPE
    - CEDICE
  - Gente del Petroleo
  - Cordinadora Democrática
  - Fedecámaras
  - SUMATE
  - Liderazgo y Vision
  - Fundación Momento de la Gente
  - Mirador Democratico
- **NED** (Approx. $1 million/yr)
  - ACJA
  - CEJIL
  - FJA
  - Acción Campesina
  - CESAP
  - Consorcio Justicia
  - PRODEL
  - Asamblea De Educación
  - IPYS
  - ApD
  - Asociación Civil Comprension de Venezuela

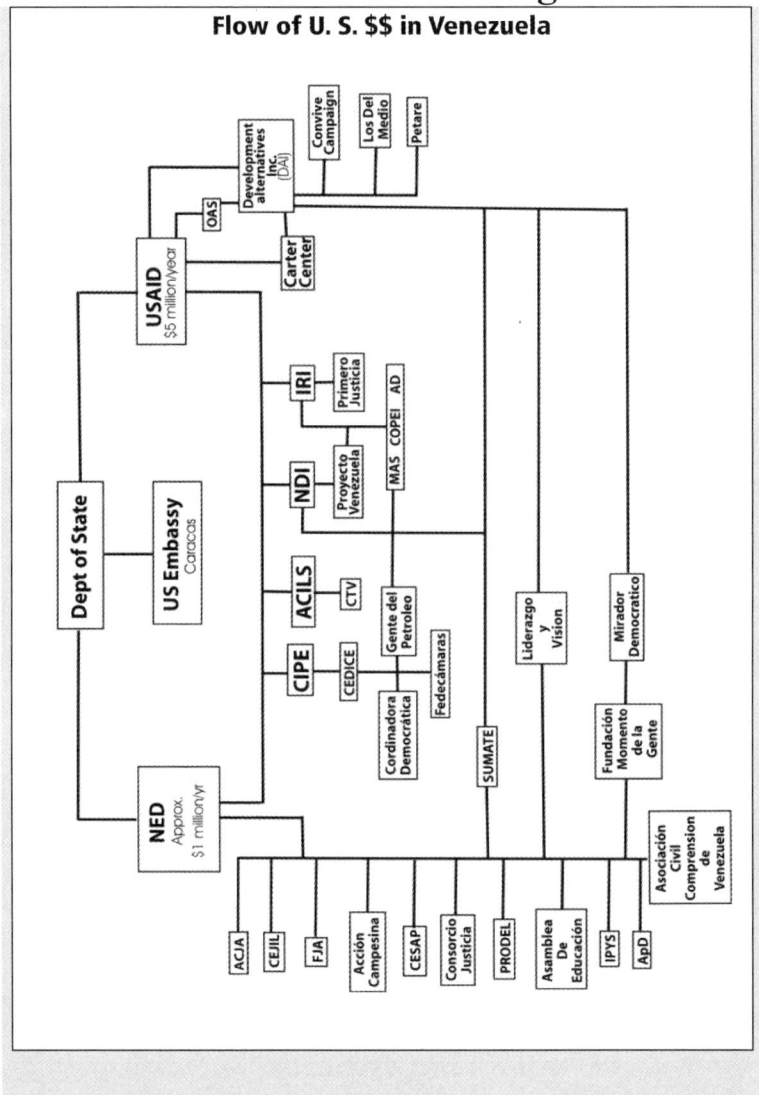

Overall Structure of Money Flow to Venezuela

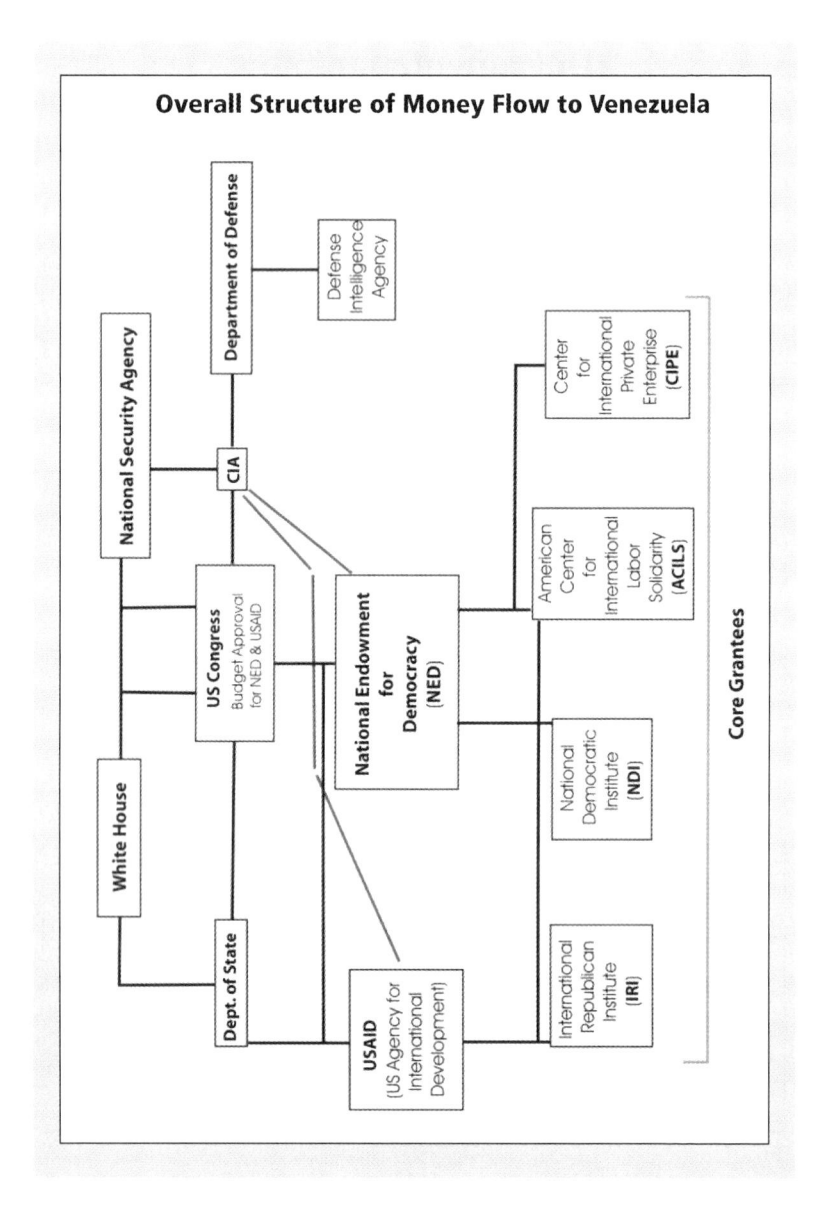

- **White House**
- **National Security Agency**
- **Department of Defense**
  - Defense Intelligence Agency
- **CIA**
- **Dept. of State**
- **US Congress** — Budget Approval for NED & USAID
- **National Endowment for Democracy (NED)**
- **USAID** (US Agency for International Development)

Core Grantees:
- Center for International Private Enterprise (CIPE)
- American Center for International Labor Solidarity (ACILS)
- National Democratic Institute (NDI)
- International Republican Institute (IRI)

Summary of NED's Projects Approved 2000-2004: Venezuela

SUMMARY OF PROJECTS APPROVED 2000-2004:
VENEZUELA

FY 2000

SUPPORT FOR DEMOCRATIC UNION ELECTIONS $60,084
Venezuela
The American Center for International Labor Solidarity / None

The American Center for International Labor Solidarity (ACILS) will support the efforts of the Confederation of Venezuelan Workers (CTV) to effect a process of reforms intended to reduce the influence of political parties and increase rank and file control over decision making. To this end, ACILS will conduct ten, two-day courses for regional federations of the CTV which will focus on the following topics: problems and challenges for unions in a changing world, restructuring of labor organizations, and the electoral process. 1/00

RECASTING LIBERTY: CONSTITUTIONAL REFORM
$56,000
Venezuela
Center for International Private Enterprise /Center for the Dissemination Economic Information (CEDICE)

The Center for International Private Enterprise (CIPE) will work with CEDICE to launch a program to move the economic reform discussions toward a more participatory and democratic process that includes concrete reforms encouraging individual initiative and private enterprise. CEDICE will sponsor, in conjunction with interested business organizations and nonprofit groups, four large-scale national forums and at least six regional forums on legislation that is constitutionally required to be enacted in the National Assembly's first year of operation. Specific focus will be placed on the Organic Labor Act and the new Organic Tax Codes. Members of legislation committees, as well as national and foreign experts, and representatives of the social and economic sectors will be involved. 6/00

SUPPORT TO LOCAL GROUPS FOR ELECTION OBSERVATION $16,747
Venezuela
Fundacion Momento de la Gente / None

Fundacion Momento de la Gente will conduct a pre-electoral monitoring campaign, which will monitor the use of public funds in the campaign, participate in the electoral audit committee (CNE), review election materials, and conduct training for some election-day observers in various regions of the country. These activities will help promote civilian oversight and transparency in the voting and vote counting process. 6/00

FOSTERING YOUTH PARTICIPATION IN THE POLITICAL PROCESS
Venezuela $50,000
International Republican Institute / *Fundación Participación Juvenil*

The International Republican Institute (IRI) will work with Fundación Participación Juvenil to instill democratic values in Venezuelan youth so they can play an integral role in maintaining society's interest in establishing effective democratic institutions. 9/00

REGIONAL FORUM FOR DECENTRALIZATION $50,000
Venezuela
PRODEL-Venezuela / None

PRODEL-Venezuela will conduct a series of activities to establish and train a network of national and state legislators and local mayors to monitor government activity concerning decentralization and advocate for the rights and responsibilities of state and local government in Venezuela. A series of seminars and courses will be held so participants can analyze and debate pending legislation and share information about laws and policies affecting local government and decentralization. 9/00

FY 2001

STRENGTHENING POLITICAL PARTIES $340,000
Venezuela
International Republican Institute / None

The International Republican Institute (IRI) will train national and/or local branches of existing and/or newly created political parties on such topics as party structure, management and organization; internal and external party communications; and coalition building. 1/01

CIVIL-MILITARY RELATIONS $57,820
Venezuela
Asociación Civil Comprensión de Venezuela / None

Asociación Civil Comprensión de Venezuela will organize a series of meetings, which will bring representatives of organizations from civil society together with active and retired members of the Venezuelan armed forces, to initiate a national debate on the newly changing role of the military in the country. The meetings will be held in both civilian and military institutions, under the consultation of instructors at military colleges, university professors and representatives of civil society. 1/01

STRENGTHENING CIVIL SOCIETY LINKS FOR FUNDAMENTAL POLITICAL RIGHTS
$19,740
Venezuela
Asociación Civil Consorcio Justicia / None

Asociación Civil Consorcio Justicia will help build the capacity of civil society organizations in Venezuela to become active in the struggle against authoritarianism. *Consorcio Justicia* will host an international conference to explore examples of how civil society in countries such as Serbia and Mexico worked together to protect themselves against and defeat authoritarian regimes, as well as build a network of Venezuelan civil society organizations committed to the defense of democratic freedoms in the country. 1/01

LEGISLATIVE MONITORING FOR PROTECTION OF POLITICAL RIGHTS $40,000
Venezuela
Momento de la Gente / None

Momento de la Gente received continued Endowment funding to organize Venezuelan civil society groups to monitor the National Assembly on key pieces of legislation pertinent to civil liberties. Momento will organize a series of working meetings for representatives of civil society groups to establish monitoring mechanisms and developing proposals to be submitted to congressional committees responsible for drafting the final law, with the additional aim of creating link among organizations. NED funding will also be used to cover core institutional costs. 1/01

SUPPORT FOR DEMOCRATIC UNION ACTION $154,375
Venezuela
The American Center for International Labor Solidarity / None

The American Center for International Labor Solidarity (ACILS) will support the Confederation of Venezuelan Workers' (CTV) efforts to organize disparate unions and federations into a unified national industrial unions and define a new mission and role for the union movement in the development of the nation. 9/01

RE-ENGAGING CITIZENS IN STATE-LEVEL POLITICS $210,500
Venezuela
National Democratic Institute for International Affairs / Momento de la Gente

National Democratic Institute for International Affairs (NDI), in collaboration with Momento de la Gente, will assess and conduct pilot programs in up to three states to engage citizens in the policy-making process, specifically focused on government accountability and transparency. NDI will also work with state governments to include citizens' input into the decision-making process. 9/01

STRENGTHENING CIVIL SOCIETY TO PROMOTE DEMOCRATIC EDUCATION $55,000
Venezuela
Education Assembly Civil Association / None

The Education Assembly Civil Association will organize grassroots groups to monitor education reform plans in Venezuela and formulate draft legislation for the Superior Education law, as well as create a network of parents, teachers and community leaders to pro-actively monitor the quality of education in the country. 9/01

FY 2002

ENHANCING DEMOCRACY THROUGH ALTERNATIVE DISPUTE RESOLUTION METHODS
Venezuela
Center for International Private Enterprise / None

The Center for International Private Enterprise (CIPE) will collaborate with CEDCA, a Venezuelan non-profit group, to launch a strategic public awareness campaign and to offer a series of rigorous alternative dispute resolution (ADR) training modules. For each type of training module, CEDCA will design a training guidebook and recruit experienced instructors. 1/02

STRENGTHENING CIVIL SOCIETY LINKS FOR FUNDAMENTAL POLITICAL RIGHTS
Venezuela $84,000
Asociación Civil Consorcio Justicia / None

Asociación Civil Consorcio Justicia (Consorcio Justicia) will use Endowment funding to host a broad range of civil society groups at a working conference in late January 2002 to evaluate the situation in Venezuela and develop a policy agenda, after which Consorcio Justicia will conduct a campaign within Venezuela to improve communication and coordination among Venezuelan NGOs and to raise public awareness of their work. Finally, Consorcio Justicia will conduct a program in ten states throughout the country to educate communities on local justice issues, help organize elections to select justices of the peace and train locally elected justices. 1/02

LEGISLATIVE MONITORING AND MUNICIPAL TRAINING $64,000
Venezuela
Momento de la Gente / None

Momento de la Gente (Momento) will organize Venezuelan civil society groups to monitor the National Assembly and provide policy input on key pieces of legislation pertinent to civil liberties. Momento will also work with and help organize local elected officials to improve their ability to oversee public budgets and advocate for decentralization. Finally, Momento will maintain and strengthen its links with different civil society organizations in Venezuela and continue to work with international organizations to improve coordination and information on the political situation in Venezuela. 1/02

CONSENSUS BUILDING TO REDUCE THE INFORMAL SECTOR IN VENEZUELA
$66,266
Venezuela
Center for International Private Enterprise / Center for the Dissemination of Economic Information

The Center for the Dissemination of Economic Information (CEDICE) will work with several Venezuelan NGOs to develop a Pact to Rebuild Venezuela, which will include a policy paper and a series of workshops. CEDICE will also address the problem of the growing informal sector in Colombia through a series of workshops and forums that will be developed jointly with civil society groups throughout Venezuela. 3/02

STRENGTHENING POLITICAL PARTIES $300,000
Venezuela
International Republican Institute / None

The International Republican Institute (IRI) will train national and local branches of existing and newly created political parties, both on a one-to-one basis and through group sessions. Possible training topics include party structure, management, and organization; internal and external party communications; effective constituent relations; membership and volunteer recruitment; candidate/leadership development; and coalition building. 3/02

CONSENSUS BUILDING TO REDUCE THE INFORMAL SECTOR IN VENEZUELA
Venezuela $116,525
Center for International Private Enterprise / Center for the Dissemination of Economic Information

Through a joint effort between the Venezuelan Labor Confederation and the Citizens Assembly, a policy paper will be developed and a series of four national and ten regional workshops will be held, led by the Center for the Dissemination of Economic Information (CEDICE). CEDICE will also carry out project activities to address the problem of the growing informal sector, such as a series of workshops and forums that will be developed jointly with business groups in Zulia and Aragua States and the National Council on Commerce and Services (CONSECOMERCIO) in Caracas, as well as with the participation of other civil society groups throughout Venezuela. 6/02

MONITORING SOCIAL PROGRAMS $63,000
Venezuela
Centro al Service de la Acción Popular (CESAP) / None

The Centro al Servicio de la Accion Popular (CESAP) will monitor social expenditures, the impact of poverty-alleviation programs, and social development and change in Venezuela. The project will monitor government budgets and programs, gather data through surveys, and monitor social development indicators to develop a national picture of the state of poverty and social programs in Venezuela. CESAP will develop a network of local community groups to monitor local social programs and their implementation, and will publish a report based on its findings, which will be distributed nationally and internationally. 6/02

PROFESSIONALIZATION OF THE MEDIA $25,000
Venezuela
Instituto Prensa y Sociedad / None

The Instituto de Prensa y Sociedad (IPYS) will carry out a forum in partnership with its Venezuela-based affiliate for media owners, editors, journalists, and leaders of international media advocacy groups to reflect on the current state of freedom of expression and journalism in Venezuela. The forums' discussion will focus on analyzing the events surrounding the coup which involved the media, in addition to examining larger issues of freedom of expression in the country. The forum participants will propose recommendations for resolving issues of self-censorship, journalistic protection, and professionalization of the media. 6/02

VENEZUELA
Venezuela
The American Center for International Labor Solidarity / None

$116,001

The American Center for International Labor Solidarity (ACILS) will support the Venezuelan trade movement, represented by the CTV, in developing a program to extend organization, training, and representation to the informal sector. ACILS will also aid CTV in developing and publicizing its positions and strategies on economic and social issues as part of the development of an anti-poverty program emphasizing leadership training to articulate CTV positions more effectively with the national and international news media (including journalists union and IFJ) and on more effective use of the CTV website. 9/02

POLITICAL PARTY STRENGTHENING
Venezuela
National Democratic Institute for International Affairs / None

$50,000

The National Democratic Institute for International Affairs (NDI) will conduct focus groups to detail popular perceptions of political parties and present the results to political party leaders. NDI will then use this information to encourage parties to fully embrace the need for reform and to use the results of the focus groups to shape renewal strategies. 9/02

MONITORING LAND REFORM
Venezuela
Acción Campesina / None

$35,000

Acción Campesina will train monitors who will work in ten states to collect information on the effects of Venezuela's land redistribution law. The information provided by these monitors will then serve as the basis for a public information campaign. Acción Campesina will work with representatives of the National Assembly to communicate objective information about local disputes and conflicts generated by the law. At the end of the project, Acción Campesina will convene a national forum to discuss the land redistribution law and attempt to propose ways to reduce rural conflict. 9/02

CONFLICT RESOLUTION AT THE LOCAL LEVEL
Venezuela
Asociación Civil Consorcio Justicia-Occidente / None

$11,000

The Asociación Civil Consorcio Justicia-Occidente will work with communities in the state of Táchira to promote the election of local justices of the peace and train communities and the candidates to the office of justice of the peace in conflict resolution and mediation techniques. In addition, Consorcio Justicia-Occidente will work with local governments and communities to improve communication and collaboration at the local level. 9/02

EDUCATION ASSEMBLY
Venezuela
Asociación Civil Asamblea de Educación / None

$57,000

The Asociación Civil Asamblea de Educación (Education Assembly) received renewed Endowment support to monitor and distribute information on education policy issues. The Education Assembly will convene regular policy forums and press conferences to discuss education policy and their proposals and will work with the National Assembly to discuss draft legislation and reforms. Last, the Education Assembly will train local community leaders in eight states and Caracas to strengthen its national parent-teachers' network dedicated to democratic education. 9/02

CONFLICT RESOLUTION AT THE LOCAL LEVEL
Venezuela
Asociación Civil Justicia Alternativa / None

$10,000

The *Asociación Civil Justicia Alternativa* will conduct two workshops each in four locations in the Venezuelan state of Aragua. The workshops will train newly elected justices of the peace, local citizens and local government officials in conflict resolution, political leadership, democratic values, and the institutions and processes of the political system. Each workshop will train 15 people, with the second workshop to follow-up with participants trained in the first round. 9/02

CONFLICT RESOLUTION AT THE LOCAL LEVEL $11,000
Venezuela
Fundación Justicia de Paz del Estado Monagas / None

Fundación Justicia de Paz del Estado Monagas will work in 32 communities in the state of Monagas to create local roundtables to promote dialogue among local political actors. Fundación Justicia de Paz will engage in a broad public education campaign in which they will distribute information to the communities about the techniques of political dialogue and peaceful resolution of conflicts. 9/02

FY 2003

STRENGTHENING POLITICAL PARTIES AT THE LOCAL LEVEL $116,000
Venezuela
International Republican Institute / None

The International Republican Institute (IRI) will seek out local partners in the states of Zulia, Anzotegui and Carabobo to conduct party training, and will place particular emphasis on party grassroots strengthening, external communications, and inclusion of marginalized sectors in the parties. 1/03

STRENGTHENING POLITICAL PARTIES $116,000
Venezuela
National Democratic Institute for International Affairs / None

The National Democratic Institute for International Affairs (NDI) will work with municipal leaders and governments to rebuild citizen confidence and participation in the political system and the parties through anti-corruption initiatives. NDI will also work to help renew traditional political parties, as well as assist with the building of new political parties. 1/03

POLITICAL PARTY BUILDING AT THE NATIONAL LEVEL $299,999
Venezuela
International Republican Institute / None

The International Republican Institute (IRI) will use a combination of polling and political party training in critical areas of party reform to help Venezuela's parties establish a stronger role in the country and regain the trust of the electorate. IRI will work toward the development of detailed party platforms reflective of constituent concerns, effective two-way internal communication structures, and processes for transparent and democratic selection of party leaders. 3/03

LOCAL CIVIC EDUCATION $10,000
Venezuela
Acción para el Desarrollo / None

Acción para el Desarrollo will conduct informal civic education workshops for leaders of neighborhood associations in poor neighborhoods in and around Caracas. Acción para el Desarrollo will hold a total of 30 workshops on democratic values and conflict resolution to train presidents of neighborhood associations in seven "*barrios populares.*" At the end of the workshops, participants will develop a plan to promote development and democratic dialogue within their communities. 3/03

STRENGTHENING THE JUDICIAL SYSTEM $54,000
Venezuela
Asociación Civil Consorcio Justicia / None

Asociación Civil Consorcio Justicia will implement a program that will monitor the status of the judicial system and its operation and work with the Congress to improve legislation and laws. Consorcio Justicia will also work with municipal officials and community leaders in the poor neighborhood of Libertador in Caracas to train local communities in the peaceful resolution of conflict and establish local mediation committees in 60 neighborhoods. 3/03

LEGISLATIVE ASSISTANCE $64,000
Venezuela
Fundación Momento de la Gente / None

The Fundación Momento de la Gente will organize Venezuelan civic groups to collaborate with the National Assembly in developing legislative initiatives and debate around three separate bills on municipal government, electoral procedures and citizen participation. Momento will provide technical advice to assembly members, organize public seminars for the discussion of the bills, and design and propose ways of increasing public awareness of and debate on the proposed legislation. 3/03

SUPPORTING PRESS FREEDOMS $44,500
Venezuela
Instituto Prensa y Sociedad-Venezuela / None

The Instituto de Prensa y Sociedad-Venezuela (IPYS-Venezuela) will construct an alert network in Venezuela to report attacks against journalists that occur in the provinces in and around Caracas. IPYS-Venezuela will support correspondents in the provinces to monitor press conditions and investigate cases of attacks or threats, as well as offer a series of training sessions for journalists' professionalization. Finally, IPYS-Venezuela will participate in regional press advocacy meetings in order to connect with international groups and build their organizational network. 3/03

MONITORING SOCIAL PROGRAMS $65,000
Venezuela
Centro al Servicio de la Acción Popular / None

Centro al Servicio de la Acción Popular (CESAP) will monitor social expenditures, the impact of poverty alleviation programs and social development and change in Venezuela. The project will monitor government budgets and programs, gather data through surveys, and monitor social development indicators to develop a national picture of the state of poverty and social programs in Venezuela. CESAP will develop a network of local community groups to monitor local social programs and their implementation, and will publish a report based on its findings which will be distributed nationally and internationally. 6/03

MONITORING LAND REFORM $58,000
Venezuela
Acción Campesina / None

Acción Campesina will create three local groups of promoters of farmers' rights located in highly conflict-ridden rural areas to monitor land disputes, track the needs of the rural communities, and draft proposals to reform current agrarian public policies at the state and municipal levels. Acción Campesina will also serve as a source of information to policymakers, political parties, and civil society on the implementation of national laws and its effects. 9/03

CONFLICT RESOLUTION AT THE LOCAL LEVEL $14,412
Venezuela
Asociación Civil Consorcio Justicia – Occidente / None

The Asociación Civil Consorcio Justicia – Occidente will work with communities to promote the election of local justices of the peace and train the communities and the candidates in conflict resolution and mediation techniques. 9/03

CONFLICT RESOLUTION AT THE LOCAL LEVEL $14,107
Venezuela
Asociación Civil Justicia Alternativa / None

The Asociación Civil Justicia Alternativa will conduct training on conflict resolution, human rights, the role of police and the local justice systems in conflict resolution, and police-community relations for the police and local justice officials in Giradot, in the state of Aragua. 9/03

CIVIC EDUCATION FOR POLICE $42,207
Venezuela
Asociación Civil Liderazgo y Visión / None

The Asociación Civil Liderazgo y Visión will conduct a democracy and human rights training program for officers of the Caracas metropolitan police force. To ensure the sustainability of the program, Liderazgo y Visión will train four representatives in each of the branches of the metropolitan police to serve as coordinators for follow-up and to help organize and conduct courses and informal workshops in the future. 9/03

HUMAN RIGHTS DEFENSE $83,000
Venezuela
Center for Justice and International Law / None

The Center for Justice and International Law (CEJIL) received Endowment assistance to support a staff attorney in CEJIL and two trips to Venezuela to train local human rights groups and journalists on how to prepare cases for the Inter-American system to defend freedom of expression. The staff attorney will also request and monitor the implementation of precautionary and provisional measures from the commission and the court in cases when the life of human rights defenders or journalists is in imminent danger. 9/03

CONFLICT RESOLUTION AT THE LOCAL LEVEL $11,698
Venezuela
Fundación Justicia de Paz del Estado Monagas / None

The *Fundación Justicia de Paz del Estado Monagas* will work in 32 communities in the state of Monagas to continue to support its mediation and conflict resolution roundtables by expanding the membership of the roundtables to include representatives from local government and local, as well as state, judicial and law enforcement offices. The program will include the training of officials in mediation and conflict resolution and the establishment of a state-wide network of mediators. 9/03

ELECTIONS EDUCATION $53,400
Venezuela
Súmate / None

Súmate will develop links with other organizations in the region that work on elections, produce election-related, voter mobilization materials, and consolidate its national network of volunteers for the referendum on the president's mandate. *Súmate* will establish a coordinator in each state and train people from local organizations on the referendum process and how to conduct a get-out-the-vote campaign for the general community, in addition to developing a public information campaign on the referendum and to encourage citizens to participate in the electoral process. 9/03

Dokumente

Instituto de Prensa y Sociedad – Venezuela (Press and Society Institute – Venezuela)
$72,000
To promote and defend freedom of expression. Instituto de Prensa y Sociedad – Venezuela (Press and Society Institute – Venezuela) will support an alert network, which reports attacks against journalists that occur in the provinces and in Caracas. Training workshops to strengthen the investigative reporting skills of journalists will also be held.

Asociación Civil Consorcio Justicia (Justice Consortium)
$67,000
To monitor the judicial system and its operation and work with the Congress to improve legislation and laws. The Asociación Civil Consorcio Justicia (Justice Consortium) will work with local organizations outside Caracas and with Ecuadorian and Peruvian NGOs to share information and programs and establish a regional judicial observatory. In addition, the Justice Consortium will work with the Peruvian NGO, Institute for Legal Defense to establish a democratic leadership training program that will train local and community leaders in the interior of Venezuela.

Acción para el Desarrollo (Action for Development)
$12,420
To conduct civic education in conflict resolution and community leadership. Acción para el Desarrollo (Action for Development) will conduct workshops for leaders of local "neighborhood associations" in poor neighborhoods in and around Caracas. The workshops will focus on the themes of democratic values, the role of civil society and community organizations in democracy, how to negotiate and mediate local conflicts, the Bolivarian Constitution and the rights of Venezuelans, and how to address the violation of political and human rights.

International Republican Institute
$285,000
To promote the development of responsive, democratic political parties. IRI will focus its efforts on long-term party strengthening in the following areas: political platform development; internal and external communications; strengthening party structure; coalition building; and youth involvement in the parties. IRI will offer trainings to all of the major political parties across the ideological spectrum. IRI will work to expand party outreach to marginalized groups through trainings of local party officials.

Center for International Private Enterprise
$92,488
To promote democratic mechanisms of participation for entrepreneurs that are currently left out of the policymaking process and help forge solutions to structural problems underlying informal commerce. CIPE and its Venezuelan partner Center for the Dissemination of Economic Knowledge (CEDICE) will conduct a survey of the informal sector in Sucre and Baruta; conduct outreach initiatives including workshops, fora, and publication of an informational brochure; and promote debate and discussion on the informal sector among government leaders at the local and national levels.

Centro al Servicio de la Acción Popular (Center at the Service of Popular Action)
$60,000

To monitor social expenditures, the impact of poverty-alleviation programs and social development and change in Venezuela. CESAP will develop a network of local community groups to monitor local social programs and their implementation, and will publish a report based on its findings which will be distributed nationally and internationally. The report will serve as the basis for a public education campaign on social development in Venezuela and how to improve social programs to better address Venezuelan poverty.

Center for International Private Enterprise
$33,006

To promote a debate on the relationship between institutions and economic growth. CIPE and its local partner Center for the Dissemination of Economic Knowledge will conduct a two-day international conference to bring together in Caracas leading scholars, businessmen and women, political leaders, university student leaders and representatives of think tanks throughout the Americas to discuss how to promote institutional reform, economic growth and the role of a liberal society in that process.

Acción Campesina (Farmers in Action)
$65,000

To promote farmers' rights at the national and local levels through policy reform on agriculture and land redistribution. *Acción Campesina* will serve as a source of information to policy makers, political parties and civil society on the implementation of national laws and its effects on the rural sector and on small farmers.

Asociación Civil Consorcio Justicia – Occidente (Civil Association "Justice Consortium" – West)
$16,000

To strengthen community leadership and peaceful resolution of conflict. *Consorcio Justicia-Occidente* will work with local community organizations in four municipalities in the state of Táchira, on the border of Colombia, to train over 100 community leaders in democratic rights, community organization and techniques of conciliation and negotiation. *Consorcio Justicia-Occidente* will then work with these leaders in their communities to help them carry out projects to develop strategies for addressing local problems.

Asociación Civil Justicia Alternativa (Civil Association "Alternative Justice")
$13,980

To promote conflict resolution and participation at the local level. *Justicia Alternativa* will train community leaders and elected officials in the city of Girardot in Aragua state. Through the training and follow-up, *Justicia Alternativa* will bring together community representatives and locally elected officials to initiate a dialogue for the development of communities and neighborhoods.

Asociación Civil Liderazgo y Visión (Civil Association "Leadership and Vision")
$56,000

To conduct a human rights and democracy training program for officers of the Caracas metropolitan police force. *Liderazgo y Visión* will conduct 60 training courses in the Caracas police academy, training a total of 1,800 members of the metropolitan force. In addition,

Liderazgo y Visión will train a total of twelve representatives in each of the branches of the metropolitan police to serve as coordinators for follow-up and to help organize and conduct courses and informal workshops in the future.

Center for Justice and International Law
$90,000

To promote and defend human rights in Venezuela. CEJIL will continue to present and litigate cases before the Inter-American System (IAS), train human rights activists, journalists, and young leaders in international human rights standards and the use of the IAS, and support and encourage Venezuelan NGOs and civil society organizations in their efforts to defend human rights and promote reasoned discourse and dialogue over the future of human rights and democracy in their country.

Fundación Justicia de Paz del Estado Monagas (Justice of Peace of Monagas State Foundation)
$11,490

To promote women's leadership and conflict resolution at the local level. *Fundación Justicia de Paz* will work with community organizations throughout the state of Monagas to train local women leaders and female judicial officials in peaceful resolution of conflict, constitutional rights, and state judicial institutions.

NED's Grants to CIPE-CEDICE
2002-2003
"Plan Consensus"

CIPE QUARTERLY REPORT April, May June 2003   NED GRANT 2002-021, 2/1/02 – 9/30/03

PROJECT ACTIVITIES

Project Advisory Committee

The project advisory committee will consist of the following individuals and organizations:

Hugo Fonseca Viso	Fedecámaras
Jorge Botti	Fedecámaras
Jesus Urbieta	Confederación de Trabajadores Venezolanos
Nelson Landáez	Confederación de Trabajadores Venezolanos
Maxim Ross	Citizens Assembly
Marisol Fuentes	Sol Communications
William Echeverría	Radio Caracas
Jorge Reyes	Sinergia
Tiziana Polesel	CEDICE
Luis Eduardo Rodriguez	CEDICE
Aurelio Concheso	CEDICE
Mikel De Viana, SJ	Catholic Church

Meetings with Civil Society Groups

Four meetings will be organized with Fedecámaras, CTV, as well as civil society groups in Venezuela. The business and labor sectors, the media, the church, and other non-profit groups will gather to discuss and develop a broad consensus on a National Agenda—the specific economic policies that Venezuela should adopt in order to resolve the urgent crisis that the country currently faces in the economic as well as political and social arenas.

In addition, four members of CEDICE's academic group and two representatives of the Citizens Assembly will conduct a study to investigate the causes of the current economic crisis as well as to identify measures for both sustainable economic development as well as social improvement.

Development and Dissemination of a Policy Paper

Based on the collaborative analysis and consensus from the four meetings and the research study described above, the groups will develop a National Agenda document to describe their economic policy recommendations. To present and promote the results to the public at large, the groups will work with the media (*El Nacional*, *El Universal*, and Globo Visión) to design and implement a dissemination strategy.

Regional Workshops and National Forums

Dokumente

CIPE QUARTERLY REPORT April, May, June 2003
NED GRANT 2002-021, 2/1/02 – 9/30/03

Organization	Representative
Asamblea de Ciudadanos (civil association)	Mr. Axel Capriles
Abriendo Caminos (political movement)	Mr. Pedro Penzini
Alianza Bravo Pueblo (political party)	Mr. Antonio Ledezma
Fundación Raúl Leoni/Acción Democrática (political party)	Mr. Ramón Rangel
Gente de Petróleo (civil association)	Mr. Nelson Benítez
Instituto Altos Estudios Sindicales/CTV (workers' union)	Mr. Alfredo Padilla
Alianza Cívica de la Sociedad Civil (civil association)	Mr. Elías Santana
Ifedec-Copei (political party)	Mr. Eduardo Fernández
Liderazgo y Visión (civil association)	Mr. Alonso E. Domínguez
Proyecto Venezuela (political party)	Mrs. María Isabel Canales
Red Democrática Universitaria (civil association)	Mr. Tomás Páez
Visión Emergente (political party)	Mr. Cipriano Heredia
Un Solo Pueblo (political party)	Mr. William Ojeda
Bandera Roja (left political party)	Mr. Carlos Hermoso
Resistencia Civil (civil association)	Mr. Domingo A. Rangel
Democratic Coordinator (opposition umbrella organization)	Mr. Diego B. Urbaneja
Fedecámaras (strategic committee) (business association)	Mrs. Albis Muñoz Mr. Fedor Saldivia

NED Project Report to Venezuela, Heading by Christopher Sabatini
June 16-25, 2002

To: Carl, Barbara, Sandra, and Taryn
From: Chris Sabatini
RE: Trip Report Venezuela, June 16-25

1. General political situation

Complicated. It's the word you always hear when you ask people to explain what's happening in Venezuela. They say it with a sense of despair and defeat. The political agendas of different actors and alliances are complicated and obscure (What is the endgame of the ex-chavistas, such as Luis Miquilena, who are now backing a plan to remove Chavez? Does Chavez know about the political conspiracies that are swirling around him, according to some, within his own inner circle? Is he planning to use them to his own advantage?) The role of the military and their intentions are complicated. (The military has become factionalized, and it's unclear who backs whom and why.) And for these reasons, it's difficult, if not impossible, to predict what will happen in the future. (The lines are clearly drawn between Chavistas and anti-Chavistas, with the anti-Chavez groups—military and civilian—hatching numerous and conflicting plans to remove the president and Chavez publicly and aggressively proclaiming his intention to defend the revolution, in a phrase borrowed from Fidel Castro, "to the death.") In the midst of this polarized, political muddle two things become clear: first, the border that once divided military and civilian politics has been broken, perhaps irrevocably and second Venezuelan politics are locked in a confrontation for which it appears there is no consensus exit, and which admits very little room for outside mediation. Since April 11th, the government and the opposition have become locked in a zero-sum game, while much of the population waits to see its outcome. In the meantime, the economy continues to deteriorate, with some observers predicting a collapse of the financial and public sector within months.

Venezuelan politics have become a dizzying swirl of plots, counterplots and hidden agendas. Members of the traditional opposition (the CTV, the business community, and opposition parties) continue to mobilize protest marches to call for Chavez's resignation. Shortly before I arrived, the opposition had organized a march to the presidential palace. At the march, one opposition party, *Acción Democrática*, declared that it would remain in front of the palace until Chavez resigned. (They later decamped, unvictorious.) In the same march, several of the more political civil society groups (led by Elias Santana of *Queremos Elegir*) called for mass protest against the government by refusing to pay taxes--a plan which is actually unworkable since most Venezuelan taxes are based on sales tax which is automatically calculated in the charge when you make a purchase. For many of these groups, the goal is to mobilize sufficient public pressure and protest to force the resignation of the government. There are a number of politicized civil society groups (among them *Queremos Elegir* and *Red de Veedores*) that have joined in this call for immediate resignation. Many had hoped that the march planned for July 11th, the third anniversary of April 11th, would bring the full force of popular opposition against the government and force the president to step down. But even then, many people claimed—as they have been saying for years—that Chavez wouldn't last that long—that the military will attempt to remove him before then. At the same time, Chavez has stepped up his political attacks against his opponents and has allegedly increased his distribution of arms to the Bolivarian Circles.

One of the more active groups that has been plotting Chavez's removal is a group of ex-Chavistas, named *Solidaridad*, led by ex-interior minister Luis Miquilena. In collaboration with a number of groups, *Solidaridad* has initiated several judicial cases against the president. In all, there have been 61 cases brought against the President, the most important of these include allegation of mis-appropriation of state funds (FIEM) derived from the oil windfall of the last three years, campaign finance violations in which the president allegedly did not declare $1.5 million in funds received from the *Banco de Vizcaya*, and charges stemming from the shooting on April 11th. The plan to prosecute Chavez for any of these charges was given a boost the week I was in Venezuela when the supreme court ruled that plaintiffs in cases against the government could bring the cases directly to the Supreme Court, rather than through the Prosecutor General. The Prosecutor General, Isais Rodriguez, is an avowed Chavista who has openly voiced his continued support for the president. (The Supreme Court's decision was actually a violation of the recently approved criminal procedures code, which removed justices from prosecution and established a more U.S.-style adversarial system.) Many people credit the supreme court's decision to the machinations of Miquilena, who, as interior minister under Chavez, had named a number of the justices to the court. The decision and the cases that will result represent the opposition's more "institutionalist" route for removing Chavez.

But while the more democratic path to changing the government signals a greater intent by some sectors of the opposition to use state channels to force a change of government, the opposition's enthusiasm for Miquilena's actions is curious. Only months before, when he was in government, many people deeply distrusted Miquilena, believing him to be the sinister, ideological puppeteer of the charismatic Chavez. The belief was that the 84 year-old Miquilena was using Chavez as the charismatic public face for his ideological master plan. Now he has become the architect and dealmaker in support of the opposition. There are also rumors that he maintains close contact with several people in the administration and some sectors of the military.

The military's role in all of this is unclear. It is clearly factionalized, among units and between officer classes. There are strong rumors of conspiracies being hatched by the military and dissident officer groups. But the extent to which these individuals and groups command loyalty among the ranks is unclear. First there is the COMACATE, a group of dissident junior officers (commanders, captains, majors and lieutenant colonels). A week before I arrived they issued a public declaration denouncing the government as illegitimate. Another faction includes retired military officers, which held a march to protest the Chavez government. There are also rumors that different civilian leaders are maintaining regular contact with various elements in military, and that the opposition to Chavez within the military extends to the inner circle of military hierarchy around the President. The big event was to have come July 5th when the president announced a new round of military promotions. While the much-anticipated uprising never occurred, many believe that this leapfrogging of promotion (in a military that has always prided itself—though not always followed it—on its merit-based system) and the government's alleged support for the FARC in Colombia will ultimately provoke a coup by disaffected officers.

In all of this, military officers are assuming a greater political role. They now have an audience and pockets of support for their opposition to the government, and there is a sense that some military officers are enjoying this public role. There is a notable increase in their pronouncements and their general presence in the public debate. The military has now become a part and a victim of the political polarization within Venezuela. After the events of April 11th and the public reaction to them, however, there is a notable reluctance of civil society and civilian politicians (at least publicly) to embrace the military too closely. In contrast to the situation before April 11th, civil society leaders are less enthusiastic about military officers now declaring their opposition to the government, which they do with increasing frequency. The events of April 11th demonstrated the deep divisions within the military. Many fear that the next military coup would result in bloodshed. A coup d'etat now would likely provoke a confrontation between units and officers still loyal to the President and the rebellious officers. The Chavez government would also certainly unleash its *"Circulos Bolivarianos"*—which Chavez has continued to arm and incite to support the revolution. There are also claims that should the sectors of the military move against the government, its strategy would be one of "take no prisoners" and one which may also seek to exclude some of the more moderate and/or leftist civilian politicians from any future government.

For his part, Chavez has done little to demonstrate his good faith or desire for a mediated solution and has continued to inflame popular passions and class tensions. The events of April 11th appear to have only hardened its position. There are rumors—fairly common, if that's any indication of their veracity, but in this situation who knows?—that the government has distributed Uzi's to the Bolivarian circles. The person in charge of organizing the Bolivarian Circles has an office in the presidential palace and the arms are apparently financed by the state. The government has also installed anti-aircraft missiles on the roofs of several buildings around the city, allegedly in anticipation of the July 11th march. Statements by the President have inflamed the situation and appear to be preparing the country for a conflict. In a speech, delivered in a shantytown on the same day of the march of the retired-military officers, the President, encircled by mid-level officers and dressed in an orange jumpsuit, asked his followers "not to be unaware" of what was going on and to be ready to "defend the revolution" against those who are trying to undermine it. The verbal assaults against his opponents continue daily, on the radio, on t.v, in press conferences, and in public speeches. The intention obviously is to prepare his followers (he has supposedly at least 20% core support in the population) to back him—violently if necessary—against any attempts to remove him. As a result, middle and upper classes feel extremely insecure and fear for their lives and property. Contingency plans have been developed in middle and upper class neighborhoods for residents to defend themselves in the event that private groups armed by the government attack.

Unclassified Documents

1. Secret Document from the Department of Defense
2. Cable from the Department of State, September, 2001, pp. 1-2
3. Cable from the Department of State, December, 2001
4. Cable from the Department of State, March, 2002, pp. 1-4
5. CIA SEIB's Report, March 11, 2002, pp. 1-2
6. CIA SEIB's Report, April 6, 2002, pp.1-2
7. Cable from the Department of State, April 9, 2002, pp. 1-2
8. Cable from the Department of State, April 11, 2002, pp. 1-7
9. Cable from the Department of State, April 13, 2002, pp. 1-4
10. Cable from the Department of State, April 14, 2002, pp. 1-2
11. Cable from the Department of State, April 14, 2002 (Otto Reich), pp. 1-4
12. Department of State Press Guidance, April 16, 2002, pp. 1-3
13. Department of State Press Guidance, April 17, 2002, p. 1
14. Department of State Press Guidance, April 19, 2002, pp. 1-2
15. Department of State Press Guidance, April 22, 2002, p.1
16. Department of State Press Guidance, August 12, 13, 2002, pp. 1-2

1. Document from the Deparment of Defense

SUBJ: ███████████ CUBAN TROOPS AND REVOLUTIONARY ARMED FORCES OF COLOMBIA GUERRILLAS IN VENEZUELA TO SUPPORT CHAVEZ (U)

WARNING: (U) THIS IS AN INFORMATION REPORT, NOT FINALLY EVALUATED INTELLIGENCE. REPORT CLASSIFIED S E C R E T - REL UK AUS CAN

DEPARTMENT OF DEFENSE

DOI: (U) 20021212.

REQS: (U) ███████████ (b)(2)

PAGE 4 RUEPMDA1131 S E C R E T REL CAN REL AUS REL UK

SOURCE: (U) //███████

SUMMARY (S//REL UK AUS CAN):

[redacted]

TEXT: 1. (S//REL UK AUS CAN)

[redacted]

2. (S//REL UK AUS CAN)

PAGE 5 RUEPMDA1131 S E C R E T REL CAN REL AUS REL UK

3. (S//REL UK AUS CAN) ON 12 DECEMBER, CHAVEZ ORDERED THE DESTRUCTION OF **TELEVISION** STATIONS OF GLOBOVISION, TELEVEN, CANAL DOS, AND POSSIBLY OTHER MEDIA OUTLETS. THESE ATTACKS ARE SCHEDULED TO TAKE PLACE ON THE EVENING OF 12 DECEMBER.

2. Cable from the Department of State September 2001, p. 1

```
    Current Class: UNCLASSIFIED      UNCLASSIFIED
    Current Handling: n/a

                                UNCLASSIFIED        PT09054

    PAGE 01         CARACA  02839  272141Z
    ACTION EB-00                                            RELEASED IN FULL

    INFO  LOG-00   AIT-03    CEA-01   CIAE-00   CTME-00   DODE-00   ITCE-00
          WHA-00   SRPP-00   EXME-00  E-00      UTED-00   VC-00     FRB-00
          H-01     TEDE-00   INR-00   ITC-01    L-00      VCE-00    AC-01
          NSAE-00  NSCE-00   OES-01   OMB-01    OPIC-01   ACE-00    SP-00
          SSO-00   SS-00     STR-00   TEST-00   TRSE-00   USIE-00   FMP-00
          EPAE-00  DRL-02    G-00     NFAT-00   SAS-00    /012W
                            ------------------265FBA  272141Z /38
    R 272125Z SEP 01
    FM AMEMBASSY CARACAS
    TO SECSTATE WASHDC 3380
    USDOC WASHDC
    INFO DEPT OF COMMERCE WASHDC
    DEPT OF ENERGY WASHDC

    UNCLAS CARACAS 002839

    STATE FOR EB, H, WHA/AND
    USDOC FOR 4331/MAC/TWELCH; 3134/USFCS/OIO/WH/DLUTTER

    E.O. 12958: N/A
    TAGS: EFIN, ETRD, WTO, VE
    SUBJECT: VENEZUELA-U.S. BUSINESS COUNCIL REQUESTS WASHINGTON
    MEETINGS

    1.  ACTION REQUEST; SEE PARAGRAPH 5.

    2.  SENIOR OFFICERS OF THE VENEZUELA-U.S. BUSINESS COUNCIL (CEVEU)
                                UNCLASSIFIED

    PAGE 02         CARACA  02839  272141Z
    PLAN TO VISIT WASHINGTON D.C. FROM NOVEMBER 1-2, 2001 AND WISH TO
    MEET WITH SENIOR GOVERNMENT OFFICIALS IN THE DEPARTMENT, OFFICE OF
    U.S. TRADE REPRESENTATIVE, DEPARTMENT OF COMMERCE, DEPARTMENT OF
    ENERGY, AND SELECTED MEMBERS OF CONGRESS. CEVEU (CONSEJO DE
    EMPRESARIOS VENEZUELA-ESTADOS UNIDOS) IS A HIGHLY RESPECTED
    BUSINESS AND TRADE ASSOCIATION THAT HAS TAKEN THE LEAD IN
    PROMOTING INITIATIVES THAT CLOSELY MIRROR U.S. POSITIONS. THIS
    VISIT IS AN EXCELLENT OPPORTUNITY FOR SENIOR U.S. OFFICIALS TO
    HEAR ABOUT PENDING U.S.-VENEZUELAN TRADE ISSUES FROM THE
    VENEZUELAN PRIVATE SECTOR PERSPECTIVE. CEVEU PARTICULARLY LOOKS
    FORWARD TO AN EXCHANGE OF VIEWS ON FTAA, THE PROPOSED BILATERAL
    INVESTMENT TREATY, THE PROPOSED NEW ROUND OF WTO NEGOTIATIONS, AND
    THE POSSIBLE INCLUSION OF VENEZUELA IN THE ANDEAN TRADE
    PREFERENCES ACT (ATPA).

    Current Class: UNCLASSIFIED

    UNITED STATES DEPARTMENT OF STATE
    REVIEW AUTHORITY: JOHN L MILLS         UNCLASSIFIED
    DATE/CASE ID: 24 AUG 2004  200400110
```

2. Cable from the Department of State September 2001, p. 2

Current Class: UNCLASSIFIED
Current Handling: n/a

3. THE CEVEU DELEGATION WILL CONSIST OF GUSTAVO MARTURET, PRESIDENT OF CEVEU AND CHIEF EXECUTIVE OFFICER OF BANCO MERCANTIL; LOPE MENDOZA, PRESIDENT OF CONINDUSTRIA (COUNCIL OF INDUSTRIES); DR. PEDRO CARMONA, PRESIDENT OF FEDECAMERAS (NATIONAL COUNCIL OF CHAMBERS OF BUSINESS); ALEJANDRO REYES, VICE PRESIDENT OF CEVEU; ANA TERESA WALLIS, EXECUTIVE DIRECTOR OF CEVEU; LUIS ENRIQUE BALL, CEVEU DIRECTOR AND CEO OF THE PRIVATE FIRM EUROCIENCIA; AND TENTATIVELY, DR. GUSTAVO JULIO VOLLMER, CEVEU DIRECTOR AND PRESIDENT OF THE PRIVATE FIRM CORPALMAR.

4. THE CEVEU REPRESENTATIVES HAVE REQUESTED MEETINGS WITH GRANT D. ALDONAS, UNDER SECRETARY OF COMMERCE FOR INTERNATIONAL TRADE; VICKY BAILEY, ASSISTANT SECRETARY FOR POLICY AND INTERNATIONAL AFFAIRS, DEPARTMENT OF ENERGY; ANTHONY WAYNE, ASSISTANT SECRETARY OF STATE FOR ECONOMIC AND BUSINESS AFFAIRS; AND REGINA VARGO, U.S. TRADE REPRESENTATIVE FOR LATIN AMERICA. THEY HAVE ALSO REQUESTED

UNCLASSIFIED

PAGE 03   CARACA 02839 272141Z
APPOINTMENTS WITH U.S. REPRESENTATIVE CASS BALLENGER, U.S. REPRESENTATIVE GREGORY MEEKS, U.S. REPRESENTATIVE MARK SOUDER, ALL OF WHO HAVE RECENTLY VISITED VENEZUELA AND SHARE AN ACTIVE INTEREST IN IMPROVED BILATERAL RELATIONS. LASTLY, THEY WISH TO MEET WITH U.S. SENATOR BOB GRAHAM AND U.S. REPRESENTATIVE PHILIP CRANE, WHO ARE SPONSORING RECENTLY INTRODUCED ATPA LEGISLATION IN THE SENATE AND HOUSE OF REPRESENTATIVES, RESPECTIVELY.

5. EMBASSY CARACAS STRONGLY SUPPORTS THIS REQUEST FROM CEVEU. THE MEMBERS OF THE CEVEU DELEGATION ARE HIGHLY REGARDED AND INFLUENTIAL BUSINESS LEADERS WHO HAVE CONSISTENTLY PLAYED A CRITICAL ROLE IN ADVANCING U.S. COMMERCIAL INTERESTS IN VENEZUELA. EMBASSY REQUESTS THE DEPARTMENT AND OTHER AGENCIES ASSISTANCE IN ARRANGING THESE MEETINGS.

HRINAK

UNCLASSIFIED

<< END OF DOCUMENT >>

Current Class: UNCLASSIFIED

3. Cable from the Department of State December 2001

Current Class: UNCLASSIFIED UNCLASSIFIED
Current Handling: n/a

CONFRONTATION OF IDEAS, NOT A CONFRONTATION IN THE STREETS.
END SUMMARY.

STATESMAN-LIKE CARMONA STRESSES NON-VIOLENCE
----

2. CARMONA ADDRESSED THE VENEZUELAN-AMERICAN CHAMBER OF COMMERCE (VENAMCHAM) DECEMBER 6, AND GAVE A WIDELY COVERED PRESS CONFERENCE ON DECEMBER 7. IN BOTH APPEARANCES, CARMONA DELIVERED CALM AND STATESMAN-LIKE SPEECHES EXPLAINING THE WORK STOPPAGE WILL NOT BE VIOLENT, BUT WILL BE ONLY A QCONFRONTATION OF IDEAS.Q FEDECAMARAS HAS NOT PLANNED ANY PUBLIC DEMONSTRATION FOR DECEMBER 10, BUT SAID IT SHOULD BE A DAY TO QSTAY HOME FROM WORK.Q

3. AT THE VENAMCHAM EVENT, CARMONA RECEIVED AN EXTENDED
UNCLASSIFIED

PAGE 03   CARACA 03606 01 OF 02 080156Z
STANDING OVATION, AND WAS INTRODUCED AS QTHE RIGHT MAN FOR THE RIGHT TIME IN VENEZUELA.Q AS WITH ALL OF HIS RECENT PUBLIC APPEARANCES, THE PRESS SWARMED CARMONA, GIVING HIM AT LEAST THE AURA OF A POLITICAL FIGURE AND PROVIDING SOME FOCUS TO WHAT WERE DISPARATE OPPOSITION VOICES.

SUPPORT FOR THE SHUTDOWN
----

4. THE CONFEDERATION OF VENEZUELAN WORKERS (CTV) ANNOUNCED THAT THEY SUPPORT THE DECEMBER 10 SHUTDOWN, BUT WOULD NOT HOLD ANY PUBLIC MARCH OR DEMONSTRATION ON DECEMBER 10. HOWEVER, CTV SAID IF THE GOV DOES NOT LISTEN TO THEIR CONCERNS THEY WILL CONSIDER FURTHER NATIONAL STRIKES.

5. THE TRANSPORTATION WORKERS, BANK EMPLOYEES, AND HEALTH WORKERS ALSO ANNOUNCED SUPPORT FOR THE SHUTDOWN. LOCAL GASOLINE SERVICE STATIONS HAVE NOT DECIDED IF THEY WILL CLOSE. ALTHOUGH THE GOV ANNOUNCED THE CARACAS METRO WILL REMAIN OPEN, SUPPORT FROM THE TRANSPORTATION SECTOR (REPRESENTING TAXIS AND BUSES) COULD GUARANTEE A TRUE SHUTDOWN OF CARACAS AND OTHER METROPOLITAN AREAS.

6. U.S. CORPORATIONS CONTACTED BY POST REPORTED A MIX OF PLANNED ACTIONS. SOME WILL CLOSE AND OTHERS WILL OPEN BUT MONITOR THE SITUATION. THE U.S. CORPORATIONS POINTED TO SECURITY CONCERNS AND TRANSPORTATION DIFFICULTIES FOR WORKERS AS REASONS FOR CLOSING. CITING CONCERN FOR INVOLVEMENT IN DOMESTIC POLITICS, THOSE THAT EXPECT TO BE

Current Class: UNCLASSIFIED

UNCLASSIFIED

4. Cable from the Department of State
March 2002, p. 1

```
Current Class: UNCLASSIFIED      UNCLASSIFIED
Current Handling: n/a
                          UNCLASSIFIED    PTQ6780
PAGE 01         CARACA  00546  01 OF 02  052201Z   RELEASED IN FULL
ACTION INR-00

INFO  LOG-00   NP-00    ACQ-00   DODE-00  WHA-00   DS-00    UTED-00
      VC-00    TEDE-00  VCE-00   AC-01    NSAE-00  ACE-00   IRM-00
      TEST-00  DSCC-00  DRL-02   NFAT-00  SAS-00            /003W
                            ------6FF49F  052202Z /38
R 052151Z MAR 02
FM AMEMBASSY CARACAS
TO SECSTATE WASHDC 4949
INFO CIA WASHDC
DIA WASHDC
NSC WASHDC
USCINCSO MIAMI FL
AMEMBASSY BOGOTA
AMEMBASSY BRASILIA
AMEMBASSY GEORGETOWN
AMEMBASSY LIMA
AMEMBASSY LA PAZ
AMEMBASSY QUITO
USINT HAVANA

UNCLAS SECTION 01 OF 02 CARACAS 000546

INR FOR COZART
NSC FOR AMBASSADOR MAISTO
USCINCSO FOR POLAD

SENSITIVE

                        UNCLASSIFIED

PAGE 02         CARACA  00546  01 OF 02  052201Z
E.O. 12958: NA
TAGS: PREL, PGOV, VE
SUBJ: LABOR, BUSINESS AND CHURCH ANNOUNCE TRANSITION
PACT

1. (SBU) SUMMARY: WITH MUCH FANFARE, THE VENEZUELAN GREAT
AND GOOD ASSEMBLED ON MARCH 5 TO HEAR REPRESENTATIVES OF
THE CONFEDERATION OF VENEZUELAN WORKERS, THE FEDERATION OF
BUSINESS CHAMBERS, AND THE CATHOLIC CHURCH PRESENT THEIR
"BASES FOR A DEMOCRATIC ACCORD," TEN PRINCIPLES ON WHICH TO
GUIDE A TRANSITIONAL GOVERNMENT. INITIALLY INTERPRETED IN
THE PRESS AND SOME CIRCLES AS PERHAPS A BASIS OF DIALOGUE
WITH THE CHAVEZ GOVERNMENT--THE DOCUMENT WAS ANNOUNCED, BUT
NOT RELEASED, LAST WEEK--THIS ACCORD WAS CLEARLY INTENDED
FOR THE OPPOSITION FORCES' EXCLUSIVE USE.  IT WAS

Current Class: UNCLASSIFIED

UNITED STATES DEPARTMENT OF STATE
REVIEW AUTHORITY: JOHN L MILLS
DATE/CASE ID: 30 AUG 2004  200400110
                                      UNCLASSIFIED
```

4. Cable from the Department of State
March 2002, p. 2

Current Class: UNCLASSIFIED
Current Handling: n/a

ENTHUSIASTICALLY RECEIVED BY THE ASSEMBLED "ESCUALIDOS,"
WHO INTERRUPTED THE SPEAKERS OFTEN WITH ANTI-CHAVEZ CHANTS.
THIS ACCORD REPRESENTS AN IMPORTANT STEP FOR THE
OPPOSITION, WHICH HAS BEEN QUICK TO CONDEMN CHAVEZ BUT HAD
SO FAR OFFERED NO VISION OF ITS OWN. END SUMMARY.

TEN POINTS FOR A DEMOCRATIC ACCORD
---

2. (U) WITH MUCH FANFARE, THE VENEZUELAN GREAT AND GOOD
ASSEMBLED ON MARCH 5 IN CARACAS'S ESMERALDA AUDITORIUM TO
HEAR REPRESENTATIVES OF THE CONFEDERATION OF VENEZUELAN
WORKERS (CTV), THE FEDERATION OF BUSINESS CHAMBERS
(FEDECAMARAS), AND THE CATHOLIC CHURCH PRESENT THEIR "BASES
FOR A DEMOCRATIC ACCORD"--TEN PRINCIPLES ON WHICH TO GUIDE
UNCLASSIFIED

PAGE 03   CARACA   00546   01 OF 02   052201Z
A TRANSITIONAL GOVERNMENT. THE EXISTENCE OF THIS ACCORD
WAS ANNOUNCED LAST WEEK AND HAS SINCE DRAWN MUCH
SPECULATION ABOUT WHETHER IT WAS INTENDED AS THE BASIS FOR
A POST-CHAVEZ GOVERNMENT OR AS A LAST-DITCH EFFORT TO
PROMOTE A DIALOGUE WITH THE GOVERNMENT. IN HIS COMBATIVE
CENTERPIECE ADDRESS, CTV PRESIDENT CARLOS ORTEGA DISPELLED
ANY REMAINING DOUBTS; THIS ACCORD IS "A PACT FOR US," HE
EMPHASIZED, TO GUIDE US THROUGH THE TRANSITION AND TO
ESTABLISH A "GOVERNMENT OF DEMOCRATIC UNITY." THE CROWD
GREETED THESE REMARKS WITH ROUSING ANTI-CHAVEZ CHANTS.

3. (U) BESIDES ATTRACTING EXTENSIVE MEDIA COVERAGE, THE
SPEECHES ON THE ACCORD WERE BEING BROADCAST, WE WERE TOLD,
BY ALL NON-GOVERNMENTAL TV STATIONS. FR. LUIS UGALDE,
S.J., RECTOR OF THE CATHOLIC UNIVERSITY OF ANDRES BELLO,
EXPLAINED HOW THIS ACCORD BEGAN WITH CONFERENCES BETWEEN
BUSINESS AND LABOR HOSTED BY THE CATHOLIC EPISCOPAL
CONFERENCE LAST DECEMBER. JESUS URBIETA, FORMER CTV
INTERIM PRESIDENT AND HEAD OF THE CONFEDERATION'S THINK
TANK, READ THE MAIN POINTS, WHICH CAN BE SUMMARIZED
BRIEFLY:

--OVERCOMING POVERTY BY PROVIDING MORE ECONOMIC
OPPORTUNITIES. THIS INCLUDES "FIGHTING POPULIST VISIONS
THAT FOOL THE POPULAR SECTORS WITH MESSIANIC OR ERRONEOUS
VISIONS OF THE REALITY OF THE COUNTRY."

--FORGING NATIONAL UNITY THAT INCLUDES EVERYONE IN THE
DEMOCRATIC PROCESS AND INFORMAL SECTORS IN THE NATIONAL
ECONOMY.

Current Class: UNCLASSIFIED

4. Cable from the Department of State
March 2002, p. 3

Current Class: UNCLASSIFIED
Current Handling: n/a

UNCLAS SECTION 02 OF 02 CARACAS 000546

INR FOR COZART
NSC FOR AMBASSADOR MAISTO
USCINCSO FOR POLAD

SENSITIVE

UNCLASSIFIED

PAGE 02   CARACA   00546 02 OF 02   052201Z

E.O. 12958: NA
TAGS: PREL, PGOV, VE
SUBJ: LABOR, BUSINESS AND CHURCH ANNOUNCE TRANSITION PACT

FUNCTION.

--PROMOTING COOPERATION BETWEEN LABOR AND CAPITAL, AND THE RIGHT OF CONSUMERS, TOO.

--RECUPERATING THE INTERNATIONAL IMAGE OF VENEZUELA.

--STRIVING AGAINST CORRUPTION --"WE NEED MORAL LEADERSHIP THAT PREACHES BY EXAMPLE AND WITH ITS ACTIONS"--AND PROMOTING "PUBLIC AUSTERITY" TO PREVENT THE SQUANDERING OF RESOURCES.

4. (U) FOR THE MOST PART, THE SPEAKERS AVOIDED DISCUSSING THE POLITICS OF THE MOMENT, AND THEY HAD NO NEED TO POINT OUT HOW THEIR POINTS CONTRAST WITH THE ACTUAL CHARACTERISTICS OF THE CHAVEZ GOVERNMENT. FEDECAMARAS PRESIDENT PEDRO CARMONA DID CALL FOR THE RESIGNATION OF THE PDVSA'S BOARD OF DIRECTORS, AND AT ONE POINT ORTEGA DENOUNCED CHAVEZ BY NAME. OTHERWISE, THE SPEAKERS EMPHASIZED THEIR ACCORD AS "A SHARED VISION" AND "A SIGNAL OF HOPE" FOR VENEZUELANS PREOCCUPIED WITH WHAT WAS DEEMED "A TRUE NATIONAL EMERGENCY."

COMMENT: ANOTHER PIECE FALLS INTO PLACE
UNCLASSIFIED

PAGE 03   CARACA   00546 02 OF 02   052201Z
----

5. (SBU) THIS ACCORD REPRESENTS AN IMPORTANT STEP FOR THE OPPOSITION, WHICH HAS BEEN ALWAYS QUICK TO CONDEMN CHAVEZ BUT HAD SO FAR OFFERED NO COMPREHENSIVE VISION OF ITS OWN. BUT ONCE AGAIN, IN THE ABSENCE OF A SINGLE OPPOSITION PARTY

Current Class: UNCLASSIFIED

UNCLASSIFIED

4. Cable from the Department of State
March 2002, p. 4

Current Class: UNCLASSIFIED
Current Handling: n/a

OR FIGURE THAT CAN RALLY PUBLIC SENTIMENT, BUSINESS AND LABOR LEADERS, WITH THE SUPPORT OF THE CATHOLIC CHURCH, HAVE STEPPED INTO THE BREACH. THE OPPOSITION PARTIES NOW WILL CERTAINLY HASTEN TO ENDORSE THIS ACCORD, WHICH, THOUGH SOMEWHAT VAGUE AND FEEL-GOODY, MAY WELL FORM THE FRAME OF REFERENCE AND CODE OF CONDUCT FOR A TRANSITIONAL GOVERNMENT. THEY MAY FIND IT DIFFICULT, HOWEVER, TO RECAPTURE THE SPOTLIGHT FROM ORTEGA AND CARMONA, THE TWO UNLIKELY ALLIES BUT INDISPENSABLE LEADERS OF THE ANTI-CHAVISTA OPPOSITION.

COOK

UNCLASSIFIED

<< END OF DOCUMENT >>

Current Class: UNCLASSIFIED

5. CIA SEIB Report
March 11, 2002, p. 1

MORI DocID: 1136215

~~TOP SECRET~~

Senior Executive Intelligence Brief

(b)(1)
(b)(3)

The SEIB must be returned to CIA within 5 working days.

Monday, 11 March 2002
National Security Information
Unauthorized Disclosure Subject to Criminal Sanctions
Reproduction of this Document Prohibited

APPROVED FOR RELEASE
DATE: OCT 2004

CIA PASS   SEIB 02-057CHX

~~TOP SECRET~~

6. CIA SEIB Report
April 6, 2002, p. 2

MORI DocID: 1136214

TOP SECRET

Venezuela: **Conditions Ripening for Coup Attempt**

Dissident military factions, including some disgruntled senior officers and a group of radical junior officers, are stepping up efforts to organize a coup against President Chavez, possibly as early as this month. The level of detail in the reported plans— targets Chavez and 10 other senior officials for arrest—lends credence to the information, but military and civilian contacts note that neither group appears ready to lead a successful coup and may bungle the attempt by moving too quickly.

— Civilian groups opposed to Chavez's policies, including the Catholic Church, business groups, and labor, are backing away from efforts to involve them in the plotting, probably to avoid being tainted by an extraconstitutional move and fear that a failed attempt could strengthen Chavez's hand.

Prospects for a successful coup at this point are limited. The plotters still lack the political cover to stage a coup, Chavez's core support base among poor Venezuelans remains intact, and repeated warnings that the US will not support any extraconstitutional moves to oust Chavez probably have given pause to the plotters.

— Chavez is monitoring opponents inside and outside the military,

To provoke military action, the plotters may try to exploit unrest stemming from opposition demonstrations slated for later this month or ongoing strikes at the state-owned oil company PDVSA. White-collar oil workers began striking on Thursday at facilities in 11 of 23 states as part of an escalating protest against Chavez's efforts to politicize PDVSA.

— Protracted strikes, particularly if they have the support of the blue-collar oil workers' union, could trigger a confrontation.

TOP SECRET

6 April 2002

7. Cable from the Department of State
April 9, 2002, p. 1

Current Class: CONFIDENTIAL   UNCLASSIFIED
Current Handling: n/a

LAST NIGHT - BIG PARTY AT PDVSA AND LOUD CACEROLAZOS

8. (SBU) A JUBILANT CROWD, ESTIMATED BY ECONOFF TO BE FIVE TO SEVEN THOUSAND STRONG, GATHERED AT PDVSA HEADQUARTERS UNTIL LATE LAST NIGHT LISTENING TO A MYRIAD OF OPPOSITION SPEAKERS AND GENERALLY CELEBRATING WHAT THEY PERCEIVED TO BE THEIR GATHERING MOMENTUM. VIRTUALLY ALL PROMINENT OPPOSITION FIGURES INCLUDING PEDRO CARMONA, ALFREDO PENA, AND CARLOS ORTEGA GAVE IMPROMPTU SPEECHES. CARMONA SEEMED PARTICULARLY ENERGIZED BY THE SIZE AND MOOD OF THE CROWD

CONFIDENTIAL

PAGE 05   CARACA 00966 01 OF 03 111109Z

CONFIDENTIAL

CONFIDENTIAL   PTQ8421

PAGE 01   CARACA 00966 02 OF 03 111110Z
ACTION WHA-00

INFO LOG-00   NP-00   AID-00   ACQ-00   CEA-01   CIAE-00 COME-00
      CTME-00 DINT-00 DODE-00 DOEE-00 DOTE-00 PERC-00 SRPP-00
      DS-00   EB-00   EXIM-01 E-00   FAAE-00 VC-00   FRB-00
      H-01   TEDE-00 INR-00   ITC-01   LAB-01   L-00   VCE-00
      AC-01   NSAE-00 NSCE-00 OES-01   OMB-01   OPIC-01 PA-00
      PM-00   PRS-00   ACE-00   P-00   SP-00   IRM-00   SSO-00
      STR-00   TRSE-00 USIE-00 PMB-00   DSCC-00 DRL-02   G-00
      NFAT-00 SAS-00   /011W
                           ------------------8279D0 111145Z /38
O 111048Z APR 02
FM AMEMBASSY CARACAS

Current Class: CONFIDENTIAL

UNCLASSIFIED

7. Cable from the Department of State
April 9, 2002, p. 2

UNCLASSIFIED

Current Class: CONFIDENTIAL
Current Handling: n/a

TO SECSTATE WASHDC IMMEDIATE 5429
INFO OPEC COLLECTIVE IMMEDIATE
AMEMBASSY BOGOTA
AMEMBASSY QUITO
AMEMBASSY LA PAZ
AMEMBASSY LIMA
USCINCSO MIAMI FL

C O N F I D E N T I A L SECTION 02 OF 03 CARACAS 000966

NSC FOR AMB MAISTO
USCINSCO FOR POLAD

E.O. 12958: DECL: 1.6X1
                        CONFIDENTIAL

PAGE 02   CARACA   00966   02 OF 03   111110Z
TAGS: ECON, PGOV, PREL, EPET, ETRD, VE
SUBJECT: "PARO" UPDATE/GENERAL STRIKE ANNOUNCED

AFTER APPEARING LESS THAN ENTHUSIASTIC ABOUT CONTINUING
OPPOSITION ACTIONS DURING THE DAY.

9. (SBU) THROUGHOUT CARACAS, "CACEROLAZOS" WERE CONSTANT AND
LOUD. MANY PARTS OF CARACAS WERE FILLED WITH PEOPLE
GATHERED ON STREET CORNERS, CARS DRIVING WITH LIGHTS
BLINKING AND HORNS SOUNDING. IT WAS A CELEBRATORY
ATMOSPHERE NOT UNLIKE AFTER VENEZUELA DEFEATED PARAGUAY IN
WORLD CUP QUALIFYING. TELEVISION REPORTED SIMILAR EVENTS IN
MANY OTHER PARTS OF VENEZUELA.

CADENA BATTLE
----

10. (SBU) THE BATTLE OVER THE GOV ORDERED CADENAS CONTINUED
LAST NIGHT WITH ALL STATIONS USING A SPLIT-SCREEN WITH THE
OFFICIAL CADENA ON ONE SIDE AND COVERAGE OF OPPOSITION
EVENTS ON THE OTHER. (NON-NEWS CHANNELS ALSO TOOK ADVANTAGE
OF THE SPLIT-SCREEN AS A SPORTS ONLY CHANNEL CONTINUED
SPORTS COVERAGE ON ONE HALF OF THE SCREEN).

11. (SBU) THROUGHOUT THE DAY TODAY, THE GOV HAD NO CADENAS.
MVR SOURCES SAID THAT CHAVEZ HAD MADE A DECISION TO BACK
DOWN. HE WAS DESCRIBED AS A "BOXER WHO MADE A TACTICAL
RETREAT." INSTEAD, THE GOV LEADERS SPOKE THROUGH TELEVISION
INTERVIEWS THROUGHOUT THE DAY WHICH WERE COVERED AS ORDINARY
NEWS EVENTS BY THE TELEVISION STATIONS.

                        CONFIDENTIAL

Current Class: CONFIDENTIAL

UNCLASSIFIED

8. Cable from the Department of State April 11, 2002, p. 1

```
    Current Class: UNCLASSIFIED       UNCLASSIFIED
Current Handling: SBU

                              UNCLASSIFIED       PTQ0954

PAGE 01          CARACA   00985   01 OF 02   120403Z
ACTION DS-00

INFO   LOG-00   MFA-00   NP-00     AMAD-00   ACQ-00   CIAE-00   COME-00
       DODE-00  DOTE-00  WHA-00    EB-00     FAAE-00  UTED-00   VC-00
       TEDE-00  INR-00   VCE-00    AC-01     NSAE-00  NSCE-00   PER-00
       ACE-00   IRM-00   SSO-00    SS-00     TEST-00  EPAE-00   DSCC-00
       DRL-02   NFAT-00  SAS-00              /003W
                         ------------------8512E6   120403Z /38
O 120341Z APR 02                             RELEASED IN PART
FM AMEMBASSY CARACAS
TO SECSTATE WASHDC IMMEDIATE 5455            B6, B1, 1.4(D)
INFO DEPT OF TREASURY WASHDC//OASIA//
AMEMBASSY BOGOTA
AMEMBASSY LA PAZ
AMEMBASSY LIMA
AMEMBASSY QUITO
USCINCSO MIAMI FL//POLAD//

UNCLAS SECTION 01 OF 02 CARACAS 000985

NSC FOR AMB MAISTO
STATE FOR DS/OP/WHA, S/ES-O_DS/OP/CC

SENSITIVE

E.O. 12958: N/A
TAGS: ASEC, ECON, PGOV, PREL, VE
SUBJECT: TALE OF TWO CITIES - THE MARCH ON MIRAFLORES PALACE

                              UNCLASSIFIED

PAGE 02          CARACA   00985   01 OF 02   120403Z
SENSITIVE BUT UNCLASSIFIED, PLEASE HANDLE ACCORDINGLY.

REF: CARACAS 000965

--------
SUMMARY
--------

1. (SBU) MEETING ON THE MORNING OF APRIL 11TH, THE OPPOSITION'S
"COORDINATING COMMITTEE FOR DEMOCRACY AND LIBERTY" DECIDED TO GO
FOR BROKE - TO SEEK THE IMMEDIATE DEPARTURE OF PRESIDENT CHAVEZ BY
POPULAR ACCLAMATION.  SEVERAL PARTICIPANTS VOICED UNEASE OVER THE
GROWING PRESSURE TO MARCH ON THE MIRAFLORES PRESIDENTIAL PALACE.
THE FOLLOWING OPPOSITION RALLY HELD IN FRONT OF PDVSA HEADQUARTERS
IN CHACAO WAS AN OVERWHELMING SUCCESS.  THE CTV AND FEDECAMARAS

UNITED STATES DEPARTMENT OF STATE
CLASSIFIED BY DEPT. OF STATE, E. R. LOHMAN, DAS, A/RPS
REVIEW AUTHORITY: JOHN L MILLS
CLASSIFICATION: CONFIDENTIAL  REASON: 1.4(D)
DECLASSIFY AFTER: 11 APR 2012
DATE/CASE ID: 30 AUG 2004  200400110           UNCLASSIFIED
```

8. Cable from the Department of State
April 11, 2002, p. 2

Current Class: UNCLASSIFIED
Current Handling: SBU

LEADERS WERE SWEPT INTO THE SPONTANEOUS MARCH ON MIRAFLORES. WHEN THE PEACEFUL MARCHERS CAME TO WITHIN ONE BLOCK OF THE PALACE, TROOPS FROM THE PRESIDENTIAL GUARD SHOT DOZENS OF TEAR GAS CANISTERS TO KEEP THEM AT BAY. TENS OF THOUSANDS OF DEMONSTRATORS REMAINED IN THE AREA THROUGHOUT THE AFTERNOON. END SUMMARY.

OPPOSITION'S STRONG DISPLAY OF RESOLVE AND UNITY

---

2. (SBU) THE OPPOSITION'S "COORDINATING COMMITTEE" MET AT FEDECAMARAS FOR TWO HOURS TO DISCUSS AND REACH AGREEMENT ON STRATEGY FOR THE MORNING'S UPCOMING MARCH FROM PARQUE DEL ESTE TO PDVSA HEADQUARTERS IN CHACAO. IT WAS CLEAR THAT THERE WAS GROWING SUPPORT TO CONTINUE THE MARCH FROM PDVSA ON TO MIRAFLORES. SEVERAL ATTENDEES URGED CAUTION AND EXPRESSED THE BELIEF THE
UNCLASSIFIED

PAGE 03   CARACA   00985   01 OF 02   120403Z
OPPOSITION WAS NOT YET READY FOR THAT STEP. OTHERS STRONGLY MAINTAINED THAT IT WAS TIME TO DIRECTLY CONFRONT THE EXECUTIVE AND DEMAND THAT THE PRESIDENT AND HIS MINISTERS RESIGN. BY UNANIMOUS VOICE VOTE, THE COMMITTEE DECIDED TO LET FEDECAMARAS PRESIDENT PEDRO CARMONA AND CTV PRESIDENT CARLOS ORTEGA MAKE THE DECISION REGARDING THE MARCH AT THE PDVSA RALLY -- TO ALLOW THEM TO GAUGE THE TEMPERAMENT OF THE CROWD. THE 80 PLUS PARTICIPANTS BROKE UP THE MEETING IN HIGH SPIRITS AND HEADED OUT TO CHACAO.

THE ROAR OF THE CROWD...

---

3. (SBU) BY 11:00AM, THE AREA SURROUNDING PDVSA HEADQUARTERS WAS A SEA OF HUMANITY -- MEN, WOMEN, CHILDREN. FROM THE PRESS GALLERY LOCATED ON A PEDESTRIAN BRIDGE OVER THE MAIN PLAZA, ECONOFFS LOOKED OUT OVER A TIGHTLY PACKED CROWD STRETCHING FOR SEVERAL BLOCKS IN ALL DIRECTIONS. WHEN THE FIRST SPEAKER WAS INTRODUCED, THE ROAR OF APPROVAL WAS REMARKABLE - AND IT BUILT FROM THERE. BY THE TIME PEDRO CARMONA SPOKE, IT HAD BECOME A FOREGONE CONCLUSION: ON TO MIRAFLORES. WITH CARMONA, ORTEGA, AND FORMER PDVSA PRESIDENT GUAICAIPURO LAMEDA IN THE VANGUARD, THE MULTITUDE SURGED ONTO THE AUTOPISTA FOR THE FOUR-MILE MARCH DOWNTOWN.

4. (SBU) ▮▮▮▮▮▮ THE COMMITTEE WAS HURRIEDLY PUTTING THE FINAL TOUCHES ON A DOCUMENT DEMANDING THE RESIGNATION OF PRESIDENT CHAVEZ -- BY POPULAR ACCLAMATION. ▮▮▮▮▮▮ THE DOCUMENT WOULD BE DELIVERED TO CHAVEZ BY THE COMMITTEE'S LEADERSHIP WHEN THE MARCH REACHED MIRAFLORES.

Current Class: UNCLASSIFIED

UNCLASSIFIED

8. Cable from the Department of State
April 11, 2002, p. 3

UNCLASSIFIED

Current Class: UNCLASSIFIED
Current Handling: SBU

UNCLASSIFIED

PAGE 04   CARACA   00985   01 OF 02   120403Z
5. (U) ALONG THE MARCH ROUTE, THE PARTICIPANTS -- NUMBERING EASILY
IN THE TENS OF THOUSANDS -- WERE IN A FESTIVE AND EXPECTANT MOOD,
SINGING THE NATIONAL ANTHEM AND CHANTING "NOT ONE STEP BACK!"
"CHAVEZ - JUST LEAVE!" THERE WERE NO WEAPONS, ONLY MEN AND WOMEN
OF ALL AGES AND SOCIAL CLASSES. THE OVERRIDING SENTIMENT
EXPRESSED BY MANY PARTICIPANTS WAS ONE OF DISBELIEF - OVER THE
OBJECTIVE AND THE SIZE OF THE CROWD. A PHALANX OF METROPOLITAN
POLICE MOTORCYCLES RODE ALONG AT THE HEAD OF THE MARCH, CLEARING
THE STREETS OF TRAFFIC.

PRESIDENTIAL GUARD OVERREACTS
----

5. (U) AS THE MARCHERS TURNED THE FINAL CORNER AT ROUGHLY 2:00PM
AND APPROACHED THE LONG DRIVE LEADING UP TO THE PRESIDENTIAL
PALACE, IT APPEARED THEY WOULD REACH THEIR OBJECTIVE AND THE NOISE
FROM HORNS, WHISTLES, CLAXONS, AND SHOUTS REACHED A CRESCENDO.
LESS THAN A BLOCK FROM THE PALACE GATES, APPROXIMATELY A DOZEN
TEAR GAS CANISTERS WERE LAUNCHED FROM BEHIND THE PALACE WALLS AND
FELL AMONG THE LEAD ELEMENTS. AMID CRIES OF SURPRISE AND SOME
FEAR, THE CROWD TURNED AND FLED BACK TO THE CROSSROADS AT THE

UNCLASSIFIED

UNCLASSIFIED   PTQ0955

PAGE 01   CARACA   00985   02 OF 02   120403Z
ACTION DS-00

INFO LOG-00   MFA-00   NP-00   AMAD-00   ACQ-00   CIAE-00   COME-00
      DODE-00   DOTE-00   WHA-00   EB-00   FAAE-00   UTED-00   VC-00
      TEDE-00   INR-00   VCE-00   AC-01   NSAE-00   NSCE-00   ACE-00
      IRM-00   SSO-00   SS-00   TEST-00   ASDS-01   EPAE-00   DSCC-00
      DRL-02   NFAT-00   SAS-00   /004W
                          ------------------8512EA 120403Z /38
O 120341Z APR 02
FM AMEMBASSY CARACAS
TO SECSTATE WASHDC IMMEDIATE 5456
INFO DEPT OF TREASURY WASHDC//OASIA//
AMEMBASSY BOGOTA
AMEMBASSY LA PAZ
AMEMBASSY LIMA
AMEMBASSY QUITO
USCINCSO MIAMI FL//POLAD//

UNCLAS SECTION 02 OF 02 CARACAS 000985

Current Class: UNCLASSIFIED

UNCLASSIFIED

8. Cable from the Department of State
April 11, 2002, p. 4

```
       Current Class: UNCLASSIFIED     UNCLASSIFIED
Current Handling: SBU

NSC FOR AMB MAISTO
STATE FOR DS/OP/WHA, S/ES-O_DS/OP/CC

SENSITIVE

E.O. 12958: N/A
TAGS: ASEC, ECON, PGOV, PREL, VE
SUBJECT: TALE OF TWO CITIES - THE MARCH ON MIRAFLORES PALACE

                         UNCLASSIFIED

PAGE 02         CARACA  00985  02 OF 02  120403Z
BOTTOM OF THE DRIVE.

6. (U) WITH THE CONTINUOUS ARRIVAL OF MORE MARCHERS, THE LEAD
SECTIONS TRIED ONCE AGAIN TO APPROACH THE PALACE APPROXIMATELY 20
MINUTES LATER.  THIS TIME THEY ADVANCED EVEN CLOSER, BUT BY NOW
THE PRESIDENTIAL GUARD HAD FORMED UP IN SOLID RANKS JUST BELOW THE
PALACE GATES.  THIS TIME A BARRAGE OF ROUGHLY 20 GAS CANISTERS
RAINED DOWN ON THE MARCHERS -- THE CROWD RAN AND STARTED TO PANIC.
THEY REGROUPED AT THE CROSSROADS AND A NEARBY PLAZA, BUT NEVER
AGAIN ATTEMPTED TO APPROACH MIRAFLORES.

7. (SBU) FOR THE NEXT TWO HOURS (3-5PM) THE CROWD MILLED AROUND A
LATE-ARRIVING SOUND TRUCK AND CHEERED A PROGRESSION OF SECONDARY
SPEAKERS.  FEW FEDECAMARAS OR CTV LEADERS ARRIVED AND THE CROWD
GREW INCREASINGLY UNCERTAIN OF WHAT WOULD NEXT TRANSPIRE.  TOWARD
5:00PM, ECONOFF OBSERVED INCREASING VIOLENCE IN THE NEARBY
STREETS.  PARTICULARLY ON THE NEXT THOROUGHFARE, AVENIDA BARALT, A
SMALL CONTINGENT OF THE MARCH BECAME THE TARGET OF STEADY ROCK AND
BOTTLE THROWING BY CHAVISTAS AND REPEATED BARRAGES OF TEAR GAS
CANISTERS FIRED BY THE NATIONAL GUARD.  THE DISTINCT SOUNDS OF
GUNFIRE ERUPTED AROUND 5:30PM IN THE SURROUNDING STREETS AND THE
REMAINING CROWD QUICKLY BROKE UP AND RETREATED TOWARD EASTERN
CARACAS ALONG AVENIDA BOLIVAR.

Current Class: UNCLASSIFIED

                         UNCLASSIFIED
```

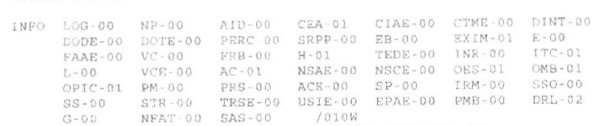

8. Cable from the Department of State
April 11, 2002, p. 5

```
Current Class: CONFIDENTIAL            UNCLASSIFIED
Current Handling: n/a
                            CONFIDENTIAL    PTQ4212

PAGE 01          CARACA   00995   01 OF 02   122049Z
ACTION WHA-00

INFO  LOG-00    NP-00     AID-00    CEA-01    CIAE-00   CTME-00   DINT-00
      DODE-00   DOTE-00   PERC-00   SRPP-00   EB-00     EXIM-01   E-00
      FAAE-00   VC-00     FRB-00    H-01      TEDE-00   INR-00    ITC-01
      L-00      VCE-00    AC-01     NSAE-00   NSCE-00   OES-01    OMB-01
      OPIC-01   PM-00     PRS-00    ACE-00    SP-00     IRM-00    SSO-00
      SS-00     STR-00    TRSE-00   USIE-00   EPAE-00   PMB-00    DRL-02
      G-00      NFAT-00   SAS-00              /010W
                              ---------859814   122049Z /38
O 122027Z APR 02
FM AMEMBASSY CARACAS
TO SECSTATE WASHDC IMMEDIATE 5466
INFO USDOC WASHDC                              RELEASED IN PART
DOE WASHDC                                     B1, 1.4(D)
USINT HAVANA
AMEMBASSY MEXICO
AMEMBASSY PORT OF SPAIN
AMEMBASSY BRASILIA
AMEMBASSY QUITO
AMEMBASSY LIMA
AMEMBASSY BOGOTA
OPEC COLLECTIVE

C O N F I D E N T I A L  SECTION 01 OF 02 CARACAS 000995

E.O. 12958: DECL: 4/11/12
TAGS: ECON, EPET, ENRG, VE
SUBJECT: PDVSA: BACK TO NORMAL
                       CONFIDENTIAL

PAGE 02          CARACA   00995   01 OF 02   122049Z

1.  CLASSIFIED BY AMBASSADOR CHARLES S. SHAPIRO FOR REASONS
1.5 (B) AND (D).

2.  (C) SUMMARY:  TELEVISED SCENES OF JOY HAVE MARKED THE
RETURN OF PETROLEOS DE VENEZUELA (PDVSA) EMPLOYEES TO THEIR
LA CAMPINA HEADQUARTERS BUILDING.  FIRED EMPLOYEES HAVE
BEEN REINSTATED.  FORMER VICE PRESIDENTS KARL MAZEIKA,
EDUARDO PRASELJ AND VICENZO PAGLIONE WILL ACT AS
COORDINATORS IN THE SELECTION OF A NEW BOARD.  PDVSA
EXECUTIVES UNDERLINE THAT THE COMPANY SHOULD RETURN TO
NORMAL OPERATIONS BY EARLY NEXT WEEK.  SHIPMENTS ARE
EXPECTED TO RESUME TODAY.  PDVSA SPOKESPERSON STATED
PUBLICLY THAT NO OIL WILL BE SENT TO CUBA

UNITED STATES DEPARTMENT OF STATE
CLASSIFIED BY: JOHAN, OF ON A. HENRY AQHMAN, DAS, A/RPS
REVIEW AUTHORITY: JOHN L MILLS
CLASSIFICATION: CONFIDENTIAL  REASON: 1.4(D)
DECLASSIFY AFTER: 11 APR 2012
DATE/CASE ID: 30 AUG 2004  200400110
                                        UNCLASSIFIED
```

8. Cable from the Department of State April 11, 2002, p. 6

Current Class: CONFIDENTIAL   UNCLASSIFIED
Current Handling: n/a

END SUMMARY.

PDVSA GOVERNABILITY
----

3. (U) THE PARRA BOARD RESIGNED ON APRIL 11 IN WHAT MANY HERE DESCRIBE AS EX-PRESIDENT CHAVEZ'S LAST DITCH SCHEME TO DEFUSE THE CRISIS BY TRYING FINALLY TO NEGOTIATE WITH THE PDVSA DISSIDENTS. IN VIRTUALLY HIS FIRST ACT AS INTERIM PRESIDENT, PEDRO CARMONA ESTANGA REINSTATED THE FIRED/RETIRED/REMOVED EXECUTIVES TO THEIR POSITIONS. KARL MAZEIKA, EDUARDO PRASELJ AND VICENZO PAGLIONE, THREE OF THE FOUR VICE PRESIDENTS ON THE LAMEDA BOARD, WERE TAPPED TO FORM A HIGH LEVEL COORDINATING COMMITTEE UNTIL THE DESIGNATION OF A NEW PDVSA PRESIDENT AND BOARD. SOME HAVE SUGGESTED THAT GENERAL LAMEDA MIGHT BE RE-APPOINTED AS
CONFIDENTIAL

PAGE 03   CARACA 00995 01 OF 02 122049Z
PRESIDENT BUT HE IS ALSO BEING MENTIONED AS A POSSIBLE "MILITARY" PERSON ON THE TRANSITION TEAM. LUIS GIUSTI, NOW ON HIS WAY TO CARACAS, IS ALSO SURE TO HAVE A ROLE IN DECIDING VENEZUELA'S FUTURE ENERGY POLICIES.

4. (U) EDGAR PAREDES, EXECUTIVE DIRECTOR, REFINING SUPPLY AND TRADING, (SUSPENDED ON APRIL 5) RESUMED THE ROLE HE HAS PLAYED AS SPOKESPERSON FOR THE PAST SIX WEEKS, AND ADDRESSED A NOON PRESS CONFERENCE. PAREDES UNDERLINED THAT PDVSA EMPLOYEES HAVE BEEN WORKING SINCE THE NIGHT OF APRIL 11 TO RESTORE NORMAL OPERATIONS. HE NOTED THAT THE DOMESTIC MARKET IS NOW GUARANTEED WHILE VENEZUELA'S EXPORT PARTNERS ARE ON THEIR WAY TO BEING FULLY SUPPLIED AS WELL. FULL OPERABILITY IS EXPECTED BY EARLY NEXT WEEK. PAREDES ALSO CALLED FOR TOLERANCE IN DEALING WITH PDVSA EMPLOYEES WHO DID NOT STRIKE.

CUBA CONNECTION TO END?
----

5. (C) PAREDES ALSO SAID, "WE NOT GOING TO SEND EVEN ONE BARREL OF OIL TO CUBA," WHICH DREW THUNDEROUS APPLAUSE.

Current Class: CONFIDENTIAL

UNCLASSIFIED

8. Cable from the Department of State
April 11, 2002, p. 7

Current Class: CONFIDENTIAL
Current Handling: n/a

UNCLASSIFIED

END SUMMARY.

COLOMBIAN GOVERNMENT SUPPORTS
NEW HEAD OF VENEZUELAN GOVERNMENT
---

2. (U) IN A TELEVISED INTERVIEW, ACTING COLOMBIAN FOREIGN MINISTER CLEMENCIA FERERO SPOKE WARMLY ABOUT VENEZUELAN INTERIM PRESIDENT PEDRO CARMONA. **FERERO SAID**

CONFIDENTIAL

PAGE 03   BOGOTA 03355 01 OF 02 122307Z
SHE HAS KNOWN CARMONA FOR MANY YEARS, THAT CARMONA IS WELL KNOWN TO THE COLOMBIAN BUSINESS COMMUNITY, IS COMMITTED TO REGIONAL INTEGRATION, AND IS A GREAT FRIEND OF COLOMBIA. TRADE MINISTER OROSCO TOLD THE AMBASSADOR THE SAME: CARMONA IS WELL-KNOWN TO THE GOC AND HAS WORKED CLOSELY WITH THEM ON A NUMBER OF ISSUES.

Current Class: CONFIDENTIAL

UNCLASSIFIED

9. Cable from the Department of State
April 13, 2002, p. 1

Current Class: UNCLASSIFIED
Current Handling: SBU

SENSITIVE BUT UNCLASSIFIED, PLEASE HANDLE ACCORDINGLY.

NEW GOVERNMENT SWORN IN
---

1. (SBU) ON THE EVENING FRIDAY, APRIL 12, PEDRO CARMONA ESTANGA WAS SWORN IN AS INTERIM PRESIDENT OF VENEZUELA. THOSE WHO SIGNED THE TEXT OF THE SWEARING IN INCLUDED REPRESENTATIVES FROM VARIOUS SECTORS OF CIVIL SOCIETY. THESE INCLUDED: THE CATHOLIC CHURCH (CARDINAL JOSE IGNACIO VELASCO); THE BUSINESS COMMUNITY (LUIS ENRIQUE PONS ZULOAGA); THE POLITICAL PARTIES (JOSE CURIEL); NGOS (ROCIO GUIJARRO); MEDIA (MIGUEL ANGEL MARTINEZ); REGIONAL GOVERNORS (MANUEL ROSALES, GOVERNOR OF ZULIA STATE); INDUSTRY AND

UNCLASSIFIED

PAGE 03   CARACA 00996 01 OF 02 031745Z
COMMERCE (CARLOS FERNANDEZ, VICE PRESIDENT OF FEDECAMARAS AND JULIO BRAZON, OF CONSECOMERCIO); AND BANKING (IGNACIO SALVATIERRA).

NATIONAL ASSEMBLY DISSOLVED
---

2. (SBU) AFTER HIS SWEARING IN, CARMONA ANNOUNCED BY DECREE THAT THE NATIONAL ASSEMBLY WOULD BE DISSOLVED, AND THAT NEW NATIONAL ASSEMBLY ELECTIONS WOULD TAKE PLACE NO LATER THAN DECEMBER OF THIS YEAR. PRESIDENTIAL ELECTIONS WOULD TAKE PLACE IN NO LATER THAN 365 DAYS. HE ALSO ANNOUNCED THAT "BOLIVARIAN" WOULD BE REMOVED FROM THE OFFICIAL NAME OF THE COUNTRY, RETURNING IT TO THE REPUBLIC OF VENEZUELA.

3. (SBU) THE DECREE ALSO ANNOUNCED THAT A CONSULTATIVE COUNCIL WOULD BE FORMED, MADE UP OF 35 INDIVIDUALS REPRESENTING VARIOUS SECTORS OF DEMOCRATIC SOCIETY. IT IS UNCLEAR WHO THESE PEOPLE WILL BE, OR HOW THEY WILL BE CHOSEN TO PARTICIPATE.

4. (SBU) ADDITIONALLY, CARMONA ANNOUNCED THAT THE 48 DECREES ANNOUNCED BY PRESIDENT CHAVEZ IN NOVEMBER OF 2001 WOULD BE SUSPENDED, AND THAT A COMMISSION REPRESENTING DIFFERENT SECTORS OF SOCIETY WOULD BE FORMED TO REVIEW AND REVISE THEM.

5. (SBU) CARMONA ALSO ANNOUNCED THAT PDVSA WORKERS WHO WERE FIRED, SUSPENDED, OR FORCED INTO RETIREMENT WOULD BE

Current Class: UNCLASSIFIED

UNCLASSIFIED

9. Cable from the Department of State April 13, 2002, p. 2

Current Class: UNCLASSIFIED
Current Handling: SBU

UNCLASSIFIED

PAGE 04   CARACA 00996 01 OF 02 031745Z
REINSTATED.

6. (SBU) FINALLY, CARMONA ASKED THE INTERNATIONAL COMMUNITY
TO HAVE PATIENCE WITH HIS NEW GOVERNMENT, AND
EXPLAINED THAT IN THE FIRST FEW HOURS, UNDESIREABLE
EVENTS COULD OCCUR, BUT THAT HE AND HIS GOVERNMENT
WERE AGAINST HATE AND RETALIATION. HE SAID THAT ALL
VENEZUELANS HAVE THE OBLIGATION TO CONTROL THEIR
PASSIONS AND KEEP EVENTS UNDER CONTROL.

NEW CABINET
----

7. (SBU) CARMONA'S NEW CABINET APPOINTMENTS INCLUDE:

MINISTER OF THE INTERIOR: RAFAEL DAMIAN BUSTILLOS
MINISTER OF THE EXTERIOR: JOSE RODRIGUEZ ITURBE
MINISTER OF FINANCE: LEOPOLDO MARTINEZ
MINISTER OF AGRICULTURE: RAUL DE ARMAS
MINSTER OF LABOR: CESAR AUGUSTO CARBALLO
MINISTER OF PLANNING AND DEVELOPMENT: LEON ARISMENDI
MINISTER OF DEFENSE: HECTOR RAMIREZ PEREZ
MINISTER OF HEALTH: RAFAEL ARREAZA
MINISTER OF THE SECRETARY: JESUS ENRIQUE BRICENO
PROSECUTOR GENERAL: DANIEL ROMERO
PRESIDENT OF PDVSA: GUAICAIPURO LAMEDA

ARRESTS AND DETENTIONS

UNCLASSIFIED

PAGE 05   CARACA 00996 01 OF 02 031745Z

UNCLASSIFIED

UNCLASSIFIED   PTQ8948

PAGE 01   CARACA 00996 02 OF 02 031748Z
ACTION DS-00

INFO LOG-00   COR-01   MFA-00   NP-00   AID-00   AMAD-00   A-00
      ACQ-00   CA-01   CCO-00   CEA-01   CIAE-00   COME-00   CTME-00
      INL-00   DINT-00 DODE-00   DOEE-00   ITCE-00   DOTE-00   WHA-00
      SRPP-00 EB-00   EXME-00   E-00   FAAE-00   UTED-00   VC-00
      FRB-00   OBO-00   H-01   TEDE-00   INR-00   IO-00   ITC-01

Current Class: UNCLASSIFIED

UNCLASSIFIED

9. Cable from the Department of State
April 13, 2002, p. 3

```
Current Class: UNCLASSIFIED
Current Handling: SBU

     LAB-01    L-00     VCE-00   M-00      AC-01    NSAE-00   NSCE-00
     OCS-03    OES-01   OMB-01   OPIC-01   OPR-01   PA-00     PM-00
     PRS-00    ACE-00   P-00     SCT-00    SP-00    IRM-00    SSO-00
     SS-00     STR-00   TEST-00  TRSE-00   USIE-00  USSS-00   ASDS-01
     EPAE-00   ECA-00   IIP-00   PMB-00    DSCC-00  DRL-02    G-00
     NFAT-00   SAS-00   /017W
                        ------------------A9CB03  031753Z /38
O 131803Z APR 02
FM AMEMBASSY CARACAS
TO SECSTATE WASHDC IMMEDIATE 5469
INFO OPEC COLLECTIVE PRIORITY
AMEMBASSY BOGOTA PRIORITY
AMEMBASSY QUITO
AMEMBASSY LA PAZ
AMEMBASSY LIMA
AMEMBASSY PANAMA
USCINCSO MIAMI FL

UNCLAS SECTION 02 OF 02 CARACAS 000996

SENSITIVE

                         UNCLASSIFIED

PAGE 02          CARACA  00996  02 OF 02  031748Z
C O R R E C T E D  C O P Y - CAPTION AND PARA MARKINGS ADDED

NSC FOR AMB MAISTO
USCINSCO FOR POLAD
DEPT CA FOR MARY A. RYAN AND DS/OP/WHA AND S/ES-
ODS/OP/CC

E.O. 12958: N/A
TAGS: ECON, PGOV, PREL, EPET, ASEC, CASC, VE
SUBJECT: SITREP: SATURDAY APRIL 13

8. (SBU) TO DATE, SEVERAL MEMBERS OF CHAVEZ'S MVR PARTY
HAVE BEEN DETAINED BY POLICE FORCES.  THESE INCLUDE
MVR DEPUTY WILLIAM TAREK SAAB AND FORMER INTERIOR
MINISTER RODRIGUEZ CHACIN.  WE HAVE ALSO HEARD REPORTS
THAT TACHIRA GOVERNOR RONALD BLANCO LA CRUZ AND MERIDA
GOVERNOR FLORENCIO PORRAS, BOTH OF MVR, WERE BEING
HELD.  WE DO NOT KNOW WHAT CHARGES, IF ANY, HAVE BEEN
FILED AGAINST THEM.  TAREK WILLIAM SAAB HAS REPORTEDLY
BEEN RELEASED AS OF APRIL 13.

-------------------
CONCERN EXPRESSED
-------------------

Current Class: UNCLASSIFIED
```

9. Cable from the Department of State
April 13, 2002, p. 4

UNCLASSIFIED

Current Class: UNCLASSIFIED
Current Handling: SBU

9. (SBU) POLOFF HAS RECEIVED SEVERAL PHONE CALLS FROM PARTY MEMBERS WHO ARE CONCERNED ABOUT THE NEW GOVERNMENT'S COURSE OF ACTION, ESPECIALLY THE DISSOLUTION OF CONGRESS. THEY RESENT NOT BEING INCLUDED IN THE NEW GOVERNMENT, AND FEAR THAT THE CARMONA GOVERNMENT IS PROCEEDING UNDEMOCRATICALLY. **ALTHOUGH MANY PARTY**

UNCLASSIFIED

PAGE 03   CARACA 00996 02 OF 02 031748Z
REPRESENTATIVES WERE INVOLVED IN THE DECISION TO NAME CARMONA INTERIM PRESIDENT, THE PARTY REPRESENTATIVES WHO ARE NOW EXPRESSING CONCERN SAY THAT THE PARTY LEADERS THEMSELVES WERE NOT CONSULTED.

10. (SBU) THE NGO COMMUNITY HAS ALSO EXPRESSED CONCERN ABOUT THE NEW CARMONA GOVERNMENT. THEY ARE ESPECIALLY CONCERNED THAT THE INDEPENDENT BRANCHES OF THE GOVERNMENT THAT MAKE UP THE "PODER CIUDADANO," THE FISCALIA GENERAL (ATTORNEY GENERAL'S OFFICE), THE DEFENSORIA DEL PUEBLO (HUMAN RIGHTS OMBUDSMAN), AND THE CONTROLARIA GENERAL (CONTROLLER GENERAL), ARE NO LONGER FUNCTIONING.

DISTURBANCES NOT REPORTED

11. (SBU) THERE HAVE BEEN REPORTS THAT SPORADIC VIOLENCE HAS TAKEN PLACE IN VARIOUS AREAS OF CARACAS. THE NIGHT OF APRIL 12, WE RECEIVED WORD THAT THERE WERE DISTURBANCES IN NEIGHBORHOOD OF PETARE, GUARENAS, 23 DE ENERO, EL VALLE, AND CATIA LA MAR. THE ROAD FROM CARACAS TO MAIQUETIA AIRPORT WAS CLOSED BY THE NATIONAL GUARD AFTER REPORTS OF SHOOTING. THESE EVENTS HAVE NOT/NOT BEEN REPORTED BY LOCAL MEDIA. ACCORDING TO PAS CONTACTS, THE MEDIA BELIEVED THAT THE DISTURBANCES WERE PLANNED TO INCITE PANIC, AND FELT THAT COVERAGE WOULD ADD TO THAT PANIC.

12. (SBU) THIS AFTERNOON, WE HAVE RECEIVED WORD THAT AT
UNCLASSIFIED

PAGE 04   CARACA 00996 02 OF 02 031748Z
LEAST TWO SHOPPING CENTERS HAVE BEEN CLOSED BY GUARDS AND EVACUATED, PERHAPS TO PREVENT LOOTING. AS OF MIDDAY, AN EMBASSY CONTACT REPORTED THAT METRO HAS BEEN CLOSED, AND THAT GUNFIRE COULD BE HEARD DOWNTOWN. TEAR GAS IS ALSO REPORTEDLY BEING USED. NO LOCAL NEWS CHANNELS ARE REPORTING THESE EVENTS.

Current Class: UNCLASSIFIED

UNCLASSIFIED

10. Cable from the Department of State
April 14, 2002, p. 1

```
Current Class: CONFIDENTIAL       UNCLASSIFIED
Current Handling: n/a                              RELEASED IN PART
                            CONFIDENTIAL       PTO4359
                                                  B1, 1.4(D)
PAGE 01        CARACA  01009  141012Z
ACTION DS-00

INFO  LOG-00    MFA-00    NP-00     AID-00    ACQ-00   CA-01    CEA-01
      CIAE-00   COME-00   CTME-00   INL-00    DINT-00  DODE-00  DOEE-00
      DOTE-00   WHA-00    PERC-00   SRPP-00   EB-00    EXIM-01  E-00
      FAAE-00   VC-00     FRB-00    H-01      TEDE-00  INR-00   ITC-01
      LAB-01    L-00      VCE-00    AC-01     NSAE-00  NSCE-00  OCS-03
      OES-01    OMB-01    OPIC-01   PA-00     PM-00    PRS-00   ACE-00
      P-00      SCT-00    SP-00     IRM-00    SSO-00   SS-00    STR-00
      TRSE-00   USTR-00   ASDS-01   IIP-00    PMB-00   DSCC-00  DRL-02
      G-00      NFAT-00   SAS-00              /016W
                                 ---------85EC05  141015Z /38

O 140950Z APR 02
FM AMEMBASSY CARACAS
TO SECSTATE WASHDC IMMEDIATE 5484
INFO OPEC COLLECTIVE PRIORITY
AMEMBASSY BOGOTA PRIORITY
AMEMBASSY QUITO
AMEMBASSY LA PAZ
AMEMBASSY LIMA
USCINCSO MIAMI FL

C O N F I D E N T I A L  CARACAS 001009

NSC FOR AMB MAISTO
USCINSCO FOR POLAD

DEPT CA FOR MARY A. RYAN
                            CONFIDENTIAL

PAGE 02        CARACA  01009  141012Z
DEPT ALSO FOR DS/OP/WHA AND S/ES-ODS/OP/CC

E.O. 12958: DECL: 04/14/12
TAGS: ECON, PGOV, PREL, EPET, ASEC, CASC VE
SUBJECT: VENEZUELA SITREP AS OF 4:00AM APRIL 14 - CHAVEZ RETURNS

REF: A.CARACAS 1002 B.1001 C.1000 D.0099B E.00996 F.00984 G.00980
H.00974 I.00973 J.00966 K.0094B

CLASSIFIED BY AMBASSADOR CHARLES S. SHAPIRO.  REASON
1.5 (B) AND (D).

TRIUMPHANT RETURN OF CHAVEZ
---------------------------
1. (SBU) AT 2:50AM APRIL 14, HUGO CHAVEZ ARRIVED AT MIRAFLORES
PALACE AND WAS GREETED BY A LARGE CROWD OF CELEBRATING SUPPORTERS.

Current Class: CONFIDENTIAL
```

UNITED STATES DEPARTMENT OF STATE
REVIEW AUTHORITY: JOHN L MILLS
DATE/CASE ID: 30 AUG 2004 200400110

10. Cable from the Department of State
April 14, 2002, p. 2

Current Class: CONFIDENTIAL   UNCLASSIFIED
Current Handling: n/a

OFFICIAL TELEVISION REPORTED THAT CHAVEZ FLEW BY HELICOPTER FROM ORCHILA ISLAND TO A MILITARY FACILITY IN MARACAY, AND THEN ON TO MIRAFLORES IN CARACAS. THEREAFTER, OFFICIAL TELEVISION SHOWED CHAVEZ GOVERNMENT MINISTERS AND MILITARY SUPPORTERS ARRIVING INSIDE MIRAFLORES GATES.

2. (SBU) CHAVEZ APPEARED INSIDE OF MIRAFLORES, FLANKED BY WILLIAM LARA, ISAIS RODRIGUEZ, DIASDADO CABELLO AND JOSE VICENTE RANGEL, AND DELIVERED AN HOUR LONG ADDRESS WHICH STARTED AT 4:30AM APRIL 14. CHAVEZ IMMEDIATELY CALLED FOR CALM AND SAID EVERYONE SHOULD GO HOME "TO YOUR HOUSE, TO YOUR FAMILY." HE PROMISED THAT THERE WILL BE NO REVENGE OR PERSECUTION OF HIS OPPONENTS, BUT OBLIQUELY NOTED THAT CHANGES HAVE TO BE MADE. HE REFERENCED THAT HE HAD ACCEPTED THE RESIGNATION OF THE PDVSA BOARD OF DIRECTORS (APPARENTLY TENDERED BY PRESIDENT GASTON PARRA ON APRIL 11), AND
CONFIDENTIAL

PAGE 03   CARACA 01009 141012Z
WILL WORK TO CONSTITUTE A NEW BOARD. HE ALSO ISSUED A CALL TO FORM ROUNDTABLES FOR NATIONAL DIALOGUE. **CHAVEZ EXPLAINED THAT HE WAS NOT MISTREATED WHILE IN CUSTODY, AND FIRMLY DECLARED THAT HE DID NOT RESIGN AT ANY TIME.**

LOCAL TV COVERAGE

3. (SBU) ALL LOCAL TELEVISION CHANNELS (AND AT LEAST TWO INTERNATIONAL CHANNELS) COVERED CHAVEZ'S ADDRESS LIVE, APPARENTLY THROUGH A FEED FROM VENEZOLANA DE TELEVISION, THE STATE CONTROLLED CHANNEL. EARLIER, LOCAL TELEVISION CHANNELS CARRIED FEEDS FROM THE STATE-CONTROLLED CHANNEL IN WHICH CHAVEZ SUPPORTERS TALKED FROM INSIDE THE STUDIO, OR CARRIED REGULAR ENTERTAINMENT. THERE HAS BEEN NO INDEPENDENT LOCAL TELEVISION REPORTING THROUGHOUT THE NIGHT

CARMONA'S ILL-FATED DECLARATION

CONFIDENTIAL

Current Class: CONFIDENTIAL

UNCLASSIFIED

11. Cable from the Department of State
April 14, 2002 (Otto Reich), p. 1

```
Current Class: CONFIDENTIAL      UNCLASSIFIED
Current Handling: n/a
                              CONFIDENTIAL       PTO5001
PAGE 01        STATE   070877   150111Z          RELEASED IN PART
ORIGIN WHA-00                                    B1, 1.4(D)
INFO  LOG-00   NP-00    AMAD-00   ACQ-00   CIAE-00   INL-00   DS-00
      EUR-00   VC-00    TEDE-00   INR-00   IO-00     JUSE-00  LAB-01
      L-00     VCE-00   NSAE-00   OIC-02   P-00      SP-00    SS-00
      R-00     DSCC-00  DRL-02    NFAT-00  SAS-00    /005R

070877
SOURCE: DISKETTE.020728
DRAFTED BY: WHA/AND:BRNARANJO:BRN -- 04/14/02 X74216ANDVE02/CABLES/RAL
APPROVED BY: WHA:OJREICH
WHA:JCSTRUBLE   WHA/AND:JDFARRAR   D:KBUE   P:TLENDERKING
WHA/USOAS:RNORIEGA
                         ----------------8612CD  150112Z /38
O 150107Z APR 02
FM SECSTATE WASHDC
TO WESTERN HEMISPHERIC AFFAIRS DIPL POSTS IMMEDIATE
INFO NSC WASHDC IMMEDIATE 0000
JOINT STAFF WASHDC IMMEDIATE 0000
SECDEF WASHDC IMMEDIATE 0000
USSOUTHCOM MIAMI FL IMMEDIATE
USMISSION USUN NEW YORK IMMEDIATE
AMEMBASSY VATICAN IMMEDIATE
AMEMBASSY MADRID IMMEDIATE
AMEMBASSY LONDON IMMEDIATE
USMISSION GENEVA IMMEDIATE

C O N F I D E N T I A L STATE 070877

E.O. 12958: DECL: 04/14/12
                    CONFIDENTIAL

PAGE 02        STATE   070877   150111Z
TAGS: PREL, PGOV, PHUM, KDEM, VE
SUBJECT: RALLYING INTERNATIONAL SUPPORT FOR VENEZUELAN
DEMOCRACY

1. (U)  CLASSIFIED BY ASSISTANT SECRETARY FOR WESTERN
HEMISPHERE AFFAIRS OTTO J. REICH.  REASONS: 1.5(B) AND
(D).
```

Current Class: CONFIDENTIAL
UNITED STATES DEPARTMENT OF STATE
REVIEW AUTHORITY: JOHN L MILLS
DATE/CASE ID: 30 AUG 2004 200400110   UNCLASSIFIED

11. Cable from the Department of State
April 14, 2002 (Otto Reich), p. 2

Current Class: CONFIDENTIAL   UNCLASSIFIED
Current Handling: n/a

BACKGROUND

3. (U) ON APRIL 11, HUNDREDS OF THOUSANDS OF VENEZUELANS GATHERED TO SEEK REDRESS OF THEIR GRIEVANCES. CHAVEZ SUPPORTERS FIRED ON ANTI-GOVERNMENT PROTESTORS RESULTING IN MORE THAN 100 WOUNDED OR KILLED. VENEZUELAN MILITARY AND POLICE REFUSED GOVERNMENT ORDERS TO FIRE ON DEMONSTRATORS. THE GOVERNMENT PREVENTED FIVE INDEPENDENT TELEVISION STATIONS FROM REPORTING ON EVENTS. AFTER MEETING WITH SENIOR MILITARY OFFICERS, CHAVEZ ALLEGEDLY RESIGNED THE PRESIDENCY. A PROVISIONAL CIVILIAN GOVERNMENT, LED BY PEDRO CARMONA, ASSUMED POWER AND PROMISED EARLY ELECTIONS.

4. (U) ON APRIL 12, PEDRO CARMONA WAS SWORN IN AS PROVISIONAL PRESIDENT. THE PROVISIONAL GOVERNMENT ANNOUNCED THE DISSOLUTION OF VENEZUELA'S NATIONAL ASSEMBLY AND SUPREME TRIBUNAL OF JUSTICE. SUBSEQUENTLY, ON APRIL

Current Class: CONFIDENTIAL

UNCLASSIFIED

11. Cable from the Department of State
April 14, 2002 (Otto Reich), p. 3

Current Class: CONFIDENTIAL
Current Handling: n/a

13. CARMONA, WHO HAD BEEN UNDER INTENSE U.S.,

CONFIDENTIAL

PAGE 04   STATE   070877 150111Z
INTERNATIONAL, AND DOMESTIC PRESSURE TO MAINTAIN
CONSTITUTIONAL CONTINUITY, REVERSED COURSE AND REINSTATED
THE NATIONAL ASSEMBLY AND CHARGED IT WITH SELECTING A
PROVISIONAL PRESIDENT.

5. (U) THROUGHOUT APRIL 13, HOWEVER, PRO-CHAVEZ FORCES
MADE A CONCERTED EFFORT TO RESTORE CHAVEZ TO THE
PRESIDENCY. PRO-CHAVEZ FORCES SEIZED THE MIRAFLORES
PRESIDENTIAL PALACE, SWORE IN CHAVEZ VICE PRESIDENT
DIOSDADO CABELLO AS ACTING PRESIDENT, AND SEIZED OR FORCED
THE EVACUATION OF ALL MEDIA OUTLETS. FINALLY, TROOPS
LOYAL TO CHAVEZ SEIZED CONTROL OF FUERTE TIUNA, HOME OF
VENEZUELA'S MINISTRY OF DEFENSE, AND ARRESTED CARMONA AND
HIS MILITARY HIGH COMMAND. CHAVEZ RETURNED TO CARACAS AND
RESUMED HIS PRESIDENCY.

6. (U) PRESIDENT CHAVEZ ADDRESSED THE NATION EARLY IN
THE MORNING ON APRIL 14. IN HIS ADDRESS, CHAVEZ:
PROMISED HE WOULD NOT RETALIATE AGAINST OR PERSECUTE HIS
OPPONENTS, SAID HE WOULD REFLECT ON HIS ACTIONS AND URGED
OTHERS TO DO SO AS WELL, ISSUED A CALL FOR NATIONAL
ROUNTABLES OF DIALOGUE TO BEGIN ON APRIL 18, SAID HE HAD
NOT BEEN MISTREATED, AND STATED THAT HE HAD NEVER
RESIGNED.

U.S. POSITION ON EVENTS IN VENEZUELA
----

7. (U) BEGIN TEXT OF WHITE HOUSE STATEMENT:

CONFIDENTIAL

PAGE 05   STATE   070877 150111Z
THE WHITE HOUSE
OFFICE OF THE PRESS SECRETARY

FOR IMMEDIATE RELEASE   APRIL 14, 2002

STATEMENT BY THE PRESS SECRETARY

**THE UNITED STATES IS MONITORING THE SITUATION IN VENEZUELA
WITH GREAT CONCERN. WE DEEPLY REGRET THE VIOLENCE AND
LOSS OF LIFE, AND CALL ON ALL VENEZUELANS TO WORK
PEACEFULLY TO RESOLVE THIS CRISIS.**

Current Class: CONFIDENTIAL

11. Cable from the Department of State April 14, 2002 (Otto Reich), p. 4

UNCLASSIFIED

Current Class: CONFIDENTIAL
Current Handling: n/a

WE WELCOME AND SUPPORT THE DECISION BY THE ORGANIZATION OF AMERICAN STATES TO SEND IMMEDIATELY A FACT-FINDING MISSION HEADED BY SECRETARY GENERAL CESAR GAVIRIA TO VENEZUELA TO SUPPORT THE RE-ESTABLISHMENT OF FULL DEMOCRACY, WITH GUARANTEES FOR CITIZENS AND RESPECT FOR FUNDAMENTAL FREEDOMS, WITHIN THE FRAMEWORK OF THE INTER-AMERICAN DEMOCRATIC CHARTER.

THE PEOPLE OF VENEZUELA HAVE SENT A CLEAR MESSAGE TO PRESIDENT CHAVEZ THAT THEY WANT BOTH DEMOCRACY AND REFORM. THE CHAVEZ ADMINISTRATION HAS AN OPPORTUNITY TO RESPOND TO THIS MESSAGE BY CORRECTING ITS COURSE AND GOVERNING IN A FULLY DEMOCRATIC MANNER.

PRESIDENT CHAVEZ HAS NOW CALLED FOR NATIONAL REFLECTION AND DIALOGUE. HE NEEDS TO SEIZE THIS OPPORTUNITY TO ENSURE LEGITIMACY BY REACHING OUT TO THE POLITICAL OPPOSITION, CIVIL SOCIETY, AND TO ALL DEMOCRATIC FORCES IN VENEZUELA.

CONFIDENTIAL

PAGE 06   STATE   070877   150111Z

THE UNITED STATES AND THE WORLD COMMUNITY OF DEMOCRACIES WILL BE CLOSELY FOLLOWING EVENTS IN VENEZUELA. PRESIDENT CHAVEZ BEARS PARTICULAR RESPONSIBILITY TO PRESERVE THE PEACE, TO PROTECT HUMAN RIGHTS AND DEMOCRATIC FREEDOMS, AND TO CREATE THE CONDITIONS NECESSARY FOR A NATIONAL DIALOGUE. WE CALL ON HIM TO WORK WITH ALL VENEZUELANS AND WITH THE ORGANIZATION OF AMERICAN STATES TOWARD THIS END.

END TEXT OF WHITE HOUSE STATEMENT.
POWELL

CONFIDENTIAL

<< END OF DOCUMENT >>

Current Class: CONFIDENTIAL

UNCLASSIFIED

12. Department of State Press Guidance
April 16, 2002, p. 1

Current Class: UNCLASSIFIED
Current Handling: n/a

ALL POSTS FOR PAO, USSOCOM FOR POLAD

E.O. 12958: N/A
TAGS: OPRC, KPAO
SUBJECT: WHA GUIDANCE, APRIL 16, 2002

SUMMARY OF CONTENTS:
WHA PRESS GUIDANCE, APRIL 16 (VENEZUELA)
END SUMMARY.

WHA PRESS GUIDANCE, APRIL 16, 2002:

-- VENEZUELA: MEETINGS, U.S. INVOLVEMENT, LEGITIMACY, REACTION TO CHAVEZ SPEECH, ARRESTS OF CARMONA ET AL --

Q: DID U.S. OFFICIALS MEET WITH VENEZUELAN OPPOSITION OFFICIALS PRIOR TO THE APRIL 11 REMOVAL OF PRESIDENT CHAVEZ
UNCLASSIFIED

PAGE 03   STATE   072430   162107Z
FROM POWER?

A: U.S. OFFICIALS HAVE MET WITH A BROAD SPECTRUM OF VENEZUELANS OVER THE PAST SEVERAL MONTHS BOTH IN CARACAS AND IN WASHINGTON. U.S. OFFICIALS MET WITH BUSINESS COMMUNITY REPRESENTATIVES, LABOR UNION OFFICIALS, CATHOLIC CHURCH LEADERS, OPPOSITION POLITICAL LEADERS, AND A WIDE ARRAY OF VENEZUELAN GOVERNMENT OFFICIALS.

IF ASKED:

IN THE COURSE OF NORMAL DIPLOMATIC CONTACTS, U.S. OFFICIALS MET WITH PEDRO CARMONA, THE PRESIDENT OF THE VENEZUELAN FEDERATION OF CHAMBERS OF COMMERCE (FEDECAMARAS).

OUR MESSAGE TO ALL VENEZUELAN CONTACTS HAS BEEN CONSISTENT. THE POLITICAL SITUATION IN VENEZUELA IS ONE FOR VENEZUELANS TO RESOLVE PEACEFULLY, DEMOCRATICALLY AND CONSTITUTIONALLY. WE EXPLICITLY TOLD ALL OF OUR VENEZUELAN INTERLOCUTORS ON NUMEROUS OCCASIONS AND AT MANY LEVELS THAT UNDER NO CIRCUMSTANCES WOULD THE UNITED STATES SUPPORT ANY UNCONSTITUTIONAL, UNDEMOCRATIC EFFORT, SUCH AS COUP, TO REMOVE PRESIDENT CHAVEZ FROM POWER.

Q: WAS THE UNITED STATES INVOLVED IN THE EFFORT TO REMOVE VENEZUELAN PRESIDENT CHAVEZ FROM POWER?

A: ABSOLUTELY NOT.

Current Class: UNCLASSIFIED

12. Department of State Press Guidance
April 16, 2002, p. 2

Current Class: UNCLASSIFIED
Current Handling: n/a

Q: WHY THEN DID THE U.S. NOT CONDEMN THE REMOVAL OF
PRESIDENT CHAVEZ FROM POWER ON FRIDAY, APRIL 12 AND CALL FOR
HIS IMMEDIATE REINSTATEMENT?

PAGE 04   STATE   072430 162107Z

A: OUR RESPONSE TO THE SITUATION IN VENEZUELA ON APRIL 12
LAID OUT THE FACTS AS WE KNEW THEM TO BE DURING A VERY
CONFUSING TIME. THOSE FACTS WERE THAT HUNDREDS OF THOUSANDS
OF VENEZUELANS DEMONSTRATED PEACEFULLY AGAINST THE CHAVEZ
GOVERNMENT, THAT THE CHAVEZ GOVERNMENT RESPONDED WITH A
CRACK-DOWN AGAINST PROTESTORS AND THE INDEPENDENT MEDIA, THAT
PRESIDENT CHAVEZ WAS REPORTED TO HAVE DISMISSED HIS VICE
PRESIDENT AND CABINET AND RESIGNED, AND THAT A TRANSITIONAL
GOVERNMENT HAD ASSUMED POWERS AND CALLED FOR NEW ELECTIONS.

OUR POSITION WAS THAT THIS SITUATION SHOULD BE RESOLVED
PEACEFULLY AND DEMOCRATICALLY, AND IN ACCORDANCE WITH THE
INTER-AMERICAN DEMOCRATIC CHARTER.

WE FOLLOWED THIS STATEMENT BY HELPING TO DRAFT A RESOLUTION
AT THE ORGANIZATION OF AMERICAN STATES (OAS) INVOKING ARTICLE
20 OF THE INTER-AMERICAN DEMOCRATIC CHARTER. ARTICLE 20
ALLOWS FOR ANY OAS MEMBER STATE (OR THE SECRETARY GENERAL) TO
CONVOKE THE OAS PERMANENT COUNCIL TO UNDERTAKE A "COLLECTIVE
ASSESSMENT OF THE SITUATION" WHEN THERE HAS BEEN "AN
UNCONSTITUTIONAL ALTERATION OF THE CONSTITUTIONAL REGIME THAT
SERIOUSLY IMPAIRS THE DEMOCRATIC ORDER IN A MEMBER STATE."
WITH THAT OBJECTIVE, OUR REPRESENTATIVE TO THE OAS CLEARLY
STATED THAT THE SO-CALLED "PROVISIONAL GOVERNMENT" HAD YET TO
DEMONSTRATE THAT THEY ARE THE "LEGALLY CONSTITUTED CIVILIAN
AUTHORITY." OUR DELEGATION ALSO SAID THAT THE OAS MUST
RIGOROUSLY INSIST THAT VENEZUELAN AUTHORITIES RESPECT THE
ESSENTIAL ELEMENTS OF DEMOCRACY.

PAGE 05   STATE   072430 162107Z
WE JOINED THE CONSENSUS TO SUPPORT THE OAS RESOLUTION OF
APRIL 13 THAT CONDEMNED THE "ALTERATION OF CONSTITUTIONAL
ORDER," CALLED FOR THE "NORMALIZATION OF THE DEMOCRATIC
INSTITUTIONAL FRAMEWORK IN VENEZUELA, WITHIN THE CONTEXT OF
THE INTER-AMERICAN DEMOCRATIC CHARTER," AND CALLED FOR THE
OAS SECRETARY GENERAL TO CONDUCT A FACT-FINDING MISSION TO
VENEZUELA.

WE ARE PLEASED THAT THE HEMISPHERE IS ENGAGED IN SUPPORTING
DEMOCRACY IN VENEZUELA. WE TRUST THAT OUR HEMISPHERIC
PARTNERS WILL CONTINUE THIS ENGAGEMENT TO ENSURE THAT

Current Class: UNCLASSIFIED

12. Department of State Press Guidance
April 16, 2002, p. 3

Current Class: UNCLASSIFIED
Current Handling: n/a

VENEZUELA RESPECTS DEMOCRATIC INSTITUTIONS AND PROCESSES AND FOLLOWS THROUGH ON ITS COMMITMENTS FOR NATIONAL DIALOGUE AND RECONCILIATION.

Q: IS THE GOVERNMENT OF VENEZUELAN PRESIDENT HUGO CHAVEZ LEGITIMATE?

A: YES. THE VENEZUELAN PEOPLE FREELY AND FAIRLY ELECTED HUGO CHAVEZ TO BE PRESIDENT OF VENEZUELA IN DEMOCRATIC ELECTIONS IN DECEMBER 1998 AND JULY 2000. LEGITIMACY EARNED THROUGH ELECTIONS MUST BE MAINTAINED AND NURTURED THROUGH DEMOCRATIC GOVERNANCE THAT RESPECTS THE ESSENTIAL ELEMENTS OF DEMOCRACY. PRESIDENT CHAVEZ'S CALL FOR NATIONAL DIALOGUE AND RECONCILIATION IS A WELCOME INITIAL INITIATIVE TOWARD FULLY RESTORING THE ESSENTIAL ELEMENTS OF DEMOCRACY.

Q: DO YOU HAVE ANY REACTION TO PRESIDENT CHAVEZ'S APRIL 15 SPEECH?

A: WE WELCOME PRESIDENT CHAVEZ'S CALLS FOR ROUNDTABLES OF
UNCLASSIFIED

PAGE 06   STATE   072430   162107Z
NATIONAL DIALOGUE AND RECONCILIATION. THIS IS AN IMPORTANT FIRST STEP IN RECLAIMING VENEZUELA'S DEMOCRACY. WE URGE THE VENEZUELAN GOVERNMENT TO SUPPORT FULLY THE ORGANIZATION OF AMERICAN STATES (OAS) SECRETARY GENERAL'S FACT-FINDING MISSION TO VENEZUELA. THROUGH ITS GOOD OFFICES, THE OAS CAN PLAY AN IMPORTANT ROLE BY SUPPORTING A BROAD AND INCLUSIVE NATIONAL DIALOGUE THAT PROMOTES RECONCILIATION AND STRENGTHENING THE ESSENTIAL ELEMENTS OF DEMOCRACY IN VENEZUELA.

Q: DO YOU HAVE ANY COMMENT REGARDING THE DETENTION OF PROVISIONAL PRESIDENT PEDRO CARMONA AND THE MILITARY OFFICERS THAT SUPPORTED HIS GOVERNMENT?

A: IT IS OUR UNDERSTANDING THAT PEDRO CARMONA, INDIVIDUALS WHO WORKED WITH CARMONA, AND MILITARY LEADERS THAT SUPPORTED CARMONA HAVE BEEN DETAINED. AS WE WOULD WITH ANY VENEZUELAN CITIZEN, WE URGE THE VENEZUELAN GOVERNMENT TO RESPECT THE HUMAN RIGHTS OF THESE INDIVIDUALS AND TO HANDLE THEIR CASES IN ACCORDANCE WITH THE FUNDAMENTAL PRINCIPLES OF JUSTICE. PRESIDENT CHAVEZ HAS PROMISED TO RESPECT THE HUMAN RIGHTS OF THOSE PERSONS WHO WERE DETAINED. WE WELCOME THIS PROMISE, AND TRUST THAT PRESIDENT CHAVEZ WILL FOLLOW THROUGH ON IT.
POWELL

UNCLASSIFIED

Current Class: UNCLASSIFIED

13. Department of State Press Guidance
April 17, 2002, p. 1

UNCLASSIFIED

Current Class: UNCLASSIFIED
Current Handling: n/a

TAGS: OPRC, KPAO
SUBJECT: WHA GUIDANCE, APRIL 17, 2002

SUMMARY OF CONTENTS:
WHA PRESS GUIDANCE, APRIL 17 (VENEZUELA)
END SUMMARY.

WHA PRESS GUIDANCE, APRIL 17, 2002

-- VENEZUELA: REICH CALL TO PEDRO CARMONA --

QUESTION: DID ASSISTANT SECRETARY OF STATE REICH SPEAK WITH VENEZUELA'S THEN INTERIM PRESIDENT ON FRIDAY APRIL 12 TO ADVISE HIM TO NOT DISSOLVE THE NATIONAL ASSEMBLY?

UNCLASSIFIED

PAGE 03   STATE   073182 172107Z
A: CONTRARY TO A REPORT IN THE NEW YORK TIMES, ASSISTANT SECRETARY REICH DID NOT SPEAK WITH THEN-INTERIM PRESIDENT PEDRO CARMONA ON FRIDAY APRIL 12 OR AT ANY OTHER TIME DURING VENEZUELA'S CRISIS LAST WEEK.

THROUGH OUR EMBASSY IN CARACAS, AMBASSADOR REICH DID CONVEY THE EXPECTATIONS OF THE U.S. GOVERNMENT THAT THE INTERIM GOVERNMENT WOULD RESPECT THE INSTITUTIONS AND PRACTICES OF DEMOCRACY IN VENEZUELA, INCLUDING THE CONTINUED FUNCTIONING OF ALL BRANCHES OF GOVERNMENT.

IF PRESSED: OVER THE COURSE OF FRIDAY AND SATURDAY, AMBASSADOR SHAPIRO SPOKE WITH A NUMBER OF VENEZUELANS INVOLVED IN THE EVENTS THERE, INCLUDING THEN INTERIM PRESIDENT CARMONA.

THE ASSERTION THAT THE UNITED STATES SOUGHT TO "STAGE MANAGE" THE SITUATION IN VENEZUELA, IS FLATLY INCORRECT. OUR DIPLOMATIC EFFORTS, LIKE THOSE OF OUR DEMOCRATIC ALLIES, WERE FOCUSED ON HELPING VENEZUELANS RESOLVE THEIR CRISIS PEACEFULLY AND DEMOCRATICALLY.

THROUGH REGULAR DIPLOMATIC CONTACTS BOTH IN WASHINGTON AND IN CARACAS, WE MADE CLEAR OUR REJECTION OF ANY UNCONSTITUTIONAL, UNDEMOCRATIC EFFORT BY ANY PARTY IN VENEZUELA.
POWELL

UNCLASSIFIED

<< END OF DOCUMENT >>

Current Class: UNCLASSIFIED

UNCLASSIFIED

14. Department of State Press Guidance
April 19, 2002, p. 1

Current Class: UNCLASSIFIED
Current Handling: n/a

Q: WHAT ABOUT ASSERTIONS THAT U.S. OFFICIALS HAVE BEEN TOO CLOSE TO THOSE VENEZUELANS WHO WERE INVOLVED IN THE EVENTS OF
UNCLASSIFIED

PAGE 04   STATE   075817   222122Z
APRIL 11-13?

A: U.S. OFFICIALS HAVE MET WITH A BROAD SPECTRUM OF VENEZUELANS OVER THE PAST SEVERAL MONTHS BOTH IN CARACAS AND IN WASHINGTON. U.S. OFFICIALS MET WITH BUSINESS COMMUNITY REPRESENTATIVES, LABOR UNION OFFICIALS, CATHOLIC CHURCH LEADERS, OPPOSITION POLITICAL LEADERS, PRO-CHAVEZ LEGISLATORS, AND A WIDE ARRAY OF VENEZUELAN GOVERNMENT OFFICIALS. IN THE COURSE OF NORMAL DIPLOMATIC CONTACTS, U.S. OFFICIALS MET WITH PEDRO CARMONA, THE PRESIDENT OF THE VENEZUELAN FEDERATION OF CHAMBERS OF COMMERCE (FEDECAMARAS).

OUR MESSAGE TO ALL VENEZUELAN CONTACTS HAS BEEN CONSISTENT. THE POLITICAL SITUATION IN VENEZUELA IS ONE FOR VENEZUELANS TO RESOLVE PEACEFULLY, DEMOCRATICALLY AND CONSTITUTIONALLY. WE EXPLICITLY TOLD ALL OF OUR VENEZUELAN INTERLOCUTORS ON NUMEROUS OCCASIONS AND AT MANY LEVELS THAT UNDER NO CIRCUMSTANCES WOULD THE UNITED STATES SUPPORT ANY UNCONSTITUTIONAL, UNDEMOCRATIC EFFORT, SUCH AS A COUP.

Q: WHAT ABOUT THE STATEMENT OF A DIPLOMAT PRESENT AT A FEBRUARY 12 MEETING AT THE DEPARTMENT OF STATE THAT DEPARTMENT OFFICIALS WERE QUICK TO POINT OUT THAT CHAVEZ HAD RESIGNED?

A: OUR RESPONSE TO THE SITUATION IN VENEZUELA ON APRIL 12 LAID OUT THE FACTS AS WE KNEW THEM TO BE DURING A VERY CONFUSING TIME. THOSE FACTS WERE THAT: (1) HUNDREDS OF THOUSANDS OF VENEZUELANS DEMONSTRATED PEACEFULLY AGAINST THE CHAVEZ GOVERNMENT, (2) THE CHAVEZ GOVERNMENT RESPONDED WITH A BLOODY CRACK-DOWN AGAINST PROTESTORS AND THE INDEPENDENT
UNCLASSIFIED

PAGE 05   STATE   075817   222122Z
MEDIA, (3) PRESIDENT CHAVEZ HAD DISMISSED HIS VICE PRESIDENT AND CABINET AND RESIGNED, AND (4) A TRANSITIONAL GOVERNMENT WOULD ASSUME POWER AND CALL FOR NEW ELECTIONS.

IN ALL OF OUR STATEMENTS, WE EMPHASIZED THAT VENEZUELANS NEEDED TO RESOLVE THIS SITUATION PEACEFULLY, DEMOCRATICALLY, AND CONSTITUTIONALLY IN ACCORDANCE WITH THE INTER-AMERICAN DEMOCRATIC CHARTER. AS STATED BEFORE, IT WAS OUR UNDERSTANDING THAT PRESIDENT CHAVEZ HAD RESIGNED AND THAT THERE WAS NO SUCCESSOR. IT WAS UP TO VENEZUELANS TO DECIDE HOW TO RESOLVE THIS SUCCESSION CRISIS. ONCE VENEZUELANS HAD

Current Class: UNCLASSIFIED

UNCLASSIFIED

14. Department of State Press Guidance
April 19, 2002, p. 2

UNCLASSIFIED

Current Class: UNCLASSIFIED
Current Handling: n/a

DETERMINED THEIR PATH FORWARD, THE INTER-AMERICAN COMMUNITY WOULD EXAMINE THIS VENEZUELAN SOLUTION TO DETERMINE IF IT WAS IN KEEPING WITH THE INTER-AMERICAN DEMOCRATIC CHARTER.

---

2. WHA PRESS GUIDANCE, APRIL 19, 2002

- CUBA: VOTE ON UNCHR HUMAN RIGHTS RESOLUTION --

Q: THE UN COMMISSION ON HUMAN RIGHTS (CHR) HAS AGAIN VOTED TO ADMONISH CUBA OVER REPRESSING ITS CITIZENS' HUMAN RIGHTS. ANY COMMENT?

A: TODAY'S 23-21-09 VOTE WAS A VICTORY FOR THE CUBAN PEOPLE. IT DEMONSTRATES THAT THE WORLD IS AWARE OF THEIR PLIGHT AND SUPPORTS THEIR BRAVE EFFORTS TO PRESS FOR BETTER HUMAN RIGHTS OBSERVANCE AND FOR DEMOCRACY IN CUBA.
IT ALSO SENDS AN UNAMBIGUOUS MESSAGE TO THE CUBAN GOVERNMENT:
UNCLASSIFIED

PAGE 06   STATE   075817 222122Z
FOR THE FOURTH STRAIGHT YEAR, THE INTERNATIONAL COMMUNITY HAS FOUND THE HUMAN RIGHTS SITUATION IN CUBA WANTING.

THERE'S SOMETHING NEW HERE: FOR THE FIRST TIME EVER, CUBA'S NEIGHBORS IN LATIN AMERICA DRAFTED, INTRODUCED, AND BROADLY SUPPORTED WITH THEIR CO-SPONSORSHIPS AND VOTES A RESOLUTION ON HUMAN RIGHTS IN CUBA. PARTICULAR CREDIT MUST GO TO URUGUAY, FOR TABLING THIS REMARKABLE AND GROUNDBREAKING EFFORT, AND TO ALL THE LATIN AMERICAN COUNTRIES WHICH LENT THEIR SUPPORT TO THE RESOLUTION.

IMPORTANTLY, THE RESOLUTION CALLS ON THE CUBAN REGIME TO MAKE PROGRESS IN THE FIELDS OF CIVIL AND POLITICAL HUMAN RIGHTS, AND REQUESTS THE UN HIGH COMMISSIONER FOR HUMAN RIGHTS TO SEND A REPRESENTATIVE TO CUBA AND REPORT BACK TO THE COMMISSION.

WE CALL ON CUBA TO COMPLY WITH THE WILL OF THE UN HUMAN RIGHTS COMMISSION AND PERMIT THIS REPRESENTATIVE TO VISIT IN ORDER TO HELP CUBA MAKE THE NECESSARY PROGRESS IN THE FIELD OF HUMAN AND CIVIL RIGHTS.

---

3. S/CT PRESS GUIDANCE, APRIL 19, 2002

- ECUADOR: DEPUTY SECRETARY'S REMARKS --

Current Class: UNCLASSIFIED

UNCLASSIFIED

15. Department of State Press Guidance
April 22, 2002, p. 1

Current Class: UNCLASSIFIED
Current Handling: n/a

ALL POSTS FOR PAO, USSOCOM FOR POLAD

E.O. 12958: N/A
TAGS: OPRC, KPAO
SUBJECT: WHA GUIDANCE, APRIL 22, 2002

SUMMARY OF CONTENTS:
1. WHA PRESS GUIDANCE, APRIL 22 (VENEZUELA)
2. WHA PRESS GUIDANCE, APRIL 19 (CUBA)
3. S/CT PRESS GUIDANCE, APRIL 19 (ECUADOR)
4. TAKEN QUESTIONS, APRIL 19 (CANADA, VENEZEULA)
END SUMMARY.

----
1. WHA PRESS GUIDANCE, APRIL 22, 2002

-- VENEZUELA: AMBASSADOR SHAPIRO MEETING WITH
CARMONA/ASSERTIONS U.S. TOO CLOSE TO OPPOSITION --
UNCLASSIFIED

PAGE 03   STATE   075817 222122Z

Q: WHAT DID AMBASSADOR SHAPIRO SAY TO PEDRO CARMONA?

A: AMBASSADOR SHAPIRO SPOKE WITH PEDRO CARMONA TWICE IN THE IMMEDIATE AFTERMATH OF APRIL 11. FIRST, ON APRIL 12 BEFORE CARMONA SWORE HIMSELF IN, AMBASSADOR SHAPIRO PHONED CARMONA AND TOLD HIM THAT ANY POLITICAL TRANSITION PROCESS HAD TO BE CONSTITUTIONAL AND DEMOCRATIC AND URGED HIM NOT TO DISSOLVE THE NATIONAL ASSEMBLY. ON APRIL 13, AFTER CARMONA HAD SWORN HIMSELF IN AS THE &INTERIM PROVISIONAL PRESIDENT8 AND HAD DISSOLVED THE NATIONAL ASSEMBLY, AMBASSADOR SHAPIRO MET WITH CARMONA (AT MIRAFLORES PALACE) AND PROVIDED HIM A COPY OF THE INTER-AMERICAN DEMOCRATIC CHARTER, URGED HIM TO RE-ESTABLISH THE NATIONAL ASSEMBLY, TO MOVE TO ELECTIONS AS SOON AS POSSIBLE, AND TO CONTACT THE ORGANIZATION OF AMERICAN STATES (OAS) SECRETARY GENERAL TO WELCOME AN OAS DELEGATION.

DURING HIS MEETING WITH INTERIM PRESIDENT CARMONA, AMBASSADOR SHAPIRO URGED CARMONA TO IMMEDIATELY RESTORE CONSTITUTIONAL ORDER AND NORMALIZE DEMOCRATIC RULE IN VENEZUELA.

OUR MESSAGE TO ALL VENEZUELAN CONTACTS HAS BEEN CONSISTENT: THE POLITICAL SITUATION IN VENEZUELA IS ONE FOR VENEZUELANS TO RESOLVE PEACEFULLY, DEMOCRATICALLY AND CONSTITUTIONALLY. WE EXPLICITLY TOLD ALL OF OUR VENEZUELAN INTERLOCUTORS ON NUMEROUS OCCASIONS AND AT MANY LEVELS THAT UNDER NO CIRCUMSTANCES WOULD THE UNITED STATES SUPPORT ANY UNCONSTITUTIONAL, UNDEMOCRATIC EFFORT, SUCH AS A COUP.

Current Class: UNCLASSIFIED

16. Department of State Press Guidance
August 12-13, 2002, p. 1

UNCLASSIFIED

Current Class: UNCLASSIFIED
Current Handling: n/a

ALL POSTS FOR PAO, USSOCOM FOR POLAD

E O 12958: N/A
TAGS: OPRC, KPAO
SUBJECT: WHA GUIDANCE, AUGUST 13, 2002

SUMMARY OF CONTENTS:
1. TAKEN QUESTION, AUGUST 12 (VENEZUELA)
2. WHA PRESS GUIDANCE, AUGUST 12 (VENEZUELA)
3. WHA PRESS GUIDANCE, AUGUST 13 (CUBA, COLOMBIA, MEXICO)
END SUMMARY.

1. TAKEN QUESTION - WHA PRESS GUIDANCE, AUGUST 12, 2002:

-- VENEZUELA: VISIT OF FOREIGN MINISTER ROY CHADERTON
(TQ FROM 8-12-02 DAILY PRESS BRIEFING) --
UNCLASSIFIED

PAGE 03   STATE   155266   141703Z

QUESTION: IS A MEETING BETWEEN DEPUTY SECRETARY ARMITAGE AND VENEZUELAN FOREIGN MINISTER ROY CHADERTON SCHEDULED? IF SO, WHEN?

ANSWER: THE DEPUTY SECRETARY WILL MEET WITH VENEZUELAN FOREIGN MINISTER ROY CHADERTON ON TUESDAY, AUGUST 20.

QUESTION: WILL THE SUBJECT OF THE VENEZUELAN SUPREME COURT'S DELIBERATIONS ON THE QUESTION OF WHETHER TO CHARGE WITH REBELLION FOUR SENIOR MILITARY OFFICERS BE ON THE AGENDA? WHAT ELSE WILL BE INCLUDED ON THE AGENDA?

ANSWER: THE DEPUTY SECRETARY AND THE FOREIGN MINISTER CHADERTON WILL DISCUSS A WIDE VARIETY OF ISSUES INCLUDING THE CURRENT POLITICAL SITUATION IN VENEZUELA AND ISSUES OF MUTUAL INTEREST TO OUR BILATERAL RELATIONSHIP.

2. WHA PRESS GUIDANCE, AUGUST 12, 2002:

-- VENEZUELA: REVOCATION OF VISAS --

Q: CAN YOU CONFIRM THAT PEDRO CARMONA AND MOLINA TAMAYO'S US VISAS WERE REVOKED?

A: MESSRS. CARMONA AND TAMAYO'S VISAS WERE REVOKED UNDER SECTION 214(B) OF THE IMMIGRATION AND NATIONALITY ACT, WHICH

Current Class: UNCLASSIFIED

UNCLASSIFIED

16. Department of State Press Guidance
August 12-13, 2002, p. 2

```
             Current Class: UNCLASSIFIED UNCLASSIFIED
             Current Handling: n/a

             PROVIDES THAT FOREIGN NATIONALS ARE PRESUMED TO BE INTENDING
                                   UNCLASSIFIED

             PAGE 04        STATE    155266   141703Z
             IMMIGRANTS AND THEREFORE INELIGIBLE FOR A NONIMMIGRANT VISA
             UNLESS THEY CAN ESTABLISH THEY QUALIFY FOR NONIMMIGRANT
             CLASSIFICATION.

             Q. WHAT WAS THE BASIS FOR THE DETERMINATION THAT THEY DIDN'T
             QUALIFY FOR VISAS ANY LONGER UNDER SECTION 214(B).

             A:  VISA RECORDS ARE CONFIDENTIAL UNDER U.S. LAW, AND I
             CAN,T PROVIDE ANY DETAILS ON THE UNDERLYING FACTUAL BASIS
             FOR THE INELIGIBILITY FINDINGS.

             ----------------------------------------
             3.  WHA PRESS GUIDANCE, AUGUST 13, 2002:
             ----------------------------------------

             -- CUBA: FORMER UN AMBASSADOR IN DEPARTMENT --

             Q:  WILL FORMER UN AMBASSADOR TO CUBA JORGE ALCIBIADES
             HIDALGO BASULTO BE MEETING WITH ANYONE IN THE DEPARTMENT?

             A:  FORMER UN AMBASSADOR TO CUBA JORGE ALCIBIADES HIDALGO
             BASULTO WILL MEET WITH STATE DEPARTMENT OFFICIALS, INCLUDING
             ASSISTANT SECRETARY FOR WESTERN HEMISPHERE AFFAIRS OTTO J.
             REICH.  WE LOOK FORWARD TO HEARING HIDALGO'S FIRST-HAND
             ASSESSMENT OF THE SITUATION ON THE ISLAND.

             -- COLOMBIA: "STATE OF INTERNAL DISTURBANCE" DECLARED --

                                   UNCLASSIFIED

             PAGE 05         STATE    155266   141703Z
             QUESTION:  DO YOU HAVE ANY COMMENT ON THE PRESIDENT URIBE,S
             DECLARATION OF A STATE OF INTERNAL DISTURBANCE?  WHAT IS THE
             STATUS OF THE EMBASSY?  AMERICAN COMMUNITY?  ADDITIONAL
             TRAVEL WARNINGS ANTICIPATED?

             A:  PRESIDENT URIBE DECLARED A "STATE OF INTERNAL
             DISTURBANCE" EARLY AUGUST 12, AS PROVIDED FOR UNDER THE 1991
             CONSTITUTION.  A "STATE OF INTERNAL DISTURBANCE" MAY LAST A
             MAXIMUM OF 270 DAYS, AND ALLOWS FOR THE PRESIDENT TO ISSUE
             DECREE LAWS, DECLARE CURFEWS MAKE SEARCHES WITHOUT WARRANT,
             WHILE PROMISING THE PROTECTION OF HUMAN RIGHTS AND CIVIL
             LIBERTIES.  A RANGE OF COLOMBIAN POLITICAL LEADERS HAVE
             SPOKEN OUT IN FAVOR OF THE DECREE.

             WE ARE UNAWARE OF SPECIFIC NEW THREATS AGAINST EITHER THE

             Current Class: UNCLASSIFIED

                                   UNCLASSIFIED
```

USAID $ 10 million Grant to DAI for Venezuela Program

SECTION C

SECTION C - DESCRIPTION/SPECIFICATIONS/STATEMENT OF WORK

C.1 STATEMENT OF WORK - VENEZUELA STATEMENT OF WORK SPECIFICATIONS

1. BACKGROUND

USAID's Office of Transition Initiatives (OTI) was established in 1994 to respond to countries experiencing a significant and sometimes rapid political transition, which may or may not be accompanied by a social and/or economic crisis. OTI assesses designs and implements programs that have characteristics of being fast, flexible, innovative, tangible, targeted, catalytic and overtly political, focusing on the root causes of the crisis.

A political transition may occur as a result of military intervention like in Kosovo or Haiti; a change in presidency like in Indonesia or Peru; a peace agreement like in Guatemala or Mindanao, Philippines; or in support for peaceful resolution to political strife as in Colombia. OTI is often engaged in the most sensitive political issues of the US government's priority and high profile countries. It operates on the premise that fast, flexible, targeted, catalytic and overt political transition assistance can assist countries in moving away from crisis or other "at risk" situations to stability. Operating under the special authorities of the International Disaster Assistance (IDA) account funding, OTI's initial responses and set-up are rapid; its operations decentralized and streamlined, and its programs brief - normally about two years. Therefore, time is always of the essence in each phase of its program: assessment, deployment, operations set-up, grant making and phase-out or hand-off. With this OTI must have the ability to change, reorient or otherwise refocus its programs and/or respond to new crises in the country or region.

In the field, OTI works with organizations of various political dimensions, including indigenous groups; cooperatives; associations; informal groups; local, regional and national governments; private voluntary organizations (PVO's); student groups; media; international organizations; private sector and coalitions of these entities. Activities may include efforts to: promote reconciliation, conflict resolution and prevention; advance an economic recovery with employment and vocational training; promote independent media with journalist training and law reform; demobilize and reintegrate ex-combatants; increased land access with determining efforts; provide nation-wide training to regional and local elected officials; promote national messages using television, radio and newsprint; reactivate critical NGO's with start-up grants; promote governance with elections support; develop a strong civil society; and initiate rural infrastructure rehabilitation projects with community participation.

OTI frequently uses small grants (from $500 to under $100,000) with defined goals, objectives, deliverables, and reporting, to undertake these initiatives. The prototype grant involves some or all of the following:

SECTION C

broad and diverse community participation in the grant's design and implementation; community grant counterpart (e.g. in labor or materials); catalytic nature; near-term, high-impact; a media component to amplify the results; tangible visible benefits; and in-kind procurement. The types of grants may vary, but they focus on the root causes of the crisis. Because the grant aims to "advance peaceful democratic change," these grants may focus on issues of higher risk and/or activities not currently being funded by others. These grants are usually (or primarily) "disbursed" in-kind, but cash or cash advances are sometimes more cost effective and efficient depending on the country situation, grantee, grant amount and grant type. Depending on the country and program focus, in-kind assistance may include, but not limited to office equipment, printing materials, conference/seminar venues, agricultural equipment or building supplies.

While the Cognizant Technical Officer (CTO) is Washington-based, one or more U.S. Personal Services Contractors (PSC's) will be assigned in the field to manage, oversee and make day-to-day decisions regarding the contract management and implementation of OTI's country program. The senior OTI field representative (a USPSC) will provide overall programmatic focus, direction, and grant approval. The senior OTI field representative will also determine the types or range of organizations or grantees that will be funded. The country representative will make these decisions based upon U.S. foreign policy interests and in close collaboration with the U.S. Embassy.

Field staffing and administrative structures may also vary according to the demands of each country program and area. There may be one or more OTI regional offices, possibly with a coordinating office in the capital, US Embassy or USAID Mission. In addition OTI may be required to establish a regional program to respond to a crisis. For each program the number of offices and location of offices will be determined by the senior OTI field representative in consideration of the programmatic focus and cost effectiveness and efficiency. Although the country context may vary, OTI works closely in the design and implementation of programs, with the US Embassy, the USAID Mission and the Office of Foreign Disaster Assistance (when present in the country).

OTI often needs a contractor to provide support for all phases of the program. Depending on the program, the contractor will be responsible for administrative, logistics, procurement and finance aspects of the program. More specifically, the contractor will set up offices; purchase office equipment and vehicles; locate and hire staff; establish communications systems; develop and maintain a procurement and financial system; determine grant worthiness; develop and maintain the database; and monitor grant effectiveness and impact. The contractor will be expected to provide, varying amounts of funds on short notice and in countries where there are no or limited banking institutions.

Contracting partners are critical to the success of OTI programs because they are expected to overcome the significant challenges posed by "war torn" or otherwise unstable countries in which OTI operates.

2. CONTRACT DURATION

The contract will be for a one-year period, with an option to renew for an additional year at the end of the first year. A six-day workweek is authorized for the first six months, thereafter, with advanced CTO approval.

SECTION C

3. COUNTRY BACKGROUND - VENEZUELA

Venezuela has operated as a functioning, although imperfect, democracy since 1958. Under an arrangement known as punto fijo, the country's two most influential political parties, the social democratic AD (Accion Democratica) and the Christian democratic COPEI, agreed on means to share and control power. Low petroleum prices in the late 1980s produced national financial crises and economic measures that resulted in public outcry over the problems the country faced and the government's inability to mend the situation'. The economic stress and the government's sometimes-repressive response to public reaction marked the acceleration of increasingly widespread dissatisfaction with puntofijismo and a weakening of already fragile democratic institutions.

In 1998, Hugo Chavez was elected by an overwhelming majority of voters on a platform to address the problems of the poor and address corruption, which had become a hallmark of the puntofijismo. In recent months, his popularity has waned and political tensions have risen dramatically as President Chavez has attempted to implement several controversial reforms. The tensions came to a head on April when several protesters were shot outside the presidential palace.

Support for democracy remains the top foreign policy priority in the hemisphere for the United States and the United States has a strong interest in ensuring that it endures in Venezuela. For democracy to remain viable, support is needed for the institutions that provide for checks and balances, and ensure the protection of human rights and the free expression of ideas, including, at both the national and local levels, by the media, civil society, political parties, and government institutions.

Venezuela is at a critical juncture in its democratic history and targeted, flexible assistance aimed at supporting democracy could make a difference. A pillar of USAID's strategy is conflict mitigation, and OTI through the contractor chosen through this scope of work will specifically focus on program areas that seek to restore democratic balance and ease societal tensions. The timing for an OTI program is perhaps more relevant today than when the initial assessment was conducted.

4. PROGRAM DESCRIPTION

The contractor will establish a flexible, quick-disbursing small grant fund, able to respond to the rapidly evolving political situation in Venezuela. For the base year the value of the grants to be disbursed will be $3,500,000. If the option is exercised, the value of the grants to be disbursed for the option year will be $3,500,000. This fund will be managed by an OTI field representative reporting to the U.S. Ambassador in Venezuela and supported by the incumbent contractor or cooperating agency. The field representative will maintain close collaboration with other Embassy offices in identifying opportunities, selecting partners, and ensuring the program remains consistent with U.S. foreign policy. The OTI field representative will approve grants under $100,000. The contractor shall develop grant formats that are subject to prior approval by the Office of Procurement/Contracting Officer for each type of proposed grant under this contract (i.e. PIOs, U.S. Organizations, and local, regional and national governments). The contractor will develop a field grant guide and provide trained and experienced grants

SECTION C

managers for grants under contracts, and more specifically where grants will be provided to U.S. Organizations, PIOs, and local, regional and national governments. In accordance with OTI's approved Grants Under Contracts deviation, dated 1/7/02, grants under this contract are authorized as follows:

1) **U.S. Organizations:** The OTI field representative shall approve grants to U.S. organizations up to $100,000. The Contracting Officer must approve any such grants over $100,000.
2) **Public International Organizations (PIOs):** The OTI field representative shall approve grants to PIOs as defined in ADS 308.7, up to $100,000. The Contracting Officer must approve such grants over $100,000.
3) **Local, Regional and National Government Organizations:** The OTI field representative shall approve grants to local, regional and national government organizations, up to $100,000. Any such grants over $100,000 require prior approval of the Cognizant Technical Officer (CTO).

The minimum criteria for grant selection and approval will include, but not be limited to:

- Consistent with US interests and objectives.
- Consistent with the OTI program areas (some of which are outlined below).
- Demonstrate potential for short-term impact, i.e., less than 6 months.
- Significant counterpart contribution.

The current situation augers strongly for rapid U.S. government engagement. OTI, through its contractor, will act quickly to initiate non-partisan programs that promote pluralism and a democratic society. It will include the participation of all groups that seek to promote an inclusive democracy in Venezuela. OTI will not provide assistance to any groups seeking to unconstitutionally alter the political order. The OTI program will be part of a coordinated approach by the U.S. government supporting democracy.

OTI is already working closely with the USAID's Latin America and Caribbean (LAC) Bureau to ensure a successful handoff of the program. OTI anticipates an initial focus on the following two program areas:

1) **Preserve Democratic Institutions and Processes** - OTI will work with democratically oriented elements in labor, business, political organizations, government and civil society to strengthen democratic institutions and processes. OTI will also work with media institutions through journalist training and other means to ensure balanced coverage of events and political matters in Venezuela.

2) **Enhance Dialogue/Reconciliation/Conflict Mediation** - Deprived of effective democratic means of expressing dissent, the opposition has been forced to implement work stoppages and marches to express its grievances; the most recent iteration ended in violence with over a dozen people killed and many more wounded. President Chavez has promised to institute round-tables and promote general dialogue among various societal groups to reduce tension. OTI will work with NGOs that seek to promote dialogue on an inclusive social and political agenda for Venezuela and open avenues of dialogue currently closed due to the polarization of the population. Through public debates, town hall meetings, and university sponsored conferences, for example, OTI will

USAID - DAI for TV Commercials

Development Alternatives, Inc.
Calle Guaicaipuro con Calle Mohedano
Torre Hener, Piso 2, Oficina 2-B,
Urb. El Rosal 1060-Caracas, Venezuela

*Venezuela: Iniciative para la
Construción de Confianza*

(b)(6)

Ref: Grant agreement between Development Alternatives, Inc. (DAI) and   (b)(6)
        (b)(6)
        Grant Number G-3822-101-008

Ref: USAID Contract No. HDA-C-00-02-00179 VICC
        Venezuelan Confidence Building Initiative

Dear   (b)(6)

In response to your proposal dated 11/01/2002, Development Alternatives, Inc (hereinafter, simply VICC/DAI") is pleased to award   (b)(6)   , or "the Beneficiary"), with a grant, in kind, of up to $US 9946.85 to be paid in local currency, in support of its project Diálogo Social y Formación de Ciudadanía for the period between 12/09/2002 and 02/07/2003.

The grant is financed by the United States Agency for International Development (USAID) through contract # HAD-C-00-02-00179 with DAI. This grant is to support the activities of the project, according to the attached Program Description (Annex 1), Program Budget (Annex 2) and Standard Provisions (Annex 3). The final proposal, budget and standard provisions (Annexes 1, 2 & 3) are considered integral parts of this Grant Agreement.

All acquisitions made by DAI on behalf of the Beneficiary will be in accordance with USAID procurement regulations. The Chief of Party or designated Program Development Officer (PDO) will make the necessary decisions about any dispute arising from or related to this grant.

All materials produced under the terms of this agreement -- written, graphic, film, magnetic tape, or otherwise -- shall remain the property of both the Grantee and DAI. Both the Grantee and DAI retain rights to publish or disseminate in all language reports arising from such materials, unless otherwise specified in this agreement. The rights and duties provided for in this paragraph shall continue, notwithstanding the termination of the contract or the execution of its other provisions. The Grantee shall acknowledge the support of USAID in any report, audio or video materials, presentation, or document based in whole or in part on work performed under this Agreement. Such acknowledgments shall be as follows:

"This workshop program, documents, radio advertisement, etc. was prepared with funds provided by Development Alternatives, Inc., with financing from the U.S. Agency for International Development under Contract Number HDA-C-00-02-00179 Venezuela Confidence Building Initiative Project (VICC)."

The party receiving the grant has full responsibility for executing the project or activity being supported by the grant and for complying with the award conditions. Although the receiving party is encouraged to ask for the opinion and support of VICC/DAI about any specific problems that may arise, this suggestion does not diminish the responsibility of the party receiving the grant. The latter party must apply solid technical and administrative criteria. The grant award does not imply that the responsibility for operative decisions has been transferred to VICC/DAI. The party receiving the grant has the responsibility of notifying VICC/DAI about any significant problems associated with the administrative or financial aspects of the grant award. All information and documents pertaining to this grant must be made available for **three** years following the termination of this grant.

Final Report: The Beneficiary will present the Final Project Progress Report before **02/10/2003** or within fifteen days after the finalization of the last activity of the program should any delay occur during the implementation. The final report will include the accomplishment of the grant benchmarks or milestones for which the grant was awarded. The final report will consist of a technical report and a financial report.

The Beneficiary will send all reports to the designated Program Development Officer, (b)(6)
VICC/DAI Calle Guaicaipuro con Calle Mohedano, Torre Hener, Piso 2. Oficina 2-B, Urb. El Rosal 1060-Caracas, Venezuela.

Sincerely,

John H. McCarthy Dec. 6, 2002   Date: 12/06/2002
Jack McCarthy, Director/DAI

Acknowledgement of receipt: (b)(6)

Signed by: (b)(6)   Date: 12/06/2002

USAID Contract with DAI for $ 10 million for Venezuela Projects

Agreement between NED and Súmate

NATIONAL ENDOWMENT FOR DEMOCRACY

Grant Agreement No. 2003-548.0
between

Grantor: National Endowment for Democracy
1101 15th Street, NW, Suite 700
Washington, DC 20005

Grantee: Súmate, A.C.
Centro Empresarial Los Palos Grandes, piso 7
Av. Andres Bello, Los Palos Grandes, Chacao
Estado Miranda
Caracas, Venezuela

1. **AUTHORITY**

This Grant is awarded in accordance with the authority contained in P.L. 98-164, as amended (hereafter referred to as the "Act") and Grant No. S-LMAQM-03-GR-001 between the United States Department of State and the National Endowment for Democracy (hereafter referred to as "the Endowment").

2. **PURPOSE**

The purpose of this Grant is to enable the Grantee to carry out the project objectives shown in Attachment A, Program Description, which are consistent with the purposes stated in Section 502(b) of the Act.

3. **GRANT AMOUNT AND BUDGET**

The amount obligated under this Grant is $53,400, which is to be expended according to the Grant Budget shown in Attachment B.

The Grantee shall not use funds designated for Program Costs to pay Administrative Costs, nor vice versa, without prior written approval of the Endowment. The Grantee shall also obtain written approval from the Endowment prior to making an expenditure which would increase costs in a major budget category within either the Program or Administrative Costs budget by more than 15 percent or $5,000 (whichever amount is larger) above the amount budgeted for that category. Adjustments among budget categories shall not result in an increase in the total amount of the Grant. The Endowment will not fund costs in excess of the Grant amount shown above.

4. **GRANT PERIOD**

The effective date of this Grant is September 12, 2003.
The expiration date of this Grant is September 30, 2004.

All expenditures from Grant funds must be either for authorized activities that take place or for authorized obligations that are incurred during this Grant Period, unless otherwise stated in the Grant. Expenditures for costs incurred prior to the effective date or after the expiration date will be disallowed. Payments made after the expiration date for expenses incurred within the Grant Period are allowable.

If the Grant Period is insufficient for satisfactory completion of the project objectives, the Agreement may be amended to extend the period. The Grantee must request the extension in writing prior to the current expiration date, explaining the circumstances which warrant the extension. Requests for amendments may

CIA Answer to Jeremy Bigwood about Súmate

Central Intelligence Agency

Washington, D.C. 20505

24 December 2003

Mr. Jeremy Bigwood
3200 16th Street NW #806
Washington, DC 20010

Reference: F-2004-00521

Dear Mr. Bigwood:

This acknowledges receipt of your 5 December 2003 letter requesting records under the provisions of the Freedom of Information Act (FOIA). Specifically, your request is for records pertaining to "the Venezuelan organization called SUMATE (also called SÚMATE) from January, 2000 until the present." For identification purposes we have assigned your request the number referenced above. Please refer to this number in future correspondence.

With regard to information requested on foreign organizations or companies, it is the CIA policy to neither confirm nor deny the existence or nonexistence of any CIA records. Unless officially acknowledged, such information would be classified for reasons of national security under Sections 1.5(c) [intelligence sources and methods] and 1.5(d) [foreign relations] of Executive Order 12958. Further, the Director of Central Intelligence has the responsibility and authority to protect such information from unauthorized disclosure in accordance with Section 103 (c)(6) of the National Security Act of 1947 and Section 6 of the CIA Act of 1949.

Accordingly, your request is denied on the basis of FOIA exemptions (b)(1) and (b)(3). By this action, we are neither confirming nor denying the existence or nonexistence of such records. An explanation of cited FOIA exemptions is enclosed. The CIA official responsible for this denial is Robert T. Herman, Information and Privacy Coordinator. You may appeal this decision by addressing your appeal to the Agency Release Panel within 45 days from the date of this letter, in my care. Should you choose to do this, please explain the basis of your appeal.

Sincerely,

Robert T. Herman

Robert T. Herman
Information and Privacy Coordinator

Enclosure

FREEDOM OF INFORMATION ACT APPEAL
F-2004-00521

Agency Release Panel
Office of Information Services
Central Intelligence Agency
Washington, D.C. 20505
December 31, 2003
Dear Agency Release Panel:

I am writing to appeal Robert T. Herman's 24 December, 2003 denial of my FOIA request that the Agency has numbered F-2004-00521 and which requested records pertaining to "the Venezuelan organization called SUMATE (also called SÚMATE) from January, 2000 until the present."

Mr. Herman's denial was framed as follows:

"With regard to information requested on foreign organizations or companies, it is the CIA policy to neither confirm nor deny the existence or nonexistence of any CIA records. Unless officially acknowledged, such information would be classified for reasons of national security under Sections 1.5(c) and 1.5(d) of Executive Order 12958. Further, the Director of Central Intelligence has the responsibility and authority to protect such information from unauthorized disclosure in accordance with Section 103 (c)(6) of the National Security Act of 1947 and Section 6 of the CIA Act of 1949.

Accordingly, your request is denied on the basis of FOIA exemptions (b)(1) and (b)(3). By this action, we are neither confirming nor denying the existence or nonexistence of such records. An explanation of cited FOIA exemptions is enclosed. The CIA official responsible for this denial is Robert T. Herman, Information and Privacy Coordinator. You may appeal this decision by addressing your appeal to the Agency Release Panel within 45 days from the date of this letter, in my care. Should you choose to do this, please explain the basis of your appeal."

Mr. Herman's response is essentially the notorious "Glomar response" backed up by an Executive Order, two Acts from the 1940s, of which constitute FOIA exemption (b) (1), and FOIA exemption (b) (3), the infamous "sources and methods" to protect CIA officers and agents from exposure. I should make it clear that I am not asking for information on CIA officers and agents, nor on the methodology of intelligence gathering.

However, I do take exception to the first line of the first paragraph quoted above which reads: "With regard to information requested on foreign organizations or companies, it is the CIA policy to neither confirm nor deny the existence or nonexistence of any CIA records." This is simply not true. The CIA, through its FOIA office has released me an abundance of documentation regarding several foreign organizations. Allow me to list some of them here, citing URLs where these can be viewed:

MRTA: http://jeremybigwood.net/FOIAs/MRTA/CIAonMRTA/index.htm
More MRTA: http://jeremybigwood.net/FOIAs/MRTA/MRTA_Hostage_Crisis/index.htm
EPL: http://jeremybigwood.net/FOIAs/EPL/index.htm
FARC, ELN: http://usfumigation.org/Literature/FOIA/Colombia_Insurgents_Drug_Trade-CIA/index.htm
FMLN: A large series of yearly analyses that I have not yet placed on the Internet.

Through its FOIA office, the CIA has given me a copious volume of information of all of the above foreign organizations. So what Mr. Herman says about CIA policy does not hold up to the test. And why, if the Agency is willing to give me all of this information on other Latin American organizations, is it not willing to give me information about Súmate?

The only difference I see between the listed foreign organizations I received responses on and Súmate, which was denied, is that none of the organizations listed above has been supported by the CIA. Furthermore, the refusal of the CIA to release the information I request on Súmate begs the logical question - what is the relationship between Súmate and the CIA? Am I being denied the information I seek for the same reason that CIA FOIA office used when it also denied me information on Vladimiro Montesinos (who was receiving CIA funding)? Such questions can only be answered by the rapid release of the information I seek.

Please reconsider your position and release me the documents I seek as soon as possible.

Thank you for your time and consideration,

Respectfully yours,

Jeremy Bigwood

Pro Chávez Kundgebung in Caracas 2002

Schlussbemerkungen
Der Chávez Code: Ein Modell für Ermittler
von Saul Landau[1]

Als die designierte Außenministerin Condoleezza Rice im Januar 2005 bei ihren Anhörungen vor dem Senat erklärte, dass Venezuela (neben Kuba natürlich) zu dem lateinamerikanischen Äquivalent der „Achse des Bösen" gehörte, hätten bei jedem informierten Bürger die Alarmglocken klingeln müssen. Rices Erklärungen fügten sich in die wachsenden öffentlichen und inoffiziellen Rufe, die forderten etwas gegen Präsident Hugo Chávez zu unternehmen. Doch welches schreckliche Verbrechen hatte er begangen?

Ein Editorial der *Washington Post* erklärte Chávez des „Übergriffs auf privates Eigentum" für schuldig. Sie bezogen sich auf Chávez' „Angriff auf ungenutzten Grundbesitz" und stempelten die Übernahme von brachliegendem Land als einen weiteren Schritt in Richtung Diktatur ab. Das Editorial sprach natürlich nicht von der Tatsache, dass die Venezolaner bereits einen Konsens in dieser Frage gefunden hatten. In Wirklichkeit stimmten sogar einige von Chávez' Feinden aus den Reihen der Unternehmer zu, dass alle Venezolaner davon profitieren würden, wenn sie sich von brachliegenden „Latifundios" trennten. Das Editorial erwähnte auch nicht die vielen, vielen Landlosen in Lateinamerika, das schockierende Missverhältnis der Einkommensverhältnisse zwischen Reichen und Armen. Kein Wort auch von der Tatsache, dass die von den USA gestützte Lösung des „Freien Marktes" zur Verschlechterung der Situation beigetragen hatte – was UN Nachforschungen bestätigten.

Rice konnte auch kein spezielles „Verbrechen" von Chávez benennen. Doch mit der Unterstützung des Castro-Hassers Senator Mel Martínez (R-FL), besaß sie die Dreistigkeit, Chávez vorzuwerfen, sich in die Angelegenheiten anderer Nationen einzumischen. Es ist kaum zu glauben, dass sich eine hochrangige US-Beamtin eine solche Anklage auch nur auszusprechen getraut.

---

[1] Saul Landau international renommierter Wissenschaftler, Kommentator und Filmemacher. Er erhielt einige Auszeichnungen für seine Filme, Bücher und Aktivitäten, einschließlich des „Letelier-Moffit Human Rights Awards".

Wo war die Erinnerung? Vergaßen Senatoren einfach, dass Präsident Bush im März 2003 im Irak einmarschierte, ohne auch nur die geringste Spur eines „casus belli"? Genau genommen mischten sich die Vereinigten Staaten im letzten Jahrhundert in die Angelegenheiten von fast jedem Dritte Welt Land ein.

Die Senatoren und Medien verpassten es auch, Rice mit ihrem Wissen über die US-Unterstützung für den Putsch im April 2002 in Venezuela zu konfrontieren und mit den fortlaufenden Bemühungen der Unterminierung einer Regierung, die solide Unterstützung in neun getrennten Wahlen erhalten hatte.

Ignoranz, Verleugnung oder Verdrängung? Es kommt auf das Gleiche heraus. Die Bürger müssen wissen, was die US-Operateure in der ganzen Welt treiben, um die Geschicke von anderen zu bestimmen. Deswegen sollte Eva Golingers Buch die Leser schockieren. Sie gibt einen Kurzbericht zeitgenössischer Geschichte, um zu zeigen, dass die US-Regierung Bemühungen konzertierte, die gewählte venezolanische Regierung zu stürzen. Sie demonstriert, dass die Gewinde der imperialistischen Geschichte viel mehr Kraft haben als die republikanischen Prinzipien, die einst als Grundlage für die Gesetze und Verhandlungen der USA dienten.

Eva Golinger macht sich in ihrer äußerst genauen Argumentation die Dokumente zunutze, die sie durch den „Freedom of Information Act" (FOIA) aufdeckte. Sie zeigt damit die Rolle der USA bei dem Putschversuch an der Chávez Regierung auf. Alle Geschichtsstudenten wissen, dass die CIA 1953 die Regierung im Iran stürzte, in Guatemala 1954, versuchte Patrice Lumumba 1960 im Kongo zu ermorden (oder es auch tat), die Schweinebucht-Invasion in Kuba 1961 inszenierte, 1964 die Goulart Regierung in Brasilien stürzte und sich an der Destabilisierung und dem Putsch 1970-73 in Chile beteiligte. Die CIA führte das mörderische „Phoenix Programm" in Vietnam durch, nachdem die Vereinigten Staaten dort illegal eingefallen waren und dieses Land für mehr als ein Jahrzehnt besetzten. Wird es Ihnen über dieser nur sehr bruchstückhaften Liste von Interventionen schon langweilig?

Immer kommt die CIA als Schwarzer Peter heraus, die Einrichtung, die gewillt ist, die Schläge einzustecken. Aber die Anschuldigungen gehen weiter. Die CIA ist eine der „prätorianischen" Wachen des Präsidenten, die immer dann aktiv werden, wenn in anderen Ländern Führer gewählt werden, die versuchen ein bisschen vom Reichtum an die Armen zu verteilen. Eine wahrhafte Alarmglocke läutet in Washingtons Nationalem Sicherheitsapparat und wie die Pavlovschen Hunde reagieren die CIA und die anderen Kampfhunde automatisch auf den Stimulus. Manchmal bereuen Präsidenten und Minister – meist Jahre später – den Schaden, den „irrtümliche" CIA Aktionen anrichteten. Colin Powell entschuldigte sich für Chile – 30 Jahre nachdem die USA bei der Anzettelung eines 11/9 Massakers 1973 geholfen hatten. Bill Clinton sagte, es täte ihm Leid, was die CIA in Guatemala tat – fast 40 Jahre später. 100.000 Menschen starben dort als Folge des Sturzes (durch die CIA) ihrer demokratisch gewählten Regierung. Im Falle Venezuelas, das macht „Der Chávez Code" klar, fügt die US-Regierung noch einen weiterer nationalen Horror zu ihrer Agenda hinzu. Golinger zeigt die unumkehrbaren Fakten, wie Washington versucht, die Regierung Chávez zu stürzen. Sie kam an die Dokumente von Nationalen Sicherheitsquellen heran – ein Überbleibsel früherer Freiheiten – und verwandelt sie in Schwerter, die einen moralischen Aufschrei hervorbringen, statt den Verschwörern und Lügnern Wunden zuzufügen. Ich kann mir hohe Funktionäre vorstellen, wie sie ihre Hand auf die Bibel legen und schwören, die Gesetze einzuhalten, während sie sich intensiv gekreuzte Finger vorstellen.

Golingers Werk gibt einen tiefen Eindruck von der Wichtigkeit, die Moral der Gesetzgebung aufrecht zu halten. Diese junge venezolanisch-amerikanische Rechtsanwältin verwendet ihre prall gefüllten Seiten fast wie einen rechtlichen Auftrag. Sie zeigt einer Jury (den Lesern), dass der Antragsgegner (die US-Regierung) vorsätzlich eine Verschwörung mit den Reichen Venezolanern anzettelte. Sie wollten einen demokratischen Prozess in diesem Land rückgängig machen: freie und faire Wahlen, eine funktionierende Legislative und ein funktionierendes Rechtssystem.

Schlimmer noch; in Golingers weiteren Ausführungen sehen wir, dass die US-Regierung mit ihren venezolanischen (und israelischen) Gegenparts zusammen arbeitete – beim Einflechten der Massenmedien zur Miss- und Nichtinformation der Welt während des Putsches im April 2002 und danach. Bei den Präsidentendebatten von 2004 sprang John Kerry begierig auf den Interventionszug auf. Er folgte pflichtbewusst der Bush-Linie – Lüge – dass der demokratisch gewählte Präsident der Bolívarischen Republik Venezuela, Hugo Chávez, eine Bedrohung für die Vereinigten Staaten darstelle. Kerry gab den Medien ein Bild von Chávez als autoritären „Bösewicht", der sein Land „kubanisieren" will.

Als ich Eva Golinger im Dezember 2004 in Caracas traf, konnten wir beide sehen, dass Chávez – ganz im Gegensatz zu den Anklagen der USA – versuchte, den Reichtum und die Macht auf die Mehrheit zu verteilen (die Armen).

Weit davon entfernt, sich wie eine „terroristische Bedrohung" zu gebärden, zeigt sich Chávez als gebildeter, klar denkender und verantwortungsvoller politischer Führer.

Washington beschwerte sich die letzten drei Jahrzehnte nicht, als bis Mitte der 90er Jahre ein „kleptokratisches" (Klepto(manie), (Demo)kratie) Regime das Land regierte. Wir hörten keine Beschwerden von Bush, Kerry, Rice und den Medien als 1989 venezolanische Soldaten und Polizei bis zu 2000 Menschen töteten (der „Caracazo" – Aufstände und Unruhen in dieser Zeit), die sich weigerten vom IWF noch mehr „strukturelle Anpassung" hinzunehmen und zu tolerieren.

Die aus Bundesmitteln geförderte „Nationale Stiftung für Demokratische Direktoren" (National Endowment for Democracy Directors) sah keine Bedrohung für die Demokratie als sich venezolanische Präsidenten auf internationalen Foren regelmäßig bei den USA anbiederten. Sie fanden nichts Schlechtes dabei, arme Leute zu erschießen wenn sie protestierten. Diese Einrichtung trägt ihren Namen völlig zu Unrecht. Denn die „Nationale Stiftung für Demokratie" versteht unter der „Förderung der Demokratie" eine kleine und reiche Minderheit zu finanzieren, die ein Wahlergebnis ablehnt, wenn sie die Wahlen verlieren. Tatsächlich versah die NED einige eben der Leute mit Geldmitteln, die den Putsch von 2002 unterstützten – wie Eva Golinger in ihrem Buch zeigt.

„Der Chávez Code" deckt nicht nur die Verschwörungen auf und analysiert sie, sondern setzt auch ein Zeichen für Ermittler. Studenten und Professoren sollten sich an der Vorgehensweise von Golinger ein Beispiel nehmen – bei der Präsentation als auch bei der Interpretation von Dokumenten und die Schlussfolgerungen auf den Grundlagen der Fakten durchführen.

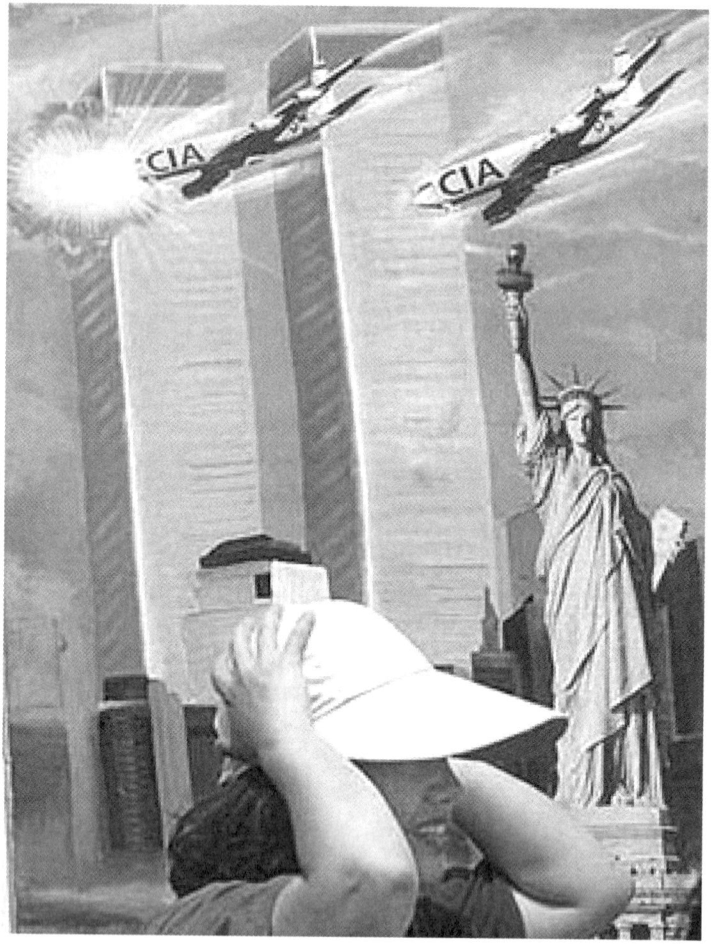
CIA
CIA

Epilog

Man mag sich wundern, warum die CIA in diesem Buch nicht öfter genannt wird. Wenn man an US-Interventionen in einer anderen Nation denkt, muss natürlich die CIA involviert sein. Wir wissen von den SEIB Dokumenten, die bei dieser Nachforschung offen gelegt wurden, dass die CIA internes, detailliertes Wissen über die Putschpläne hatte. Wir wissen auch, dass die CIA über die Tage des Putsches Stichpunktkommentare führte, was impliziert, dass sie ganz eindeutig in Venezuela operierte. Ex-CIA Beamte bestätigen, dass 75% der Angestellten im politischen Bereich der US-Botschaft CIA-Leute sind. Die Botschaft in Venezuela bildet da keine Ausnahme.

Man muss nur einen Blick auf die hunderten von Telegrammen der US-Botschaft in Caracas werfen, die durch diese Nachforschungen unter FOIA aufgedeckt wurden. Die Botschafter Maistro, Hrinak, Shapiro und Brownfield und andere Botschaftsangestellte wie Cook, MacFarland und Ellis, um nur einige zu nennen, sandten täglich mehrere Informationsberichte nach Washington - über alles was auch nur im Entferntesten mit Venezuela zu tun hatte. Diese Berichte trägt dann die CIA zusammen und analysiert sie. Auf der Grundlage dieser Informationen trifft man dann die Entscheidungen über den weiteren Verlauf der Interventionen.

NED und USAID dienen als Außenstellen der CIA, um die Zivilgesellschaft zu durchdringen, Millionen an Dollars ganz legitim weiterzuleiten und damit der Prüfung durch den Kongress zu entgehen. NED und USAID leugnen jeden Kontakt zur CIA. Doch kann niemand verneinen, dass diese Einrichtungen dafür geschaffen wurden, sich ganz offen mit den von der CIA ausgeführten Aktivitäten zu befassen – zu einer Zeit da der Kongress strenger mit dem CIA-Budget und den vergangenen Geheimoperationen umging. Sowohl USAID- als auch NED-Angestellte arbeiteten manchmal für die CIA. Sie führten die Zielsetzung der Einrichtung unter dem Deckmantel der „Förderung der Demokratie" aus.

Es besteht kein Zweifel, dass die CIA weiterhin hunderte, vielleicht sogar tausende von bezahlten Agenten in Venezuela unterhält. Sie geben Informationen, führen Operationen aus und versuchen, eine politische Krise heraufzubeschwören. Diese Personen leben frei und unerkannt in der venezolanischen Gesellschaft und verdienen ihr Geld durch den Konflikt, an dessen Entstehen sie arbeiten. Die CIA führt auch weiterhin ihre nicht offiziellen, verdeckten Operationen in Venezuela durch. DAI, IRI, NDI, SAIC und zahlreiche US-Körperschaften mit ihren Büros im ganzen Land, bieten Fronten für CIA Aktivitäten.

Man muss also nicht meinen, dass die CIA in Venezuela nicht aktiv und sehr lebendig ist. Sie ist es mit großer Sicherheit. CIA-Operateure in Venezuela wurden während des schrecklichen Bombardements einer „Cuban Airlines" Maschine am 6. Oktober 1976 bei einem Flug von Barbados auf frischer Tat ertappt. CIA-Agent Luis Posada Carriles, ein anti Castro Kubaner, hatte zwei Venezolaner engagiert, um die Terrortat auszuführen, bei der alle 73 Menschen an Bord ums Leben kamen. Venezolanische Behörden erwischten später Hernán Ricardo Lozano und Freddy Lugo. Sie hatten die tödlichen Bomben an Bord des Fluges gebracht und mussten dafür 20 Jahre ins Gefängnis. Luis Posada Carriles erwischte man ebenfalls. Doch mit der Hilfe der von der US-Regierung unterstützten „Kubanisch Amerikanischen Nationalen Stiftung" (Cuban American National Foundation) entkam er am 18. August 1985 aus einem Hochsicherheitsgefängnis in Venezuela. Nachdem er noch zahlreiche andere Terrorakte gegen Kuba ausgeführt hatte, wurde er 2000 in Panama gefangen genommen. Fidel Castro hatte erfahren, dass man ein Attentat auf ihn plante - Posada Carriles war der Leiter der Aktion. Der aus dem Amt scheidende Präsident von Panama, Mireya Moscoso, begnadigte Posada Carriles in einer letzen Staatshandlung im Jahr 2004.

Posada Carriles arbeitete Hand in Hand mit Orlando Bosch, dem berühmt berüchtigten kubanischen anti Castro Terroristen, der für mehr als 100 Terroranschläge verantwortlich war; gegen Venezuela, Spanien, England, Japan, Mexiko, Polen und andere Ländern, die mit Kuba handelten – sogar in der USA. Es war auch bekannt, dass Bosch Mitglied einer CIA Attentatskommandos war: „Operation 40" – neben dem vor kurzem zum CIA-Direktor ernannten Porter Goss. Diese Gruppe war verantwortlich für die

Epilog

politischen Morde an Kubanern und andern, die mit der kubanischen Revolution verbunden waren.

Für seine Beteiligung an dem Flugzeugattentat von 1976 bekam Bosch 11 Jahre Gefängnisstrafe. Doch mit Hilfe seines alten Freundes Otto Reich wurde er 1987 entlassen. Zu jener Zeit hatte Reagan Otto Reich gerade mit der Botschaft in Venezuela für seine gute Arbeit in Nicaragua belohnt. Dort war er Leiter der „State Department's Office of Public Diplomacy" und verantwortlich für die "schwarze Propaganda" Kampagne gegen die Sandinisten. Reich sandte zahlreiche Telegramme an das Außenministerium mit der Forderung, Bosch ein Visum für in die Einreise in die USA auszustellen.

Trotz der Verweigerung durch das Außenministerium begnadigte Präsident George H.W.Bush Bosch, nachdem man ihn bei der illegalen Einreise in die USA im Jahr 1988 erwischt und verhaftet hatte.

Bosch lebt heute frei in Miami – zusammen mit einer Bande Venezolanern, die sich freiwillig ins Exil begaben. Posada Carriles ist momentan flüchtig. Man vermutet, dass er irgendwo in Zentralamerika untergetaucht ist.

Natürlich hält die CIA in Venezuela ihre Präsenz. Doch wichtiger als die traditionellen Undercover-Operationen sind die neueren Formen der Intervention, die man in Venezuela einsetzt. Durchdringung der Gesellschaft, Indoktrination und Finanzierung der Oppositionsbewegung, die einen Regimewechsel herbeiführen will – das sind die modernen Mittel der „verdeckten" CIA Operationen. Der Fall Venezuela – wie „Der Chávez Code" aufdeckt – ist das Experiment der CIA im 21. Jahrhundert.

Diese Strategien und Methoden werden mit Sicherheit auch in anderen Ländern auf der ganzen Welt angewandt werden - und befinden sich schon in Anwendung. Überall dort, wo der Wechsel eines Regimes die Augen der US-Regierung zum Leuchten bringt.

Durch unser jetziges Wissen hoffen wir, auf die Interventionen vorbereitet zu sein und sie durchkreuzen zu können – so wie es die Venezolaner bis jetzt tun konnten.

Niemals darf man die Macht und die Intelligenz der US-Regierung unter- oder überschätzen.

Doch auch die US-Regierung lernte etwas in Venezuela: niemals darf man den Willen und die Entschlossenheit eines Volkes im Kampf um die Gerechtigkeit unterschätzen.

Glossar

AFL-CIO:
Die AFL-CIO trat 1955 in Erscheinung, als zwei US-amerikanische Gewerkschaften, die in Europa aktiv waren, die AFL (American Federation of Labor, vertreten durch Irving Brown) und die CIO (Congress of Industrial Organizations, vertreten durch Víctor Reuther) sich zur AFL-CIO zusammentaten – mit dem Segen von Averell Harriman, dem neuen Verwalter des Marshall Plans, zusammen mit seinem Abgesandten für Europa, Milton Katz. Von Anfang an beteiligte sich die AFL-CIO direkt an der Destabilisierung zahlreicher Länder in Europa und Lateinamerika. Sie ist die Organisation, die am meisten Geldmittel von der USAID erhält.

AIR FORCE INTELLIGENCE (AFI):
Laut ihrer offiziellen Beschreibung ist ihre Mission die Spionage, Überwachung und die Luftaufklärung. Die Flugzeuge, die zuvor nur mit Fotokameras ausgestattet waren, sind jetzt wahre fliegende Festungen – ausgestattet für die elektronische Kriegsführung. Diese Abteilung ist auch für den Start von Spionagesatelliten verantwortlich.

ALIANZA CÍVICA DE LA SOCIEDAD CIVIL:
Die " Zivile Allianz der Zivilgesellschaft" ist Vermutlich eine Organisation, die einige Zivilorganisationen zur Verteidigung der Demokratie in Venezuela vereint. Diese Organisation unterzeichnete ein Dokument, das die Legitimität der Putschregierung des Pedro Carmona anerkannte. Sie unterstützte mit am meisten das Referendum gegen Präsident Hugo Chávez. Der Koordinator der Organisation ist Elías Santana.

AMERICAN CENTER FOR INTERNATIONAL LABOUR SOLIDARITY (ACILS):
Eine Allianz von Gewerkschaften, Regierungen und Körperschaften in Lateinamerika, die drei internationale Institutionen verbindet: das „African American Labor Center" (AALC) (Afrikanisch-

Amerikanisches Arbeitszentrum), die „Asian American K-AAFLI (sic) und die AFL-CIO. Das „American Center for Workers' Solidarity" (Amerikanisches Zentrum für Arbeitersolidarität), auch als das „Solidarity Center" (Solidaritätszentrum) bekannt, leitet John J. Sweeney, der Generalsekretär der AFL-CIO. Die ACILS finanziert Parteien und soziale Organisationen, um Regierungen zu stürzen, die „Feinde" der USA sind. Zum Beispiel versorgte die USAID durch die Vermittlung dieser Organisation 2001 und 2002 von Washington angestellte Kubaner mit elektronischer Kommunikationsausrüstung, Büchern und anderem Propagandamaterial, auch Bargeld, um die Gewerkschaften für die USA einzunehmen.

AMERICAN INSTITUTE FOR FREE LABOR DEVELOPMENT (AIFLD):
Finanziert durch die USAID und von der CIA kontrolliert, wurde das „Amerikanische Institut für Freie Entwicklung der Arbeit" im Februar 1962 gegründet, um die Gewerkschaftsbewegungen in Lateinamerika zu kontrollieren. Ein Verwaltungsrat bestehend aus einflussreichen Geschäftsleuten mit Interessen in Lateinamerika entscheidet die vorrangigen Aktivitäten des AIFLD. Die Präsidentschaft liegt in den Händen des Generaldirektors des Chemieriesen, W. R. Grace Corporation, und Präsidenten des „North American Chapter of the Order of Malta", J. Peter Grace. Die Organisation fördert die Zusammenarbeit der Klassen und unterstützt die vertikale Einheit zwischen den Gewerkschaften und den Arbeitgebern. Sie imitiert damit ein Model wie es bei faschistischen Körperschaften üblich ist.

AMERICAN POLITICAL FOUNDATION (APF):
Die „amerikanische politische Stiftung" entstand 1979 aus der Allianz der US-amerikanischen Republikanischen und der Demokratischen Partei, um das amerikanische zweigeteilte System zu stärken. Ihr erster nationaler Präsident war der Republikaner William Brock während ein Demokrat, Charles Manatt, als Vizepräsident mit Verantwortung für die Finanzen im Amt war. Die APF übernahm den Austausch unter den beiden Parteien, um die Verbindungen mit Parteien in anderen Teilen der Erde zu erleichtern. Als das politische Klima Ende der 70er Jahre dafür bereit war, schuf

diese Organisation das „Demokratische Projekt". Aus diesem heraus entstand die NED, die das gesteigerte Interesse der USA an der Förderung der „demokratischen" Werte in der Welt darstellte.

ARMY INTELLIGENCE (AI):
Sie ist offiziell als eine der militärischen Spionagetruppen definiert, die die strategischen Informationen an die Operateure der Kommandos ermöglichen soll. In Wahrheit stellt sie eine der kleineren Abteilungen innerhalb des Nachrichtendienstes dar. Ihre Agenten sammeln ausschlaggebende Informationen vor Ort und deswegen ist sie die vertrauenswürdigste, wann immer die USA in bewaffnete Konflikte verwickelt ist.

CENTER FOR INTERNATONAL PRIVATE ENTERPRISE (CIPE):
Das „Zentrum für das internationale Privatunternehmertum" ist ein weiteres Zentrum für die Geldmittelanlage der NED und handelt wie ein angeschlossenes und steuerfreies Gegenstück zu der amerikanischen „Chamber of Commerce" (Handelskammer). Diese Körperschaft richtete man 1983 ein, um die Freihandelspolitik und eine Anzahl von Geschäftsverbänden zu unterstützen. Es ist auch involviert in die Ausbildung von Geschäftsführern und deren Mobilisierung innerhalb des politischen Prozesses. In Osteuropa zum Beispiel leitet CIPE Förderprogramme an verschiedene Businessgesellschaften und hilft ihnen bei ihrer Rechtsarbeit. Ungarn, Rumänien, Tschechoslowakei und Polen waren Empfänger dieser „Hilfe". Man bildete die Krakauer Industrie Gesellschaft in Polen, um eine nationale Tageszeitung zu veröffentlichen. Dies war eine Antwort auf das Interesse an der Unterstützung und Förderung der freien Marktwirtschaft – etwas, das man westlichen Businessjargon „gute wirtschaftliche und demokratische Entwicklung" nennt. Der Vorstand kommt aus der Businessgemeinde. Mit dabei sind William Archey und Richard Lesher aus der Handelskammer, Repräsentanten der konservativen „Ideenfabrik" wie Robert Kruble von der „Heritage Foundation" und Peter Dougnam von der „Hoover Institution". Direktor ist zur Zeit Thomas J. Donohue, Präsident der Handelskammer, der „Boss der Bosse".

CENTRAL INTELLIGENCE AGENCY (CIA):
Die zentrale Nachrichtenagentur wurde 1947 unter dem „National Security Law" (nationales Sicherheitsgesetz) gegründet. Ihre Aufgabe ist nicht nur die einfache Informationssammlung. Sie kommt auch zum Einsatz in Ländern, wo die Diplomatie versagte und Militäreinsätze konterproduktiv und nicht angebracht wären. Ihre Aktivitäten schließen ein: psychologische Kriegsführung, Finanzierung pro-US gesinnter politischer Parteien im Ausland, Provokationen, Aktionen gegen kontra-US gesinnte Gewerkschaften und Parteien oder Gruppen, Hetze und Unterstützung zu Staatsstreichen, Ausbildung von Söldnern und bewaffneten Gruppen. Geheime Spezialoperationen schossen in den frühen 50er Jahren ohne Einschränkung wie Pilze aus dem Boden. Der „Iran-Kontra" Skandal (Finanzierung der „Kontras" in Nicaragua durch den Verkauf von Waffen an den Iran) und der „Bank of Credit and Commerce International"(BCCI) Skandal – die bevorzugte Bank der Einrichtung, doch auch die des Medellín Drogenkartells – ließ die CIA in die Negativschlagzeilen geraten. Die CIA kam später in Clintons Amtszeit in Verruf durch Enthüllungen, dass sie Foltertechniken bei verschiedenen Polizei-, Militär- und Nachrichtenorganen im ganzen Land verbreitete. Dies geschah durch Verteilung von Handbüchern, die die Agentur herstellte (z.B. das Übungshandbuch zur Ausbeutung menschlicher Ressourcen). Auch die Gräueltaten, die die CIA in Guatemala verübte, beschädigten ihren Ruf. Diese Grausamkeiten kamen an die Öffentlichkeit durch eindeutige Beweise und Dokumente, die bewiesen, dass die Einrichtung Folterer einsetzte und auch deckte. Am Ende des Kalten Krieges waren keine Feinde mehr da. So konzentrierte sich die CIA auf die Sammlung von Wirtschaftsinformationen, den Schutz der Interessen der USA in neu entstehenden Märkten und die „Kriegsführung" gegen den Terrorismus und den Drogenhandel. Während in Lateinamerika die Amnestiegesetze, die die Diktatoren der Vergangenheit schützen, in Frage gestellt werden, kann die CIA einfach nicht die Vergangenheit akzeptieren oder sich von ihr befreien. Im August 2000 verweigerte die Agentur die Freigabe von Akten, die ihre Rolle bei dem Staatsstreich mit Augusto Pinochet gegen Salvador Allende in Chile 1973 bewiesen hätten.

CENTRO AL SERVICIO DE LA ACCIÓN POPULAR (CESAP):
Das „Zentrum für die Dienstleistung populärer Aktionen" ist charakterisiert als das Zentrum für die Dienstleistung Sozialprojekte. Die Vereinigten Staaten finanzieren es, und seine Direktion rechtfertigte öffentlich den Staatsstreich gegen Präsident Hugo Chávez im April 2002.

CENTRO DE DIVULGACIÓN DEL CONOCIMIENTO ECONÓMICO (CEDICE):
Das "Zentrum für die Veröffentlichung wirtschaftlichen Wissens" hat seine Basis in Caracas. Es ist ein „gemeinnütziger ziviler Verband, dessen Hauptziel die Veröffentlichung politischer und wirtschaftlicher Philosophien ist, die freien Aktionen von Einzelinitiativen Priorität einräumen und der Analyse von Organisationen und Konditionen, die freie Gesellschaften ermöglichen." Tatsächlich ist es ein Ermittlungszentrum, finanziert von CIPE und anderen amerikanischen Organisationen, um Ansporn für Programme zu geben, die die „Demokratisierung" der „Empfänger"-Länder favorisieren und als Stimulus für die Weltwirtschaft.

COMMITTEE OF THE INDEPENDENT POLITICAL ELECTORAL ORGANIZATION (COPEI):
Das "Komitee der unabhängigen politischen Wahlorganisation" ist eine Partei, die Rafael Caldera am 13. Januar 1946 in Caracas gründete. Sie tendiert zum christlich sozialistischen Lager und nennt sich auch „Christliche Sozialistische Partei", „Christliche Demokratische Partei" oder einfach „Die Christ-Demokraten".

CONFEDERACIÓN DE TRABAJADORES VENEZOLANOS (CTV):
Mit mehr als einer Million Mitgliedern ist die „Konföderation der venezolanischen Arbeiter" die mächtigste Gewerkschaftsorganisation des Landes. Sie war eine der Hauptorganisatoren der Streiks und der Proteste, die im Putschversuch gegen Hugo Chávez im April 2002 gipfelten. Der damalige Generalsekretär, Carlos Orte-

ga, war mit dem Präsidenten der Junta, Geschäftsmann Pedro Carmona Estanga eng verbunden.

CONSEJO DE EMPRESARIOS VENEZUELA-ESTADOS UNIDOS (CEVEU):
Der „Rat der venezolanischen und US-amerikanischen Geschäftsleute" ist eine Organisation, in der sich venezolanische Geschäftsleute mit wirtschaftlichen, finanziellen und Investmentinteressen in den Vereinigten Staaten, zusammenfinden.

CONSEJO NACIONAL ELECTORAL (CNE):
Der „Nationale Wahlrat" der Bolívarischen Republik Venezuela organisiert und überwacht alles, was mit politischen Wahlen zu tun hat – allgemein, direkt oder geheim. Er hat auch die Möglichkeit, Wahlen von Gewerkschaften und zivilen Organisationen auszurichten, wenn es gewünscht wird. Zu seinen Aufgaben gehören auch die Regelung der Wahlgesetze und die Lösung aller Zweifel und Probleme, die durch Unterlassung innerhalb dieser Gesetze entstehen. Er gibt die Richtung bei finanziellen und politischen Wahlangelegenheiten vor und erteilt Sanktionen, wann immer Gesetze nicht befolgt werden. Der CNE kann Wahlen als null und nichtig erklären, sowohl im Ganzen als auch teilweise.

COORDINADORA DEMOCRÁTICA (CD):
Der „Demokratische Koordinator" ist eine Organisation, die ein breites Spektrum von Oppositionellen zu Hugo Chávez zusammenbrachte. Es sammelte Unterschriften für das Referendum zum Widerruf gegen den venezolanischen Präsidenten. Die Organisation schließt Gruppen von Rechtsradikalen (Primero Justicia) als auch Linksradikalen (Bandera Roja) ein; ebenso die Parteien, die in der Zeit von 1959 bis 1959 an der Macht waren - die christlich sozialistische COPEI und die „Democratic Action" (AD) -, die „Bewegung zum Sozialismus" (MAS) und andere.

COORDINADORA DEMOCRÁTICA NICARAGÜENSE (CDN):
Die „Demokratische nicaraguanische Koalition" ist eine Anti-Sandinisten Koalition, die die Vereinigten Staaten finanzieren. Die CDN boykottierte 1984 die nicaraguanischen Wahlen.

DCI STRATEGIC WARNING COMMITTEE:
Das „Strategische Komitee zur Warnung" leitet das gesamte Schutz- und Warnsystem der Vereinigten Staaten. Es besteht aus Repräsentanten der CIA, DIA, NSA, State/INR und NIMA.

DEFENSE INTELLIGENCE AGENCY (DIA):
Die „Nachrichten Verteidigungsagentur" koordiniert Nachrichteninformationen, die sie von den unterschiedlichen Zweigen der Streitkräfte (der Armee, der Marine, den Marines, der Luftwaffe, der Küstenwache, den Spezialeinheiten) erhalten und verwaltet Gegenmaßnahmen (einschließlich der Verwaltung der Sicherheit in topsecret Einrichtungen der Vereinigten Staaten). Die DIA ist die Spionageabteilung der US-Armee. Sie wurde 1961 gegründet. Ihre Hauptaufgabe ist die Erleichterung der Nachrichteninformationen für die Kommandeure der Streitkräfte.

DEMOCRATIC ACTION PARTY (AD):
Die „Demokratische Aktionspartei" wurde in Caracas 1941 von Rómulo Betancourt mit sozialdemokratischen Tendenzen gegründet. Sie war sechsmal an der Macht, unter den Präsidenten Rómulo Gallegos, Rómulo Betancourt, Raul Leoni, Carlos Andrés Pérez (zweimal) und Jaime Lusinchi.

DEPARTMENT OF STATE (US-AUSSENMINISTERIUM):
Es ist das Auswärtige Amt der USA, hat seinen eigenen Sicherheitsdienst, doch in vielen Fällen sind seine Mitarbeiter nicht direkt Spione. Es sind eher Analysten und clevere Spezialisten, die Berichte herausgeben, die es dem Außenminister ermöglichen, „zu hören, was man wissen muss, nicht, was man gerne wissen möchte" (so die öffentliche Beschreibung). Dieses Ministerium ist mit dem Rest des Nachrichtenverbundes vernetzt, um all die anfallen-

den Informationen zu verarbeiten. Aber es betreibt keine Datensammlung vor Ort, da es seine Informationen im Allgemeinen von den anderen Spionageagenturen erhält.

DEPARTMENT OF TREASURY (US-FINANZMINISTERIUM):
Dieses Ministerium ist ein Teil des Nachrichtenverbundes, auch wenn es nur eine kleine Einheit zur Nachrichtensammlung besitzt. Der Rest der Agenturen, die mit der internationalen Wirtschaftspolitik der USA verbunden sind, leitete die Informationen an das Finanzministerium weiter. Es berät die US-Regierung bei allgemeinen wirtschaftspolitischen Entscheidungen, vor allem im Bezug auf internationale Märkte.

DEVELOPMENT ALTERNATIVES, INC. (DAI):
Dies ist ein privates Beratungsunternehmen, das Geschäftsleute und Regierungen in Anspruch nehmen. Es hat seinen Hauptsitz in den USA. Gegründet in den 70er Jahren in Washington, arbeitete es in den letzten Jahren hauptsächlich in Afghanistan, im Irak und in Liberia – mit der Hilfe von USAID Mitteln. Es unterstützt die verdeckten Operationen der US-Regierung.

EMBASSY POLITICAL OFFICE (POLOF).
Dies ist das politische Büro in den Botschaften der Vereinigten Staaten auf der ganzen Welt. Im Allgemeinen leitet es ein CIA- oder US-Nachrichtenoffizier.

FEDERAL BUREAU OF INVESTIGATION (FBI):
Das "Bundesbüro für Ermittlungen" ist die Spionageagentur. Es kann Spionageaktivitäten innerhalb des Territoriums der USA durchführen. Eigentlich besitzt es die Charakteristika einer Bundespolizei – es kann in jedem Staat aktiv werden. Doch eine seiner Hauptaufgaben ist die Beschaffung von Informationen, die für die Innenpolitik wichtig sind. Es wurde schon 1908 gegründet, wenn es auch erst 1935 seinen heutigen Namen FBI bekam.

Glossar 259

FREE TRADE OF THE AMERICAS (FTAA):
Beschreibt das Gebiet der Freihandleszone in den beiden Amerikas, im Spanischen bekannt als ALCA. Sie entstand 1994 auf und gibt vor, den wirtschaftlichen Anschluss Lateinamerikas an die USA zu fördern.

FREE TRADE UNION INSTITUTE (FTUI):
Die NED entstand aus diesem grundlegenden Kernverband, der ziemlich kompliziert gestaltet ist. 1962 gründete man FTUI als Teil der „Alliance of Progress" (Allianz des Fortschritts), einer von Präsident John F. Kennedy entwickelten Initiative. Dieses „Freie Gewerkschaftsinstitut" setzte die Arbeit fort, die das „Free Trade Union Committee" (FTUC) (Freies Gewerkschaftskomitee) mit der CIA ausführte. Das Komitee war 1944 zur Bekämpfung der Linkstendenzen der europäischen Gewerkschaften gegründet worden. Der Vorstand setzt sich aus Führern der AFL-CIO zusammen. Das FTUI, eine Zweiparteiengruppe, unterstützte Präsident Ronald Reagans Zentralamerikapolitik und leitete Mittel von der NED an die nicaraguanische Opposition und 1986 auch an die Tageszeitung „La Prensa". Darüber flossen Zuwendungen, die die NED für Gewerkschaften und die „unabhängige Presse" in der Sowjet Union und anderen osteuropäischen Ländern zur Seite legte. Das „Department of International Affairs" (Büro für internationale Angelegenheiten), dem das FTUI angehört, ist das Zentrum die für Gestaltung und Außenpolitik dieser Organisation und ihre globalen Operationen. Von Anfang an war dieses Institut nicht nur mit der Regierung der Vereinigten Staaten eng verbunden, sonder auch mit den multinationalen Unternehmen, die in Lateinamerika investieren, der CIA und seit 1984 auch mit dem Netzwerk der NED. Unter den vielen außerordentlichen „Leistungen" der Interventionen der FTUI, ragt die Beteiligung bei den Wahlen von Ferdinand Marcos auf den Philippinen hervor. 1984 geriet die FTUI in die Schlagzeilen durch den Transfer von NED Zuwendungen über das Institut an zwei französische Oppositionsgruppen von Präsident Francois Mitterand.

FREEDOM OF INFORMATION ACT (FOIA):
Am 12. März 1997 billigte und verabschiedete das "Committee on Government Reform and Oversight" (Komitee für Regierungsreformen und Aufsichtsführung) einen Bericht mit dem Titel *„A Citizen's Guide on Using the Freedom of Information Act and the Privacy Act of 1974 to Request Government Records"* (Ein Führer für Bürger über den Gebrauch des ‚Informationsfreiheit-Gesetzes' und des ‚Geheimhaltungsgesetzes' von 1974, für die Anforderung von Regierungsberichten). Das FOIA legt die Annahme fest, dass jeder Zugang zu Dokumenten im Besitz der einzelnen Agenturen und Büros der US-Regierung hat, indem er den FOIA Regeln zur Anforderung solcher Dokumente und Informationen folgt. Angeblich sind Dokumente im Besitz von anderen Einrichtungen, die in Verbindung mit der Bundesregierung stehen ebenfalls dem FOIA unterworfen – einschließlich privater Einrichtungen, die von der Regierung Mittel erhalten. Dennoch enthält das FOIA eine Reihe von Ausnahmen, die es jeder Agentur oder Einrichtung ermöglichen, die Herausgabe oder Offenlegung von Informationen zu verweigern, auf Grund der nationalen Sicherheit, zum Schutz der Privatsphäre von Einzelnen oder Geschäftsgeheimnissen, der Funktionsfähigkeit der Regierung und anderen wichtigen Interessen.

GLOBAL POSITIONING SYSTEM (GPS):
Das „Globale Positionsbestimmungssystem" ist eine Gruppe von 24 Satelliten, die die Erde umkreisen. Sie ermöglichen die Ortung von Personen, Objekten, Gebäuden etc durch Verwendung tragbarer Empfänger oder Stationen.

GUARIMBA:
Darunter versteht man die Methode der venezolanischen Opposition, die Regierungshandlungen zu boykottieren: durch gewaltvolle Straßenbelagerung, Zerstörung von Häusern, Waffengebrauch, um die Regierung zur Anwendung repressiver Mittel zu zwingen. In Momenten der Spannung führten diese Aktivitäten, die vornehmlich in wohlhabenden Gegenden von Caracas stattfanden, zur „Einzäunung" der Bewohner, was feindliche Gefühle weckte.

Glossar

INFORMATION AND TECHNOLOGY ENTERPRISE (INTESA):
Das „Unternehmen zur Information und Technologie" wurde gebildet aus ‚Petróleos de Venezuela S.A.' (PDVSA) und dem US-Multi ‚Science Applications International Corporation' (SAIC), um alle Informationen des venezolanischen staatlichen Ölunternehmens PDVSA zu kontrollieren. Das Projekt regte der so genannte „nomina mayor" der PDVSA an und gab es in die Hände der SAIC, einer Fassade der CIA – alle Informationen und Nachrichten des weltgrößten Ölunternehmens. Die Erstinvestition gab Venezuela, das nur 40% der Anteile hatte. Einen solchen „Businessdeal" rechtfertigte man mit der Tatsache, dass dieses Arrangement die Kosten des Computerservice drastisch senken würde: doch dem war nicht so. Die SAIC berechnete ihrem Partner PDVSA jährlich ca. 80 Millionen Dollar. INTESA kontrollierte nicht nur alle entscheidenden Informationen der PDVSA, sie konnte sie auch manipulieren und sogar willkürlich und ohne Skrupel intervenieren. Auf Ihren Servern waren alle Finanz-, Technik-, Budget- und Geschäftsdaten des Unternehmens. Während des Streiks in der Ölindustrie von 2002/2003 war INTESA der Hauptbeteiligte an der Sabotage der Erdölindustrie. PDVSA entschied, den Vertrag nach Ablauf nicht mehr zu erneuern und die SAIC verklagte sie wegen Zwangsenteignung. Dies wurde von OPIC bestätigt, jedoch von der venezolanischen Regierung nicht akzeptiert.

INICIATIVA PARA LA CONSTRUCCIÓN DE CONFIANZA (VICC):
Die "Initiative zum Aufbau des Vertrauens" ist offiziell ein Programm der USAID und der DAI in Venezuela. Es startete am 1. August 2002 mit dem Ziel, „passende und flexible Hilfe zur Verfügung zu stellen, um die Demokratie in Venezuela zu stärken."

INTERNATIONAL MILITARY EDUCATION AND TRAINING (IMET):
Das Programm "Internationale militärische Bildung und Training" ist das Rückrat der gesamten professionellen und militärischen

Ausbildung der Vereinigten Staaten außerhalb ihrer eigenen Grenzen. Es bietet besondere Möglichkeiten für die berufliche Weiterbildung von sehr sorgfältig ausgewählten Soldaten und Zivilpersonen. Es gewährt militärischem und zivilem Personal in „befreundeten" Ländern Zuwendungen für die Teilnahme an Weiterbildungskursen in US-amerikanischen Militärakademien. Viele der Absolventen steigen in ihrer Karriere bis in die obersten Führungsränge ihrer jeweiligen militärischen oder auch Regierungsinstitutionen auf.

INTERNATIONAL REPUBLICAN INSTITUTE (IRI):
Das „Internationale Republikanische Institut" leitet Senator John McCain, der in den Vorwahlen gegen George W. Bush verlor. Er ist momentan der Hauptverteidiger des globalen Krieges gegen den Terrorismus im Kongress. Das IRI ist die Abteilung der Republikaner innerhalb der NED.

MARINE CORPS INTELLIGENCE (MCI):
Der „Geheimdienst der Marine" ist auf schnelle, militärische Interventionsoperationen spezialisiert; von normalen Landungen bis hin zu Invasionen durch Blitzkriege, Rettungsaktionen von Geiseln etc. Der MCI ist ein wenig mehr als das Bindeglied in dem Netzwerk der Spionagebüros; besonders im Einflussbereich der Marine, aber auch in Verbindung mit der Luftwaffe. Seine Analysten entwerfen vor allem Pläne für alle möglichen Szenarios, so dass im Falle eines Falles alles genau durchdacht ist und die Mission fast routinemäßig ablaufen kann.

MOVIMENTO AL SOCIALISMO (MAS):
Ursprünglich bestand die „Bewegung zum Sozialismus" aus Mitgliedern, die aus der Kommunistischen Partei oder von ultraradikalen Organisationen ausgetreten waren. Dann schloss sie sich mit den traditionellen Parteien zusammen und formte eine Opposition zu Hugo Chávez. Sie beteiligte sich am so genannten „Demokratischen Koordinator", der das Referendum für Chávez´ Abwahl forderte.

MOVIMENTO BOLÍVARIANO REVOLUCIONARIO (MBR-2000):
Die „Revolutionäre Bolívarische Bewegung" wurde am 17. November 1982 geboren. Sie folgt dem Eid einer kleinen Gruppe von Soldatenkameraden bei Saman de Güere – ein Ort, wo einst Simón Bolívar im Gefangenenlager war. 1997 wurde das „Movimiento V República" daraus.

MOVIMIENTO V REPÚBLICA (MVR):
Die „Bewegung V Republik" entstand am 21. Oktober 1997 in Caracas mit Hugo Chávez als Generaldirektor. Sie ist die politische Version der „Revolutionären Bolívarischen Bewegung" – in den 80er Jahren ebenfalls von Chávez gegründet. Bei Wahlen konnte die MBR-200 keinen Kandidaten stellen - auf Grund des Gesetzes für politische Parteien, das die Bezeichnung „bolívarisch" verbietet. Dies ist nämlich ein nationales Symbol und Bolívars Name kann nicht im Zusammenhang mit einer Partei verwendet werden. Deswegen nahm man den Namen V Republik an. In anderen Worten: man wollte auf die Entstehung einer neuen Republik hinweisen, gleichzeitig aber die schon bekannte Initialenkombination nicht ganz aufgeben – MBR und MVR.

NATIONAL DEMOCRATIC INSTITUTE FOR INTERNATIONAL AFFAIRS (NDI):
Das "Nationale demokratische Institut für internationale Angelegenheiten" leitet Madeleine K. Albright. Es ist innerhalb der NED die Fraktion der Demokratischen Partei und definiert sich selbst als „eine gemeinnützige Organisation für die Festigung und Erweiterung der Demokratie in der Welt."

NATIONAL ENDOWMENT FOR DEMOCRACY (NED):
Offiziell am 6. November 1982 gegründet, wurde die „Nationale Stiftung für Demokratie" in ihrer Satzung als eine gemeinnützige Organisation eingerichtet. Dennoch bewilligt der Kongress ihre Finanzen und diese gehören zu der Abteilung des Budgets des Außenministeriums, das für die „US-Agency for International Development" (USAID) bestimmt ist. Um den Eindruck einer priva-

ten Organisation aufrecht zu erhalten, erhält die NED ebenso von drei Verbänden sehr kleine Zuwendungen. Auch diese werden indirekt von Bundesverträgen gespeist: die ‚Smith Richardson Foundation', die ‚John M. Olin Foundation' und die ‚Lynde and Harry Bradley Foundation'. Die Mehrzahl der Personen, die mit Geheimaktionen der CIA in Verbindung standen, waren zu irgendeiner Zeit Mitglied des Vorstands oder des Verwaltungsrats der NED – einschließlich Otto Reich, John Negroponte, Henry Cisneros und Elliot Abrams. Der momentane Vorsitzende des NED Vorstands ist Vin Weber, Gründer der ultrakonservativen Organisation ‚Empower America' - ein Spendensammler für den Wahlkampf von George W. Bush im Jahre 2000. Der Präsident der NED ist Carl Gershman, ein „verhinderter" Ex-Trotskist und ehemaliges Mitglied der ‚Social Democrats, USA', der später dem anwachsenden Club der neokonservativen Reagan-Bush ‚Falken' beitrat.

NATIONAL IMAGERY AND MAPPING AGENCY (NIMA):
Die „Nationale Bilder- und Kartierungsagentur" war als die 'National Geospatial-Intelligence Agency' (Nationale geospaziale Nachrichtenagentur) bekannt. Sie gehört zum US-Verteidigungsministerium und entwickelt unter anderem Luftfahrtkarten. Ursprünglich war die NIMA ein Fachbereich innerhalb der ‚Air Force Intelligence Agency' (Luftwaffen Nachrichtenagentur). 1996 wurde eine neue Nachrichtenagentur daraus. Von da ab analysierte man einen Teil der Informationen von Überwachungssatelliten (Photographie) in dieser Abteilung. Sie erhält die Informationen, um Karten zu entwerfen oder mögliche Ziel zu lokalisieren.

NATIONAL INTELLIGENCE OFFICE FOR WARNING:
Das „Nationale Nachrichtenbüro für Warnung" unterstützt und berät die CIA Direktoren in allen Angelegenheiten der Überwachung. Es koordiniert auch alle Aktivitäten für den nationalen Geheimdienst. Seine Quellen liegen außerhalb der Vereinigten Staaten. Im Falle der Bedrohung der nationalen Sicherheit alarmiert dieses Büro direkt den Präsidenten und den Nationalen Sicherheitsrat.

NATIONAL RECONNAISSANCE OFFICE (NRO):
Das „Nationale Aufklärungsbüro" ist verantwortlich für die enormen Operationen der USA via Satellit. Es führt bereits seit den 60er Jahren Operationen aus, doch machte Washington seine Existenz erst 1992 bekannt. Auch wenn die Inbetriebnahme eines Satelliten von der Luftwaffe abhängt, bezieht sich die Kontrolle aller Satelliten, wenn sie erst einmal in der Umlaufbahn sind, auf das NRO. Dieses leitet auch noch verschiedene andere Programme, wie die Aufklärungs- und Überwachungssatelliten und jene, die Verteidigungssignale oder Nachrichten ausspionieren.

NATIONAL SECURITY AGENCY (NSA):
Auch wenn die „Nationale Sicherheitsagentur" nicht so sehr bekannt ist, gibt sie doch fast die Hälfte des jährlichen Spionagebudgets der Vereinigten Staaten aus. 1952 von Präsident Harry Truman gegründet ist die NSA verantwortlich für Spionage und ausländische Nachrichteninformationen.

NATIONAL SECURITY COUNCIL (NSC):
Der „Nationale Sicherheitsrat" entwirft die Politik für Armee und Nachrichtendienste des Landes, die die Angelegenheiten der nationalen und internationalen Sicherheit betrifft. Es ist direkt dem Präsidenten verantwortlich und hat ein geheimes Komitee, bekannt als ‚Komitee 5412', das die „schwarzen" oder verdeckten Operationen führt. Auch besitzt es ein Unterkomitee (‚Sub-Committee PI-40), das die Aufdeckungspolitik leitet und kontrolliert.

NAVY INTELLIGENCE (NI):
Der „Marine Geheimdienst" ist das Spionagegebiet der US-Marine. Seine Aufgabe besteht in der Beschaffung ausschlaggebender Informationen für die Flotte - wo immer sie sich befindet. Alle Marinestützpunkte der USA auf der ganzen Welt haben eine Abteilung der ‚Naval Security Group' (Marine Sicherheitsgruppe), deren grundlegende Mission die Spionage ist.

NEW YORK POLICE DEPARTMENT (NYPD);
Dies ist das Polizeibüro der City von New York.

OFFICE OF TRANSITION INITIATIVES (OTI):
Das „Büro für Initiativen bei Veränderungen" ist eine Institution, die man in den Ländern einrichtet, wo die USA ihren Einfluss ausüben möchte wenn sich Regierungen noch nicht den Interessen der Vereinigten Staaten unterworfen haben. Die Webseite der Botschaft der Vereinigten Staaten in Caracas lautet: „Die OTIs sind zur Durchführung von Hilfsprogrammen im Einsatz in Ländern des früheren kommunistischen Blocks – Länder, die sich in Phasen der Veränderung zur vollen Demokratie und zur Freihandelswirtschaft befinden." Seit 1994 sind sie durch die Initiative der USAID etabliert, „Antworten in Ländern anzubieten, die einen wesentlichen und manchmal schnellen politischen Wandel durchmachen. Dies kann, muss aber nicht von sozialen und/oder wirtschaftlichen Krisen begleitet sein." Das OTI bewertet, entwirft und führt Programme aus, die als schnell, flexibel, innovativ, konkret, motiviert, katalytisch und offen politisch gelten, und die die Grundursachen der Krise beseitigen." Man setzte die OTIs unter anderem im Kosovo, in Haiti, Indonesien, Peru, Guatemala, den Philippinen und Kolumbien ein. Im Allgemeinen richtet die USAID ihre OTIs dahingehend aus, Beziehungen zu politischen Organisationen, Medien und Nichtregierungsorganisationen (NGO) vor Ort aufzubauen. Sie sollen die Finanzen und die Ausbildung liefern, um die erwünschten Ergebnisse zu erhalten. In Venezuela gründete man im Juli 2002 ein OTI in der Botschaft der Vereinigten Staaten in Caracas.

ORGANIZATION OF PETROLEUM EXPORTING COUNTRIES (OPEC):
Die „Organisation Erdöl exportierender Länder" wurde in Bagdad am 14. September 1960 gegründet und hat ihren Hauptsitz in Wien. Ihre Ziele sind die Vereinigung und Koordination der Ölpolitik der Mitgliedsstaaten, die ihre Interessen als Förderstaaten vertreten. Sie entstand als Antwort auf den Abfall des offiziellen Ölpreises, einseitig von den großen Zulieferunternehmen im August 1960 ratifiziert. Anfangs bestand sie aus fünf Gründungsländern:

Saudi Arabien, Irak, Iran, Kuwait und Venezuela. Später schlossen sich weitere sechs Länder an: Katar, Indonesien, Libyen, die Vereinigten Arabischen Emirate, Algerien und Nigeria. Ecuador und Gabun waren auch einmal Mitglieder. Andere wichtige Erdöl produzierende Länder wie Kanada, Mexiko, Norwegen, die Vereinigten Staaten, Russland und Oman sind nicht Mitglieder der OPEC.

PATRIA PARA TODOS (PPT):
Das „Vaterland für alle" wurde am 26. September 1997 während einer öffentlichen Feier im ‚Radio City Theatre' in Caracas gegründet. Sie entstand aus einer Abspaltung der Partei ‚La Causa R.". Von Anfang an setzte das PPT all seine Kräfte gegen die soziale Ausgrenzung ein und bot Humanprojekte an. Deren zentrale Aussage war die integrierende Entwicklung der Menschheit (Erklärung der Prinzipien). Einige der Mitglieder sind Aristóbulo Istúriz, José Albornoz, Rafael Uzcátegui, Jacobo Torres, Xiomara Lucena, Rodolfo Sanz, Lelis Páez und Vladimir Villegas.

PETRÓLEOS DE VENEZUELA, S.A. (PDVSA):
„Erdöl Venezuelas, S.A." ist das wichtigste Erdölunternehmen in der Welt. Es ist ein staatliches Unternehmen des venezolanischen Staates. Man gründete es am 1. Januar 1976 mit dem Ziel, die nationale Erdölindustrie zu leiten – all ihre Pläne, Koordination und den Überblick zu behalten. Es schloss die Ausarbeitung der Kohlenwasserstoffrechte für die ausländischen Unternehmen, die auf venezolanischen Boden arbeiten, ein. Momentan produziert die PDVSA mehr als drei Millionen Barrel pro Tag. Sie raffiniert mehr als eine Million Barrel täglich und exportiert zwei ein Halb Barrel Kohlenwasserstoff am Tag.

PLAN BOLÍVAR:
„Der bolivarische Plan" wurde bei Hugo Chávez' Amtsübernahme 1999 installiert. Es ist ein Verband der PDVSA mit den nationalen Streitkräften zur Verbesserung der sozialen Strukturen und des Lebensstandards. Den Ärmsten der Bevölkerung sollen alle Dienstleistungen geboten werden – bei der Bildung, der Instandhaltung der Gebäude, der Infrastruktur, der Modernisierung des

Straßensystems, beim Wohnungsbau (von großen Interesse für die Obdachlosen), der Ernährung. Dies alles soll denen, die es am nötigsten haben in hinlänglicher Qualität zu erschwinglichen Preisen ermöglicht werden.

POLOPATRIÓTICO (PP):

Der „Patriotische Pol" ist eine politische Koalition, die sich aus den Parteien MAS, MVR und dem PPP (Heimat für alle) zusammensetzt. Sie alle unterstützten Hugo Chávez' Kandidatur in der Präsidentschaftskampagne von 1998, die seinen Sieg zur Folge hatte.

SENIOR EXECUTIVE INTELLIGENCE BRIEF (SEIB):

Dies ist der Name des Memorandums für leitende Funktionäre in den wichtigsten US-Nachrichtendiensten – mit ziemlich breiter Verteilung. Es enthält im Allgemeinen Informationen, die die Geheimdienstaktivitäten zusammenfassen und tendiert dazu, die Quellen und Methoden unter Schutz zu stellen, die man zur Informationsbeschaffung nutzt. Der Wegbereiter für diese Art Bericht im FBI und der CIA war Richard Clarke, der Koordinator für Antiterroraktivitäten im Nationalen Sicherheitsrat (NSC).

„PUNTO FIJO" PAKT:

Angesichts anstehender Wahlen 1958 und dann zweier militärischer Putschversuche trafen sich die Präsidentschaftskandidaten der AD, der URD (Demokratische Republikanische Union) und des COPEI, Rómulo Betancourt, Jóvito Villalba und Rafael Caldera am 31. Oktober jenes Jahres in Calderas Wohnung, Punto Fijo Estate in Caracas. Sie unterzeichneten einen Pakt noch vor den Wahlen, dass sie die Macht wechselweise ausführen wollten. Vorsätzlich von dem Pakt ausgeschlossen war die Kommunistische Partei Venezuelas, obwohl sie Teil der ‚Patriotischen Junta' war. Ebenfalls „vergessen" wurde die ‚Republikanische Integrationsbewegung', die viele bekannte Persönlichkeiten als Mitglieder hatte. Im November 1958 zog sich der URD Kandidat, Konteradmiral Wolfgang Larrazabal Ugueto von der Präsidentschaft der ‚Regierungsjunta' zurück, um sich selbst der Präsidentschaftskampagne zu widmen. Nur AD und COPEI verblieben in dem Pakt. Sie vereinbarten eine Regierung der ‚nationalen Einheit' zu bilden. Im Kabinett des Gewinners der Wahl sollte der andere Paktunterzeichner gleich stark vertreten sein.

SUPREME COUNCIL OF PRIVATE ENTERPRISE (COSEP):
Der „Oberste Rat der privaten Unternehmen" wurde am 16. Februar 1972 mit dem Namen COSIP gegründet – angeblich eine zivile gemeinnützige Gesellschaft. Es vereinte den großen nicaraguanischen privaten Geschäftssektor und war das Herz und Nervenzentrum der CDN Parteien. Mehr als jeder andere soziale Bereich im Land war COSEP immer derjenige, der die engsten und direktesten Verbindungen mit der US-Botschaft hatte: es vereinte die Führungsklasse von Nicaragua bis 1979 mit der US-Regierung und den CDN Parteien, über die es völlig dominierte.

UNITED STATES AGENCY FOR INTERNATIONAL DEVELOPMENT (USAID):
Die „US-Agentur für Internationale Entwicklung" funktioniert als ein Instrument der CIA zur Durchdringung der zivilen Gesellschaft, indem es die Zuwendungen von Millionen von Dollars zur Förderung der US-Außenpolitik im Ausland „legitimierte". Ebenso beeinflusst sie die Innenpolitik der ausländischen Staaten während sie die Prüfung des Kongresses umgeht.

UNITED STATES INFORMATIONS AGENCY (USIA):
Die „US-Informationsagentur" ist Teil des Außenministeriums der USA. Während der Präsidentschaft von William Clinton – genau gesagt seit dem 1. Oktober 1999 – löste man diese ‚Organisation der öffentlichen Diplomatie' nach 46 Wirkungsjahren als solche auf. Ihre Funktionen übernahm das Außenministerium.

UNIÓN NACIONAL OPOSITORA DE NICARAGUA (UNO) (im Amerikanischen ONE):
Die „Partei der Nationale Oppositionsunion" wurde am 29. Mai 1986 gegründet und bestand aus CDN Mitgliedern, unter denen sich ehemalige Somoza Anhänger und Exkommunisten befanden.

Ihre gemeinsame Grundlage war ihre anti-sandinistische Sichtweise.

Eva Golinger

Eva Golinger ist eine venezolanisch-amerikanische Rechtsanwältin, spezialisiert auf internationale Menschenrechte und das Einwanderungsrecht. Sie wuchs in den Vereinigten Staaten auf, zog aber Mitte der 90er Jahre nach Venezuela, um ihre venezolanischen Wurzeln zu entdecken. Sie lebte fast fünf Jahre in der Andenstadt Mérida, Venezuela. In dieser Zeit schrieb sie, unterrichtete und sang in einer Band. Schon mit sechs Jahren beschäftigte sich Golinger intensiv mit Musik und trat Anfang 1991 in den Fachbereich Musik des Sarah Lawrence College ein. Sie belegte als Hauptfach Gesang. Doch während ihrer Universitätszeit wechselte sie zu den Politikwissenschaften und Jura. Zunehmend interessierte sie sich für die Interventionen der USA in Lateinamerika. Anschließend machte sie an der ‚City University of New York Law School' ihren Doktor in Jura.

Seit Chávez die Präsidentschaft 1998 übernahm, schreibt Golinger über die sozialen und politischen Veränderungen in Venezuela. Ihre Artikel wurden im Internet und in venezolanischen Tageszeitungen veröffentlicht. 2003 begann sie mit den Ermittlungen über die Einmischung der USA bei dem Putsch gegen Präsident Chávez im April 2002. Dabei deckte sie mehr als 20 Millionen US-Dollar finanzieller Zuwendungen der US-Regierung an anti-Chávez Gruppen auf. Im Oktober 2004 kam sie unter dem ‚Freedom of Information Act' an ‚Topsecret-Dokumente' der CIA. Diese zeigen das Wissen um und die Beteiligung der CIA an dem Putsch auf. Frau Golingers Arbeit wurde in *The New York Times, The Washington Post, Newsday, Chicago Tribune, International Herald Tribune, The Wall Street Journal, Los Angeles Times* und anderen wichtigen Medien auf der ganzen Welt diskutiert. Momentan pendelt sie zwischen New York und Caracas, Venezuela. *Der Chávez Code* ist ihr erstes Buch.

Eva Golinger und Hugo Chávez

Eva Golinger

GIUSEPPE ZACCARIA

MIRA MARKOVIĆ
ERINNERUNGEN EINER 'ROTEN HEXE'
Vierzig Jahre
Leidenschaft und Macht
an der Seite Slobodan Miloševićs
Vorwort Gerhard Zwerenz

ZAMBON VERLAG

ISBN 3-88975-081-8

13,80 Euro

Ich will nach Lektüre der Vorgeschichte und wiederholter Lektüre der Gespräche mit Mira Markovic, Ihnen zukommen lassen, **wie wesentlich (ein so oft missbrauchtes Wort) dieses Buch mir erscheint,** in dem es alle die (vielleicht auch da und dort berechtigten) Vorurteile in Fragen, Zögern, Sachlichkeiten verwandelt. Vor allem ist die Arbeit des Journalisten Giuseppe Zaccaria erstaunlich, indem es nämlich schlicht eine unvoreingenommene, sozusagen normale ist, was heute im Journalismus ganz und gar nicht mehr der Fall ist. Ein Buch mit solcher Sachkenntnis, solchem Tiefblick, solchem Wirkenlassen der Probleme ohne viel persönliche Besserwisserei, ist in Deutschland, vor allem was die „seriösen Medien" (die sich selber so bezeichnen) betrifft, undenkbar geworden. Solche Bücher können in der Tat die Augen öffnen, auch wenn man danach, was Serbien und Jugoslawien angeht, umso ratloser ist. Aber das wäre schon und den Lesern in Germany zu wünschen, ein Vorhangaufgehen.

Peter Handke, Paris im Juni 2005

Mira Marković, die sowohl als **rote Hexe**, als Mutter Teresa der Reichen, als auch als Lady Macbeth vom Balkan bezeichnet wird, war für ungefähr zwanzig Jahre eine der einflussreichsten und umstrittensten Frauen der Welt. Außerdem ist sie ohne Zweifel eine der Hauptfiguren der jüngsten Geschichte Ex-Jugoslawiens. Bevor sie von der politischen Bühne trat, hatte sie dem Autor innerhalb mehrerer Wochen ein ausführliches Interview gegeben. In diesen Tagen erzählte sie über ihr Leben, angefangen von der Kindheit bis zur Jugend, die sie bei ihrem Großvater mütterlicherseits, einem aufgeklärten Bürger, verlebte, bis hin zur Freundschaft mit **Slobodan Milošević**, sowie den gemeinsamen Jahren, die sie in einer Vereinigung von Macht und Zusammenhalt mit ihm verbrachte. Nach dem Mord an Kanzler Zoran Djindjic hat sie Belgrad verlassen. Die „Rote Hexe" ist ein wertvolles Dokument, für alle, die sich vorurteilslos ein Bild der Geschichte des Balkans machen wollen. Hier sind familiäre Strukturen und politische Ereignisse ineinander verflochten. Es werden Tatsachen an Licht gebracht, über ein Gebiet, das durch massivste Bombardierungen seit dem Zweiten Weltkrieg traumatisiert wurde.

Irak
Der Widerstand
Auge in Auge mit den Besatzern

Mohammed Hassan
David Pestieau

ZAMBON VERLAG

ISBN 3-88975-110-2

15,00 Euro

Büchse der Pandora geöffnet

Zwei Monate nach der Machtübertragung an die Übergangsregierung von Ministerpräsident Allawi bietet der Irak nach wie vor ein zerrissenes Bild. Im sunnitischen Dreieck, vor allem im Gebiet von Falludscha, hat die Regierung keine wirkliche Autorität, im Kampf gegen den Terrorismus konnte sie nur wenige sichtbare Erfolge verzeichnen, denn ihre Mitglieder - die schwer bewacht werden müssen - leben noch immer gefährlich; die Erdölindustrie, auf deren Funktionieren man so stark setzte, ist durch Sabotage fast zum Erliegen gekommen, zumindest im Süden des Landes. (...)
Der amerikanische Präsident Bush hat - durchaus von einem gewissen missionarischen Eifer getragen - seinen Krieg gegen den Irak unter anderem mit dem Argument gerechtfertigt, nach einem Sturz Saddam Husseins solle dort die Demokratie etabliert werden - als Initialzündung gewissermaßen für die gesamte Region. Nun zahlen die radikalen Islamisten solches Intervenieren der westlichen „Kreuzzügler" dadurch heim, dass sie ihrerseits gewalttätig gegenüber dem Westen Dinge fordern, die sie wünschen: dass muslimische Frauen nicht westlichen Sitten unterworfen werden. (...)
Man kann sich dem Eindruck nicht verschließen, dass Amerikaner und Briten durch diesen Krieg, der Gewalt und Terrorismus eindämmen sollte, eine Büchse der Pandora geöffnet haben.

Kommentar aus der Frankfurter Allgemeinen Zeitung FAZ vom 1. 9. 2004

Dieses Buch wurde von einem Duo geschrieben: einem ehemaligen äthiopischen afro-arabischen Diplomat, der heute als Pädagoge in einem Brüsseler Arbeiterviertel lebt und einem belgischen Journalisten, der auf einem amerikanischen Campus während des Vietnamkrieges studierte.
Dr. Mohammed Hassan, 1958 geboren in Addis Abeba (Äthiopien), ehemaliger Diplomat (für Äthipien in Beijing, Washington und Brüssel), Afro-Arabischer Politologe, Pädagoge und Spezialist für den Mittleren Osten. Hat u. a. gelebt und studiert in Irak, Somalia, Ägypten, Jemen und Belgien.
David Pestieau, 1969 geboren in Ithaca (USA) Physiker, ist Journalist der Wochenzeitung "Solidaire" in Belgien.
Aus dem Französischen von Ronald Koch

ISBN 3-88975-078-5

19,80 Euro

"Wir befinden uns vor einer nahe stehenden Verwandlung der Welt. Alles, was wir brauchen, ist genau eine Krise, die alle so erschüttert, dass sich die Nationen der neuen Weltordnung fügen." (David Rockefeller im Forum von Regen am 21. Oktober 2001)
Obwohl die Überzeugung, dass Bush besser auf das Sofa eines Psychiaters gehöre als der starke Mann der mächtigsten Nation der Welt sein zu dürfen, hilft diese Feststellung natürlich nicht weiter, die wirkliche Natur des Problems zu verstehen und zu lösen, Hinter dem Gesicht des „Kampfes gegen das Böse" stehen die Mächte und die Interessen, deren Ziel es ist, die „Beherrschung des Globus" zu erreichen. Insofern ist der mentale Zustand des „Führers" der mächtigsten Nation der Welt nicht der entscheidende Punkt. De Ruiter beschreibt, dass zur Erreichung der globalen Herrschaft jedes schmutzige Mittel recht ist. Doktor Martin Luther King sagte kurz bevor er ermordet wurde: „Der größte Anstifter zur Gewalt ist meine Regierung." Die Vereinigten Staaten von Amerika führen seit Jahrzehnten eine aggressive und arrogante Politik durch, die auf Beherrschung und Usurpation ausgerichtet ist. Dafür wird heute der 11. September instrumentalisiert. De Ruiter legt dar, wie die USA den Anschlag „Gewinn bringend" anlegen,
Der frühere französische Geheimagent Jean Brisard und der Journalist Guillaume schrieben: Die Gespräche zwischen der Bushadministration und den Taliban begannen im Februar 2001, kurz nach dem Beginn des Mandats von Bush. Aber die Verhandlungen über einen Vertrag zur Gewährung des Rechtes auf den Durchgang einer Ölpipeline der Nordamerikaner durch das afghanische Gebiet wurden am 21. Juli 2001 definitiv abgebrochen. Die Autoren schrieben infolge dessen: „Während der Gespräche bedrohte der Repräsentant der Vereinigten Staaten Tom Simmons die Taliban auf folgende Weise: sie haben die Möglichkeit zu wählen zwischen einem Goldteppich oder einem von Bomben." Es fehlten gerade noch sieben Wochen bis zum 11. September...Zufall oder Notwendigkeit?

ISBN 3-88975-079-6

19,80 Euro

Der nordamerikanische Soziologe **James Petras**, ehemaliger Professor für Soziologie an der Binghamton Universität, New York, ist nicht irgendwer, sondern erfreut sich nicht nur in der lateinamerikanischen Linken großer Wertschätzung. Er wurde am 17. Januar 1937 in Boston als Sohn griechischer Einwanderer geboren. Seine Forschungsfelder sind soziale Bewegungen in Lateinamerika, Klassenkonflikte und Wirtschaftspolitik.

Er ist aber nicht nur Wissenschaftler, sondern auch politischer Aktivist. Er arbeitet zur Zeit z.B. als **Berater der brasilianischen Landlosenbewegung** (MST). Auf dem Weltsozialforum von Porto Alegre 2005 rief er zur Bildung einer weltweiten antiimperialistischen Bewegung auf.

James Petras ist Autor von mehr als sechzig Büchern zur politischen Ökonomie. Sie erscheinen in vielen Sprachen. Eines davon legen wir hier in Deutsch vor: „Weltherrschaft durch Imperialismus. Die trügerische Macht der USA".

Petras argumentiert **gegen** die unter anderem von **Antonio Negri** verfochtene These von der zunehmenden Ohnmacht der Nationalstaaten gegenüber den Konzernen und bekräftigt die zentrale Rolle des Staates. Die Welt hat sich von einem bipolaren Zustand weg zu einem entwickelt in der viele Bürger durch große Widersprüche und Veränderungen in ihren Staaten betroffen sind. Dies sind reale Veränderungen, die in Verbindungen mit den materiellen Bedingungen stehen, in denen die verschiedenen internationalen Akteure agieren, wobei deren gegensätzliche und erheblich ungleiche Kräfteverhältnisse eine entscheidende Rolle spielen. Petras und seine Kollegen liefern eine umfassende Analyse der neuen Entwicklungen. Im aktuellen Szenario sind die USA unzweifelhaft der Hauptdarsteller. Aber es wird deutlich, dass sie wirtschaftlich im Vergleich zu ihren Konkurrenten, insbesondere der EU, an Boden verlieren. Ein neuer europäischer Pol als große Weltmacht entsteht, vergleichbar mit den USA, wenn auch mit vielen Schwierigkeiten und Widersprüchen. Europa ist nicht der einzige potenzielle Kandidat, der ein Mitspieler im globalen Wettbewerb werden könnte. Auch China hat alle subjektiven und objektiven Voraussetzungen, um diese Rolle zu spielen. Russland hat, auch wenn es weder wirtschaftlich noch militärisch ein gleichwertiger Gegner der USA ist, ein nukleares Arsenal, das es von der UdSSR geerbt hat. Deshalb bleibt es weiterhin ein wichtiger Faktor in den internationalen Beziehungen. Russland kann dank seinem großen Reservoir an natürlichen Ressourcen seine Rolle beibehalten. Das Buch zeigt uns die zukünftigen Optionen der politischen, wirtschaftlichen und sozialen Kräfteverteilung auf unserem Globus.